채터,
당신 안의 훼방꾼

채터,
당신 안의 훼방꾼

1판 1쇄 발행 2021. 10. 4.
1판 2쇄 발행 2021. 11. 15.

지은이 이선 크로스
옮긴이 강주헌

발행인 고세규
편집 이혜민   디자인 홍세연   마케팅 고은미   홍보 이한솔
발행처 김영사
등록 1979년 5월 17일 (제406-2003-036호)
주소 경기도 파주시 문발로 197(문발동) 우편번호 10881
전화 마케팅부 031)955-3100, 편집부 031)955-3200   팩스 031)955-3111

값은 뒤표지에 있습니다.
ISBN 978-89-349-8027-8 03190

홈페이지 www.gimmyoung.com   블로그 blog.naver.com/gybook
인스타그램 instagram.com/gimmyoung 이메일 bestbook@gimmyoung.com

좋은 독자가 좋은 책을 만듭니다.
김영사는 독자 여러분의 의견에 항상 귀 기울이고 있습니다.

CHATTER

채터
당신 안의 훼방꾼

꼬리에 꼬리를 무는 생각과 거리 두는 기술

이선 크로스 | 강주헌 옮김

김영사

이 책에 쏟아진 찬사

최고의 걸작. 신선하고 매혹적인 책이다. 인간 본성에 대한 우리 생각을 바꿔놓을 획기적인 책이기도 하다. 이선 크로스는 친절하고 마음씨 좋은 사람이면서도 지혜가 번뜩이는 세계적인 심리학자다. 나는 조언이 필요할 때 가장먼저 이선에게 전화한다. _앤절라 더크워스, 《그릿》 저자

신기원을 이룬 저작. 이선 크로스는 세계적으로 저명한 심리학자일 뿐만 아니라 뛰어난 이야기꾼이다. 《채터, 당신 안의 훼방꾼》은 지금 시대에 절실히필요한 책이다. _수전 케인, 《콰이어트》 저자

이 책을 읽고 나면 당신의 삶에서 가장 중요한 대화, 즉 당신 자신과 나누는대화가 근본적으로 달라질 것이다. _애덤 그랜트, 《싱크 어게인》 《오리지널스》 저자

최신 과학과 흥미로운 이야기를 매혹적으로 접목한 책이다. 설득력 있게 쓰였고, 이 시대에 정말 소중한 책이다. _캐롤 드웩, 《마인드셋》 저자

깊이 있으면서도 현실에 쉽게 적용할 수 있는 책. 이 책을 읽고 나면, 자신에대한 이해가 한층 깊어질 것이다. _다니엘 핑크, 《드라이브》 저자

심리학자 이선 크로스는 행동 연구와 뇌 연구를 통해 우리가 내면의 자아와나누는 대화를 살펴본다. 설득력 있는 사례를 인용하며, 자신과의 대화로 긍정적인 생각뿐 아니라 부정적인 생각을 통제하고 이용하는 힘이 우리에게있다고 주장한다. _〈CNN〉

우리 자신이 누구이며, 무슨 생각을 하는지 알 수 있는 신비롭고 놀라운 내면의 목소리에 대한 책이다. 이선 크로스는 그 목소리를 다루고 통제하는 좋은 아이디어를 가지고 있다. _〈뉴요커〉

자신과 대화하는 올바른 방법과 잘못된 방법은 무엇인가? 그렇다면 내면의 목소리가 조금 더 큰 사람들이 유용하게 활용할 만한 기술도 있는가? 이선 크로스는 이 질문에 대한 해답을 찾았다. _〈가디언〉

사람들이 자신과 나누는 무언의 대화를 통제하는 방법에 대한 흥미진진하고 멋진 책. 릭 앵킬, 르브론 제임스, 프레드 로저스, 말랄라 유사프자이 등의 사례를 인용하며 다양한 형태의 내적 대화를 보여준다. 또 마음에 해로운 부정적인 자기 대화를 완화할 수 있는 주문과 일상의 반추 및 의식 등을 소개한다. _〈퍼블리셔스 위클리〉

흥미진진한 이야기에 읽기 쉬운 데다 뛰어난 통찰로 가득한 책이다. 크로스는 어떻게 하면 채터를 더 나은 방향으로 끌어가 우리 자신을 더 건강하고 행복하며 생산적으로 만들 수 있는지 살펴본다. 한마디로 우리 정신을 진정으로 바꿔놓는 책이다. _〈커커스 리뷰〉

머릿속에서 들려오는 목소리는 당신을 응원하는가 아니면 좌절시키는가? 심리학자 이선 크로스는 내면의 불평꾼을 잠재우고 성공을 위해 자기 대화를 활용하는 방법을 설명한다. _〈피플〉

불안을 정상화하고 부정적 감정과 거리를 두는 법에 대한 교훈적인 안내서.

_〈하버드 비즈니스 리뷰〉

2021년을 돌아보면 대부분이 그 어느 때보다 부정적 채터를 경험했을 가능성이 크다. 실험심리학자이자 신경과학자인 이선 크로스는 학자지만, 뇌가 어떻게 기능하는지, 우리가 머릿속에서 끝없이 계속되는 채터를 어떻게 잠재울지 재밌고 쉽게 써냄으로써 스스로가 뛰어난 이야기꾼이라는 사실을 입증한다. _〈USA 투데이〉

심리학자 이선 크로스는 이른바 채터라는 부정적인 생각이 심신 건강에 악영향을 미칠 수 있다는 사실을 보여준다. 게다가 그 내적 목소리를 긍정적인 목소리로 바꿀 수 있는 간단한 전략도 소개한다. _〈마인드보디그린〉

내적 목소리는 유익할 수 있지만, 그 목소리가 부정적인 채터로 나타나는 경우 무척 해로울 수 있다. 심리학자 이선 크로스는 이 책에서 우리가 자신에게 말하는 이유는 무엇이고, 자기 대화가 언제 역효과를 불러일으키며, 어떤 경우에 자신을 삼인칭으로 칭하는 게 도움이 되는지 살펴본다. 또 꼬리를 물고 이어지는 부정적인 생각에서 벗어나는 데 도움을 주는 자기만의 '툴박스'를 만들어가는 방법을 설명한다. _〈그레이티스트〉

심리학자 이선 크로스는 내적 목소리에 감추어진 힘을 밝혀내고, 그 힘을 통제하고 활용해 더 건강하고 만족스러우며 생산적인 삶을 사는 방법을 보여준다. _Next Big Idea Club(애덤 그랜트, 말콤 글래드웰, 수전 케인, 다니엘 핑크가 결성한 북클럽)

세계적인 심리학자 이선 크로스는 이 책에서 우리가 더 행복한 삶을 살기 위해 어떻게 내적 목소리를 통제하고 이용해야 하는지 보여준다. 설득력 있게 쓴 탁월한 대중 심리학책을 구분하기 쉽지 않지만, 이 책은 그런 평가를 받기에 충분하다. _세라 겔먼, 아마존 에디터

야구 선수가 마지막 이닝에 불안감에 사로잡히고, 노련한 배우도 무대에 올라설 때 눈앞이 캄캄해진다고 말하는 이유가 무엇일까? 이 매력적인 책에서 심리학자 이선 크로스는 우리가 마음속에서 자신과 어떻게 대화하는지 살펴보고, 그 내적 대화의 부정적인 결과를 추적한다. 과학적 연구와 누구나 공감할 수 있는 사례를 통해 내적 대화가 삶에 미치는 영향과 그 영향을 긍정적인 방향으로 돌리는 기법을 소개한다. _애플북스

나에게 내면으로 들어가야 한다고 가르쳐주신 아버지,
나의 지나친 부정적 자기 대화를 가라앉혀주는 궁극적 해독제인 가족
라라, 마야, 대니에게 이 책을 바친다.

CHATTER

가장 힘든 일은 어떤 경우에든 똑같은 도덕적 잣대를 유지하는 것이라고 생각합니다. 그것을 위해 끊임없이 내면에서 나 자신과 대화합니다. 그 내면의 목소리를 기준으로 내 행동을 평가합니다. 적어도 내 귀에 들리는 내면의 목소리가 나에게 올바른 길을 걸은 곳은 어디이고, 궤도에서 벗어난 곳은 어디인지 말해주기 때문입니다.[1] _버락 오바마

내 머릿속에서 내면의 목소리가 지겹게 윙윙댄다.[2] _댄 해리스

차례

Chatter.
Chatter.
Chatter.

일러두기

이 책에는 신경과학, 심리학과 관련 있는 생소한 용어가 간혹 등장한다. 여기에서 사용한 용어는 (사)한국심리학회에서 제공하는 용어집(https://www.koreanpsychology.or.kr/psychology/glossary.asp)을 기준으로 삼았고, 용어에 대한 설명은 미국심리학회의 용어(https://dictionary.apa.org)를 간략하게 번역했다.

성격 이론의 대부 중 한 사람인 컬럼비아대학교의 월터 미셸Walter Mischel은 잘 변하지 않는 성격이 상황이 달라짐에 따라 얼마나 다양한 행동 변화를 일으키는지 역설함으로써 20세기 후반 내내 심리학계에 신선한 충격을 던져온 인물이다. 그의 거의 마지막 제자인 이선 크로스Ethan Kross는 그 이유는 물론이고 이를 우리 삶에 어떻게 멋지게 응용할 수 있는지 제대로 보여준다. 그는 자신의 전공을 '정서 및 자아 통제'라고 부른다. 아예 자신의 연구소 이름으로 붙였다. '정서및자아통제연구소Emotion & Self Control Lab.' 왜 이것이 중요할까? 우리가 경험하는 거의 모든 불행의 이유가 바로 부정적인 것을 경험하는 순간적인 '상황'에서 느끼는 부정적 '정서'와 부정적 '자아'가 조절되지 않기 때문이다. 그 과정에서 꼬리에 꼬리를 무는 부정적인 생각을 만들어내는 내적 소리가 터줏대감처럼 행세하게 된다. 이선 크로스는 이것을 '채터'라고 이름 붙였다.

못되고도 집요한 수다쟁이라는 뜻으로 말이다. 이 채터 때문에 우리는 제대로 무언가를 할 수가 없다. 한마디로 채터의 포로가 되는 것이다.

대학을 졸업하고 대학원에 들어온 학생을 예로 들어보자. 석사 1학기 친구들이 지도교수인 나와의 첫 대면에서 거의 예외 없이 물어보는 것이 하나 있다. 바로 2년 반 정도 후에 학위를 받고 졸업할 때, 원하는 직장을 잡거나 희망하는 진로로 진출할 수 있는가다. 그것 때문에 고민인지 물어보면, 대부분 "네, 그렇습니다. 요새 그 걱정에 잠을 곧잘 설칩니다, 교수님"이라고 대답한다. 왜 그럴까? 지나가는 취준생의 모습이나 대학원 나오면 취직 더 어렵지 않냐는 친척 어른의 무심코 던진 한마디 등이 그 출발점이다. 이렇게 채터의 포로가 된 신입생에게 지도교수로서 나의 대답은 간단하다. "글쎄? 지금부터 네가 고민해야 하는 건 어떻게 이 고된 대학원 생활의 첫 학기를 제대로 버텨나갈 수 있느냐 아닐까? 그러기 위해서는 당연히 다음 주와 다음 달에 너의 모든 고민이 집중되어야 해!" 그제야 정신 차린 신입생들은 다음 주의 과제, 다음 달의 세미나 발표를 위해 마음을 다잡는다. 즉 더 쓸모 있는 고민과 타당한 걱정으로 옮겨간다.

인간은 고민해야 할 것을 고민하는 것이 아니라 머릿속에서 가장 고민이 잘되는 것을 고민한다. 그것이 가장 중요해서가 아니라 끝이 안 나면서 계속해서 가지 치며 잘 이어지기 때문이다. 바로 채터의 못된 장난이다. 채터가 가장 힘을 쓰기 좋은 상황이란 불안, 낙심, 초조, 좌절, 공포 등 온갖 종류의 부정적 정서가 우리를 휘감을 때다. 그 결과 대부분 불면의 밤을 보내고 완전히 집중력을 잃은 생활을 한다. 비관적인 사람이 왜 일찍 죽느냐 하는 문제도 이것과 연결된다. 인간의 수명을 가장 많이 단축하는 것도 전염병이나 전쟁 같은 외부 요인보다 스스로 망가뜨린 수면의 질이라는 연구가 최근 봇물 터지듯이 나오는 것도 마찬가지 맥락이다.

따라서 살아가면서 무언가 좋지 않은 작은 사건을 경험했을 때 마음, 즉 뇌 속에서 끊임없이 새끼 치고 가지를 넓히려는 채터와 제대로 싸우기 위해 결국 나 자신이 스스로 내 마음을 한 걸음 물러나서 봐야 한다. 물론 가장 완벽한 방법은 '득도'하는 것이다. 하지만 그것이 마음대로 되는 일이겠는가. 생업을 팽개치고 도 닦는 것이 불가능한 세상 99.9퍼센트의 사람들에게는 무언가 더 현실적인 방법이 필요하다. 그리고 당연히 학문적으로든 과학적으로든 검증된 방법이어야 한다. 자칫 사이비 종교 같은 유혹이나 악의적 사기에 휘말릴 수도 있으니 말이다.

이제 우리에게 그 방법을 완벽히 정리해준 사람이 등장했다. 그 방법의 정리 역시 지극히 과학적이다. 과학으로서의 심리학은 어떤 문제를 정의하거나 해결하려고 할 때 반드시 인간, 대상, 상황 이렇게 세 가지 요인으로 나누어 그 일을 시작한다. 이선 크로스는 정확히 그 길을 따르고 있다. 쉬워 보이지만 이 세 차원 모두를 섭렵해야만 할 수 있는 일이다. 채터를 이겨내기 위해 각 차원마다 검증을 거친 것은 물론이고, 이후의 다른 연구자들이 반복적으로 관찰하여 신뢰할 만하고 타당한 방법을 소개하고 있다. 더욱 중요한 점은 이 방법을 사용해 성장한 사람과 그렇지 못해 결국 낙오된 실제 인물들을 수십 년 동안 관찰해온 결과를 결부시켜 이야기하고 있어 우리 머리에 참으로 잘 들어오도록 해주는 친절한 수고를 마다하지 않았다. 논문을 많이 쓰고 학식을 갖춘 심리학자는 꽤 많지만, 그중에서도 세상 사람들을 진심으로 걱정하고 그들을 도울 수 있는 방법을 보다 치밀하게 고민한 연구자는 많지 않다. 그런 연구자만이 쓸 수 있는 책이 바로 이런 책이다. 대중서이지만 그 깊이는 대학 전문교재 수준을 뛰어넘는다. 이선 크로스에게 배울 점은 그의 집념 어린 연구와 저술만이 아니다. 그가 가지고 있는 인간에 대한 보편적 사랑과 관심이다. 심리학자로서 그가 가진 인간애에 머리 숙이게 된다.

김경일(아주대 심리학과 교수)

나는 칠흑같이 어두운 거실에서 손가락 관절이 새하얘질 정도로 리틀리그용 야구방망이의 끈적한 고무 손잡이를 힘껏 움켜잡고, 지금껏 만나본 적 없는 미치광이에게서 아내와 갓 태어난 아기를 필사적으로 지키려고 서 있었다. 정말로 미치광이가 나타나면 어떤 장면이 펼쳐질지, 상황에 따라 내가 어떻게 대응할지 상상하며 이런저런 대비책을 머릿속으로 그렸지만, 막상 현실로 닥치자 온몸에 밀려오는 두려움에 아무것도 생각나지 않았다. 내 머릿속에선 똑같은 생각을 끝없이 되뇔 뿐이었다.

'모든 게 내 잘못이야. 건강하고 예쁜 아기와 사랑하는 아내가 위층에 있어. 내가 그 둘을 위험에 빠뜨린 거야. 대체 내가 무슨 짓을 한 거지? 그 잘못을 바로잡으려면 어떻게 해야 할까?' 이런 생각이 스스로는 결코 내릴 수 없는 무서운 놀이 기구처럼 멈추지 않았다.

그렇게 나는 거실의 어둠뿐 아니라 내 마음이 만든 악몽에 사로잡혀 꼼짝하지 못했다. 나는 '자기통제self-control'를 집중적으로 연구하는 실험실을 감독하는 학자이고, 꼬리를 물고 걷잡을 수 없이 이어지는 부정적인 생각을 다스리는 방법을 다루는 전문가지만, 새벽 3시에 작은 야구방망이를 두 손에 쥔 채 창밖을 내다보며, 나에게 협박 편지를 보낸 미지의 인물은 물론 내 머릿속의 악령에게 시달리고 있었다.

내가 어쩌다가 이런 지경에 빠진 것일까?

협박 편지와 머릿속 잔소리

그날은 여느 날과 똑같이 시작되었다.

일찍 일어나 옷을 입고, 아내가 갓난 딸에게 젖 먹이는 걸 도운 뒤, 딸아이의 기저귀를 갈아주고 나서 서둘러 아침 식사를 끝냈다. 그러고는 아내에게 입맞춤하고 집을 나와, 미시간대학교의 연구실로 향했다. 쌀쌀했지만 조용했고, 2011년의 봄날은 햇살이 좋았다. 화창한 햇살처럼 그날도 평온하게 보낼 수 있을 것만 같았다.

잠시 후 미시간대학교 심리학과가 있는 웅장한 벽돌 건물, 이스트홀에 도착했다. 그런데 내 우편함에서 우편물 하나가 유달리 눈에 띄었다. 며칠 동안 쌓인 과학 학술지 더미 위에 내 앞으로 온 작은 봉투가 있었다. 그 봉투에는 손 글씨로 이름과 주소가 적혀 있었다. 그런 우편물을 학교에서 받는 것은 무척 드문 일이었다.

나는 봉투를 열고 연구실로 걸어가며 편지를 읽었다. 그리고 온몸이 뜨겁게 달아오르는 걸 눈치챌 틈도 없이 목덜미에 식은땀이 주르르 흐르는 게 느껴졌다.

이른바 협박 편지였고, 생전 처음 받는 협박 편지였다.

지난주에 나는 〈CBS 이브닝 뉴스〉에 잠깐 출연해 물리적 고통과 정서적 고통의 관계가 과거 연구에서 언급한 것보다 더 밀접하다는 사실을 입증한 신경과학적 연구에 대해 말한 적이 있었다.[1] 우리 뇌가 물리적 고통과 정서적 고통을 매우 유사하게 받아들이는 건 사실이다. 요컨대 애끓는 비통한 마음이 물리적 실체를 띤다는 게 입증된 셈이다.

동료들과 나는 흥분했지만, 그 결과를 짤막한 기사로 작성하려는 과학 담당 기자들에게 전화 세례를 받으리라고는 꿈에도 기대하지 않았다. 놀랍게도 우리 연구 결과는 입소문을 타고 널리 알려졌다. 그 때문에 학부생을 대상으로 한 사랑 관련 심리학 강의를 끝낸 후 곧바로 학교 텔레비전 방송국으로 달려가 언론 인터뷰를 위한 집중 훈련을 받았다. 덕분에 안쓰러울 정도로 말을 더듬거나 횡설수설하지 않고 인터뷰를 끝냈고, 몇 시간 뒤에는 연구 결과가 방송되었다. 90초가량의 짧은 방송에 불과했지만 과학자로서 '15분 동안의 명성'을 누렸다(앤디 워홀이 처음 사용한 용어로 아주 짧은 기간의 '하루살이 명성'을 의미—옮긴이).

협박 편지를 보낸 사람이 우리 연구의 어떤 부분에 불만을 가졌는지는 분명하지 않았다. 여하튼 편지에 담긴 폭력적인 그림과 악의에 찬 비방 및 위협적인 메시지에서 그가 나에 대해 어떤 생각을 하는지 쉽게 짐작할 수 있었지만, 그의 적의가 어떤 형태로 표현될는지는 전혀 예상할 수 없었다. 엎친 데 덮친 격으로, 그 편지는 가까이에서 보낸 것이었다. 봉투에 찍힌 소인을 구글에서 검색한 결과, 겨우 20킬로미터 떨어진 곳에서 보낸 편지였다. 머릿속에 걷잡을 수 없이 많은 생각이 맴돌았다. 잔혹한 운명의 장난으로, 나는 몸으로도 느껴지는 강렬한 정서적 고통에 빠져들었다.

대학 관리자들과 몇 번 대화를 나눈 뒤, 그날 늦게 지역 경찰서에서 담당 형사를 면담할 차례를 초조하게 기다리고 있었다. 그 형사는 내 이야기를 차분하고 친절하게 들어주었지만, 내 마음을 크게 달래주지는 못했다. 그는 세 방향으로 조언해주었다. 첫째, 통신 회사에 전화해 우리 집 전화번호를 목록에서 지워달라고 요청하라. 둘째, 연구실 주변을 서성대는 의심쩍은 사람이 있는지 눈여겨보라. 셋째, 누구도 내 일상을 알지 못하도록 평소에 즐겨 다니던 길 말고 매일 다른 길로 퇴근하라. 그런 조언이 전부였다. 경찰은 나를 위해 특별 수사대를 배치하지 않았다. 나 혼자 그 문제를 처리해야 한다는 뜻이었다. 걱정을 덜고 싶었던 내가 기대하던 대답이 전혀 아니었다.

그날 나는 앤아버의 가로수 길을 지나 멀리 돌아서 집으로 돌아가며, 이 문제를 처리할 방법을 생각해내려 머리를 짜냈다. 그러고는 이런 생각을 했다. '확실한 것만 따져보자. 내가 정말 걱정할 필요가 있을까? 굳이 이렇게 호들갑 떨 필요가 있을까?'

그날 내가 협박 편지를 두고 상담한 형사뿐 아니라 몇몇 동료의 조언에 따르면, 이런 의문에 대한 답은 더할 나위 없이 명확했다.

"그것 때문에 스트레스받을 필요 없어! 그런 협박은 항상 있으니까. 자네가 할 수 있는 일은 없어. 물론 무섭고 걱정되는 건 당연해. 하지만 긴장 풀어. 공적인 인물은 항상 그런 무의미한 협박을 받지만, 아무 일도 일어나지 않아. 그냥 봄바람처럼 사그라드니까."

그러나 내가 머릿속에서 나 자신과 나누는 대화는 달랐다. 이런저런 생각이 꼬리에 꼬리를 물고 끝없이 이어졌다. '대체 내가 뭘 한 거지?' 내면의 목소리는 거의 광적인 수준까지 치달았다. '경비 회사에 연락해야 할까? 총이라도 마련해야 하는 건 아닐까? 아예 이사해버릴까? 그렇게 하려면 새 일자리를 구해야 할 텐데 금방 구할 수 있을까?'

이런 대화가 그 후로도 이틀 동안 머릿속에서 끊임없이 반복된 탓에 나는 신경쇠약에 시달렸다. 입맛도 없었고, 그 협박 편지를 두고 아내와 끝없이 대화를 나누었다. 그렇지만 아무런 결론도 내리지 못한 탓에, 급기야 둘 사이에 팽팽한 긴장이 감돌았다. 딸 방에서 수상쩍은 소리가 들릴 때마다 나는 화들짝 놀라 급격히 반응했다. 그리고 아기 침대가 삐걱대거나 아이가 옹알이하는 소리일 것이라고 이성적으로 생각하지 못한 채 최악의 운명이 가여운 딸아이에게 닥쳤다고 생각했다.

그렇게 나는 딸 방을 왔다 갔다 하며 밤을 보냈다.

이틀 동안 아내와 딸은 각자 침대에서 평온히 잠을 잤지만 나는 아래층에서 잠옷 차림으로 리틀리그용 야구방망이를 손에 쥔 채 불침번을 섰다. 거실 창으로 밖을 내다보며, 우리 집을 향해 슬그머니 다가오는 사람이 없는지 지켜봤지만, 정말 밖에 숨어 있는 사람을 찾아내면 어떻게 하겠다는 계획은 딱히 없었다.

둘째 날 밤, 불안감은 최고조로 치달았다. 나는 잔뜩 긴장해서는 '교수를 위한 경호원'이란 키워드로 구글을 검색해볼 요량으로 컴퓨터 앞에 앉았다. 지금 생각하면 황당하기 그지없지만 당시에는 절박하고 논리적인 선택이었다.

내면으로 들어가라

나는 실험심리학자이자 신경과학자다. 내가 미시간대학교에 설립한 '정서및자아통제연구소 Emotion & Self Control Laboratory' 소장으로, 그곳에서 '내성内省, introspection'을 집중적으로 연구하고 있다. 우리 연구 팀은 사람들이 스스로와 나누는 무언의 대화를 연구한다. 그 대화가 각자 삶을 살아가는 방식에 중대한 영향을 미친다고 생각하기 때문이다. 나는 대학교수가 된 후 줄곧 그 대화를 연구했다. 구체적으로 말하면 내면의 대화가 무엇이고, 우리가 자신과 대화를 나누는 이유는 무엇이며, 그런 대화를 어떻게 통제하고 이용하면 우리가 더 행복하고 건강하며 생산적으로 살아갈지 연구했다.

이런 이유로 동료들과 나는 '마음 정비공 mind mechanics'을 자처한다. 우리는 사람들을 실험실에 초빙해 정교하게 짜인 실험에 참여시키고, 그들이 아무런 제약 없는 일상을 살아가는 모습도 관찰하고 연구한다. 우리는 심리학을 비롯해 의학과 철학, 생물학과 컴퓨터공학 등에서 얻은 도구를 활용해 다음과 같은 까다로운 문제의 답을 찾으려 한다. 내면에 초점을 맞춤으로써 자신의 감정을 더 잘 이해하는 사람이 있는 반면 똑같이 내면에 초점을 맞추면서도 힘없이 무너지는 사람이 있는 이유는 무엇일까? 어떻게 하면 스트레스에 짓눌렸을 때 현명하게 판단할 수 있을까? 스스로에게 말하는 데도 옳고 그른 방법이 있을까? 우리가 염려하는 사람들과 어떤 식으로 커뮤니케이션해야 그들의 부정적인 생각과 감정을 부추기지 않고 그들에 대한 우리 감정도 격해지지 않을까? 소셜 미디어에서 맞닥뜨리는 사람들의 무수한 '목소리'가 우리 마음속 목소리에 영향을 미칠까? 이런 의문을 엄밀하고 철저하게 연구한 끝에 놀라운 다수의 결과를 얻었다.

우리는 특정한 것을 어떻게 말하고 행동하느냐에 따라 내면의 대화가 달라진다는 사실을 알게 되었다. 또 뇌에서 '마법'의 뒷문을 여는 방법을 알아냈다. 플라세보와 부적 및 의식儀式을 적절히 사용하면 회복 탄력성이 향상된다는 걸 알아낸 것이다. 책상 위에 어떤 그림이나 사진을 두면 정서적 상처를 치료하는 데 도움이 되고(자연물 사진은 어머니 사진만큼이나 위안을 준다), 박제된 동물을 껴안는 것만으로도 실존적 절망을 극복하는 데 도움이 되는 이유를 알아냈다. 고된 하루를 보낸 후에는 배우자와 어떻게 대화해야 하고, 어떻게 대화해서는 안 되는지도 알게 되었다. 또 소셜 미디어에 접속한 상태에서 잘못할 가능성이 큰 것은 무엇인지, 직면한 문제를 해결하는 데 산책이 필요하면 어디로 가야 하는지도 알게 되었다.

나는 학자가 되겠다는 결심을 굳히기 훨씬 전부터 자신과 나누는 대화가 정서에 어떤 영향을 미치는지 궁금했다. 또 우리에게 어떤 감정이 있는지 정확히 이해하기 전부터 그 문제에 관심을 가졌다. 우리가 항상 어깨 위에 떠메고 다니는, 복잡하면서도 유약하며 끊임없이 변화하는 세계에 매료된 데는 나의 가정환경까지 관련되어 있다. 우리 집은 내가 처음 발을 들여놓은 심리학 실험실과 다를 바 없었다.

나는 브루클린에서도 노동자계급이 모여 사는 카나시 구역에서 자랐다. 내가 아주 어렸을 때부터 아버지는 자기 성찰의 중요성을 가르쳤다. 여느 세 살배기 아버지들은 자식에게 이를 규칙적으로 닦고, 남들에게 친절하게 행동하라고 가르쳤지만 내 아버지가 생각하는 우선순위는 달랐다. 그런 독특한 교육 방식 때문이었는지 아버지는 무엇보다 나의 내적 선택에 관심을 두었고, 나에게 문제가 생기면 항상 "내면으로 들어가라Go inside!"라고 조언하며 "그 문제를 너 자신에게 물어라"라고 덧붙였다. 아버지가 언급한 문제가 정확히 어떤 것인지는 몰랐지만, "네 내면을 면밀히 살피며 답을 찾아봐라"라는 뜻으로 대강 이해했다.

많은 점에서 아버지는 걸어 다니는 모순 덩어리였다. 시끄럽고 꽉 막힌 뉴욕 거리에서 다른 운전자들에게 삿대질하며 욕하기 일쑤였고, 집에서는 텔레비전 앞에 앉아 뉴욕 양키스 팀을 목이 터져라 응원했지만, 그 외 시간에는 침실에 앉아 명상하거나 《바가바드 기타》를 읽었다. 이럴 때 아버지는 덥수룩한 콧수염에 덮인 입에 담배를 물고 있곤 했다. 그런데 내가 좀 나이가 든 뒤에 부모님이 먹지 말라고 금지한 불량 식품을 몰래 먹을까 말까, 내 방을 청소할까 말까 결정하는 것보다 복잡한 상황에 맞닥뜨렸을 때 아버지의 조언은 진면목을 발휘했다. 고등학교 때 짝사랑하는 아이에게 고백하고 데이트를 신청해야 할까(나는 데이트를 신청했고, 그 아이는 모질게 거절했다)? 친구가 남의 지갑을 훔치는 걸 본 후에도 그 아이를 계속 만나야 할까? 대학에 진학한다면 어디에 가야 할까? 나는 항상 냉철하게 생각하는 나 자신이 자랑스러웠고, 내면으로 들어가면 올바른 결정을 내리는 데 도움을 얻을 수 있다는 믿음도 흔들리지 않았다(마침내 내 짝사랑 상대 중 하나가 데이트 신청을 받아들였고, 나는 그 여자와 결혼했다).

따라서 내가 대학에 진학해 심리학이란 학문을 알게 된 것은 미리 운명 지워진 듯했다. 마침내 내 소명을 찾아낸 듯한 기분이었다. 아버지와 내가 양키스 팀을 두고 입씨름을 할 때 외에 꺼냈던 대화 주제를 연구하는 학문이 심리학이었다. 또 심리학은 내 어린 시절을 설명해줄 뿐만 아니라 나에게 성인으로 들어서는 길을 알려주는 학문처럼 보였다. 심리학은 새로운 어휘도 알려주었다. 대학에 다니는 동안 많은 것을 배웠지만, 아버지가 선禪에 기반해 나를 가르치며 응얼거리고, 너무도 평범했던 어머니 입장에서는 참고 견뎌야 했던 것이 바로 '내성', 즉 자기 성찰이란 사실도 알게 되었다.

가장 기본적인 의미에서 내성은 자기 생각과 감정에 적극적으로 주목한다는 뜻이다. 그렇게 해낼 때 상상하고 기억하며 깊이 생각할 수 있고, 그 후에는 그 결과를 활용해 까다롭고 복잡한 문제를 해결해 기존 것을 혁신하거나 새로운 것을 만들어낼 수 있다. 나를 비롯해 많은 학자가 이 과정이 인간과 다른 종을 구분 짓는 핵심적 진화 현상 중 하나라고 생각한다.[2]

아버지가 아무런 이유 없이 자기 성찰을 강조한 것은 아니었다. 자신의 내면을 살펴보는 능력을 함양해두면 훗날 내가 어떤 곤란한 상황을 맞닥뜨리더라도 쉽게 극복해낼 수 있을 거라는 게 아버지의 지론이었다. 신중한 자기반성은 현명하고 이로운 선택으로 이어지고, 더 나아가 긍정적 정서로 이어진다는 게 아버지의 생각이었다. 즉 '내면으로 들어가는 것'이 회복 탄력적이고 충만한 삶을 위한 첩경이었다. 아버지의 주장은 이론적으로 흠잡을 데가 없었다. 대학에 진학하고 얼마 지나지 않아 대부분의 사람에게 그 이론이 무용지물이란 사실을 알게 되었지만!

최근 실시된 많은 연구에 따르면, 정신적 고통에 시달릴 때 내적 성찰에는 이로움보다 훨씬 더 큰 해로움이 있다는 게 입증되었다.[3] 내적 성찰이 업무 능력을 떨어뜨리고, 유리한 결정을 내리는 걸 방해하며, 인간관계에 부정적 영향을 미친다는 것이다. 게다가 폭력성과 공격성을 부추길 수 있고, 다양한 정신장애를 유발할 수 있으며, 신체 질병으로 발전할 위험을 높인다는 경고도 덧붙였다. 이렇게 마음을 이용해 생각과 감정을 조절하겠다는 선의가 자칫 잘못되면 프로 운동선수들도 평생 갈고닦은 기량을 상실할 수 있다. 또 섣불리 내적 성찰을 시도하지 않았다면 합리적이고 상냥했을 사람이 비논리적이고 비도덕적인 결정을 내리며, 친구들이 현실 세계만이 아니라 소셜 미디어에서도 당신을 멀리하게 하고, 낭만적인 관계를 안전한 피난처에서 전쟁터로 바꿔놓는 원인이 되

채터, 당신 안의 훼방꾼

기도 한다. 심지어 내적 성찰은 외모나 DNA가 내적으로 구성되는 방식에서 노화를 재촉하는 역할을 할 수도 있다. 생각이 우리를 생각으로부터 구해주지 않는 경우가 비일비재하다는 의미다. 내적 성찰에 따른 생각은 오히려 위험한 결과를 낳는다.

그런 생각이 곧 '우리 머릿속의 목소리', 채터chatter다.

채터는 꼬리에 꼬리를 무는 부정적 생각과 감정으로 이루어진다. 이 때문에 자기 성찰이란 능력은 축복이 아니라 저주로 여겨진다. 채터는 실적과 의사결정, 인간관계와 행복을 위험에 빠뜨린다. 우리는 직장에서 저지른 실수나 사랑하는 사람과 벌인 언쟁에 대한 생각에 몰두하고, 결국 부정적 감정에 휩싸인다. 그런데도 그에 대한 생각을 멈추지 않는다. 우리는 내적 성찰을 통해 내면의 코치를 만나기 바라지만, 안타깝게도 내면의 비판자를 맞닥뜨린다.

물론 이쯤에서 '왜'라는 의문이 자연스레 떠오른다. 정신적 고통이 밀려올 때 사람들이 '내면'에 들어가 생각하려는 시도가 때로는 성공하고 때로는 실패하는 이유는 무엇일까? 이 질문만큼 중요한 것은 내면을 성찰하는 힘이 궤도에서 벗어났음을 깨닫는 순간, 그 힘을 올바른 궤도로 되돌려놓는 방법이 무엇이냐는 것이다. 나는 학문의 길에 들어선 후 이 두 가지 질문을 연구하는 데 모든 시간을 할애했다. 그 결과 의식적인 삶에 가장 중요한 대화, 즉 우리가 자신과 나누는 대화의 성격을 어떻게 바꾸느냐에 그 답이 전적으로 달려 있다는 걸 알게 되었다.

초기 상태

21세기에 팽배한 문화적 주문呪文은 '현재를 살아라live in the present' 라는 권고다. 나는 이 권고에 담긴 지혜를 높이 평가한다. 과거의 아픔이나 미래에 대한 불안에 굴복하지 말고, 지금 이 순간 타인이나 자신과의 관계에 집중하라는 조언이다. 하지만 인간의 마음을 연구하는 과학자로서, 나는 이 선의의 권고가 인간의 생물학적 특성에 역행한다는 걸 지적하지 않을 수 없다. 인간은 현재에 충실할 수 없는 존재다. 뇌가 그렇게 하도록 진화되지 않았기 때문이다.

뇌가 어떻게 정보를 처리하는지 연구하며 뇌의 움직임을 실시간으로 관찰할 수 있게 해주는 최첨단 방법론 덕분에 최근 인간 정신의 숨겨진 메커니즘이 조금씩 드러났다. 특히 인간의 고유한 특징, 즉 우리가 깨어 있는 시간 중 3분의 1이나 절반을 '현재에 할애하지 않는다'는 사실도 이런 연구를 통해 밝혀졌다.[4]

우리는 호흡하는 것만큼 자연스럽게 현재에서 '분리'되고, 뇌는 우리를 과거의 사건, 상상으로 꾸민 시나리오 등 내적 몽상으로 이끈다. 이런 경향은 무척 흔히 관찰되는 까닭에 '초기 상태default state' 라는 이름까지 얻었다.[5] 초기 상태는 우리 뇌가 어딘가에 관여하지 않을 때 자동적으로 되돌아가는 상태다. 그런데 우리가 집중하지 않고 다른 식으로 관여할 때도 초기 상태로 되돌아가는 경우가 있다. 어떤 과제에 집중해야 하는데 우리 마음이 제멋대로 헤매고 돌아다니는 걸 의식하게 되는 때다. 이처럼 우리는 시시때때로 현재에서 빠져나와 마음속에 비선형적으로 존재하는 평행 세계, 즉 '내면의 세계'에 본의 아니게 빨려 들어간다. 이렇게 보면 '마음의 삶' 혹은 '정신의 삶life of the mind'이란 표현에 새로운 뜻이 추가된다. 우리 삶에서 많은 부분이 마음에 좌우된다는 뜻이다. 그렇다면 우리가 지금 이 순간에서 벗어날 때 어떤 일이 벌어질까?[6]

우리는 혼자 자문자답한다.

우리가 자기 자신에게 말하는 것을 귀담아듣는다.

문명이 시작된 이후 인류는 이 현상과 끊임없이 씨름했고, 지금도 마찬가지다.[7] 초기 기독교 신비주의자들은 묵상하는 동안 여지없이 그들의 머릿속을 침범하는 목소리에 시달렸다. 일부 신비주의자는 그것을 악령의 목소리라 생각하기도 했다. 거의 같은 시기에 동양에서는 중국 불교 승려들이 인간의 정서 상태를 방해하며 혼란스럽게 할 수 있는 정신적 상황을 이론적으로 정리했고, 그런 상황을 '망심妄心, deluded thought'이라 칭했다. 하지만 많은 고대 문화가 내면의 목소리를 지혜의 근원이라 믿었고, 그런 믿음이 든든히 뒷받침한 까닭에 묵도와 명상 같은 관습이 수천 년 동안 이어졌다. 이처럼 다수의 영적 전통이 내면의 목소리를 두려워하면서도 그 가치에 주목했다는 사실은, 오늘날에도 계속되는 내적 대화에 대한 양가감정을 여실히 보여주는 증거다.

우리가 내면의 목소리에 대해 언급하면, 많은 사람이 자연스레 그 목소리의 병리적인 면을 궁금해한다. 그래서 나는 이 주제로 강연을 시작할 때, 청중에게 우선 자신의 머릿속에 존재하는 자아와 대화한 적이 있느냐고 묻는다. 그러면 많은 사람이 주변에서 손을 드는 사람들을 보고 크게 안도하는 듯한 표정을 짓는다. 안타깝게도 우리 머릿속에서 들리는 정상적 목소리(자신의 목소리 혹은 가족이나 동료의 목소리)마저 때로는 정신 질환의 징후인 비정 상적 목소리로 여겨진다. 이런 경우 당사자는 내면의 목소리가 자 신의 머릿속에서 생겨난 것이라 믿지 않고, 다른 존재(공통적으로 언급되는 몇몇 환청을 예로 들면 악의적인 사람, 외계인, 정부)가 들려주는 것이라 생각한다. 그러나 내면의 목소리는 병적 현상이 아니면 건 강한 상태, 즉 이분법적으로 구분되는 것이 아니다. 오히려 그 차 이는 내면의 목소리와 관련된 문화와 정도에서 비롯된다. 또 인간 두뇌의 별난 점은 대략 열 명 중 한 명이 목소리를 듣고, 그 목소 리가 외적 요인에서 비롯된다고 생각한다는 것이다.[8] 이렇게 해석 되는 이유를 완전히 이해하려면 많은 연구가 필요하다.

요점은 우리 모두 어떤 형태로든 목소리를 갖고 있다는 것이 다. 그 목소리는 내면의 삶과 불가분의 관계라 발성 장애를 겪는 경우에도 사라지지 않는다.[9] 실제로 여러 연구에서 입증되었듯 말 을 더듬는 사람도 소리 내 말할 때보다 머릿속에서 더 유창하게 말한다. 또 수어手語를 사용하는 청각장애인에게도 그들만의 고유 한 내적 언어가 있어, 자신과는 말로 대화를 나눈다. 게다가 청각 장애가 없는 사람이 혼잣말할 때 단어를 사용하듯 청각장애인도 수어로 남몰래 혼잣말할 수 있다.[10] 요컨대 내면의 목소리는 마음 에서 빼놓을 수 없는 기본 요소다.

전화번호를 외우려고 속으로 반복해 되뇌거나, 말했어야 했던 것을 상상하며 어떤 대화를 전달한 적이 있다면, 혹은 어떤 문제를 해결할 방법을 혼잣말로 중얼거린 적이 있다면 내면의 목소리를 사용한 셈이다. 대부분 매일 이런 내면의 목소리에 의존하고, 그 목소리의 도움을 받는다. 또 현재와 단절되었을 때도 그 목소리와 대화를 나누고, 그 목소리가 전해주는 말을 듣는다. 여하튼 내면의 목소리는 하고 싶은 말이 '많은' 듯하다.

생각의 언어적 흐름은 부지런하기 그지없어, 한 연구에 따르면 우리는 분당 4,000개 단어를 소리 내 말하는 속도로 자신과 내적으로 대화를 나눈다.[11] 요즘 미국 대통령의 국정 연설이 대략 6,000개 단어로 이루어지고, 한 시간가량 걸린다고 가정하면, 내적 대화가 얼마나 빠른 속도로 행해지는지 짐작할 수 있다.[12] 뇌가 거의 똑같은 양의 언어를 60초에 담아내는 것이다. 우리가 하루에 16시간 동안 깨어 있고, 그 시간의 절반 동안 내면의 목소리가 활동한다면, 이론적으로는 매일 약 320건의 국정 연설을 듣는 셈이라는 뜻이다. 한마디로 우리 머릿속 목소리는 어마어마하게 빠른 속도로 말하는 존재다.

내면의 목소리가 제대로 기능하더라도 우리에게 가장 필요할 때, 즉 스트레스가 심화되고 위험이 고조되는 때, 요컨대 최대한의 평온함이 요구되는 극한의 정서 상태에서는 내면의 목소리가 '채터'로 변질되는 경우가 적지 않다. 이 채터는 때로는 두서없는 독백 형태를 띠고, 때로는 자신과 나누는 대화의 형태를 띤다. 또 때로는 과거 사건의 강박적인 반복(반추)으로, 때로는 미래에 일어날 사건에 관련해 불안에 휩싸인 상상(걱정)으로 나타난다. 한편 때로는 부정적 감정과 생각 간의 종잡을 수 없는 핀볼 게임 같

기도 하고, 때로는 특정한 불쾌감이나 개념에 대한 집착으로 나타
난다. 내면의 목소리가 어떤 식으로 자신을 표현하더라도 미친 듯
날뛰고 채터가 정신의 마이크를 차지한다면 우리는 괴로움에 시
달리고 무력증에 빠질 수밖에 없다. 게다가 그런 목소리에 들볶이
면 결국 자신을 파괴하는 행동을 저지를 수도 있다.[13]

　바로 이 때문에 우리는 한밤중에 거실에서 어린이용 야구방망
이를 움켜쥔 채 창밖을 쏘아보게 된다.

가장 큰 수수께끼

내가 내면의 목소리를 연구하는 과정에서 얻은 중대한 통찰 중 하
나는 채터를 줄이고 내면의 목소리를 통제해 긍정적으로 활용하
는 데 필요한 도구를 반드시 눈을 부릅뜨고 끈질기게 찾아야 하는
것은 아니라는 점이다. 그 도구는 눈앞에 있지만 보이지 않는 경
우가 많다. 따라서 우리가 하루라도 빨리 찾아내 사용하기를 학수
고대한다. 그 도구는 우리의 정신적 습관, 별난 행동, 일상 속 습관
적 행위에 숨겨져 있다. 우리가 교류하는 사람들과 조직, 주변 환
경에 숨겨져 있을 수도 있다. 이 책에서 나는 그 도구를 들추어내
고, 그것이 어떻게 기능하는지 설명하는 데 그치지 않고, 우리가
자신과 나누는 대화를 제대로 꾸려가도록 진화가 공들여 만들어
낸 '연장통'을 온전히 채우려면, 그 도구를 어떻게 갖추어야 하는
지 설명해보려 한다.

　　　　　　　　　　　　　채터, 당신 안의 훼방꾼

이 책에서 나는 당신을 실험실로 초대해 머릿속 채터와 싸우는 사람들에 대한 이야기를 전해주려 한다. 따라서 전前 국가안보국 요원, 프레드 로저스, 말랄라 유사프자이, 르브론 제임스, 트로브리안드족으로 불리는 남태평양 원주민 부족뿐 아니라, 당신과 나처럼 평범한 사람의 정신적 삶도 소개할 것이다. 이 책을 제대로 읽으려면 내면의 목소리가 실제로 무엇이고, 그 목소리가 우리에게 어떤 경이로운 도움을 주는지 먼저 살펴봐야 한다. 그 후 우리가 자신과 나누는 대화의 어두운 면을 살펴보고, 더 나아가 채터가 어느 정도까지 우리 몸을 해치고, 사회적 삶에 피해를 주며 경력을 파괴하는지도 들여다보려 한다. 우리에게 유익한 도움을 주는 경이로운 힘인 동시에 우리를 해치는 파괴적 크립토나이트인 내면의 목소리는 인간의 마음과 관련된 가장 큰 수수께끼라고 생각한다. 우리에게 최고의 조언자 역할을 하는 목소리가 어떻게 우리를 가장 매몰차게 비판하는 적이 될 수 있을까? 이제부터 머릿속 채터를 줄일 수 있는 과학적 기법, 달리 말하면 마음과 관련된 수수께끼를 푸는 데 실질적인 도움을 주는 기법을 하나씩 살펴보기로 하자.

채터를 물리치는 비결은 자신과의 대화를 중단하는 것이 아니다. 자신과의 대화를 효율적으로 이끌어가는 방법을 알아내는 것이다. 다행히 우리 마음과 주변 세계는 그렇게 할 수 있도록 정교하게 설계되어 있다. 그러나 우리가 머릿속 목소리를 통제하는 방법에 익숙해지기 전에 더 기본적인 문제부터 답할 수 있어야 한다.

도대체 머릿속 목소리는 왜 생길까?

왜 우리는
혼잣말을 할까

Chatter.
Chatter.
Chatter.

뉴욕시의 인도는 아무 특징도 없는 고속도로에 비견된다. 낮에는 무수히 많은 보행자가 목적지를 향해 인도를 따라 성큼성큼 걷지만, 그들의 표정은 아무것도 드러내지 않는 가면과 같다. 도로 아래 평행 세계, 지하철에 탑승한 사람들의 표정도 똑같다. 그들은 휴대폰을 들여다보며 무언가 읽거나 어딘가를 멍하니 바라본다. 그들의 표정도 머릿속에서 치열하게 전개되는 무언가와 아무런 관계가 없다.

800만 뉴욕 시민의 읽어내기 힘든 얼굴 표정에서는 학교와 사회에서 배운 대로 우뚝 세운 장벽 뒤 시끌벅적한 세계, 즉 활발한 내적 대화가 끊임없이 이어지는, 흔히 채터로 채워지는 숨겨진 '생각의 풍경'을 전혀 엿볼 수 없다. 여하튼 뉴욕 시민은 무뚝뚝한 태도만큼이나 신경질적인 성향으로 유명하다(나는 뉴욕 토박이인 까닭에 애정 어린 마음으로 이렇게 말하는 것이다). 우리가 그들의 가면을 뚫고 들어가 내면의 목소리를 엿들을 수 있다면 무엇을 알아낼 수 있을까? 우연찮게도 영국 인류학자 앤드루 어빙Andrew Irving은 2010년 벽두부터 14개월 동안 이러한 연구를 시도했는데,[1] 그는 뉴요커 100명의 마음속을 들여다보았다.[2]

어빙은 어떻게 인간의 속내가 꾸밈없이 언어로 표현되는지 들여다보기를 바랐지만, 원래 연구 목적은 우리가 자각된 죽음을 어떻게 받아들이는지 분석하는 것이었다. 맨체스터대학교 교수이던 어빙은 일찍이 아프리카에서 에이즈 진단을 받은 사람들의 내적 독백을 분석하는 연구를 시도한 적이 있었다.[3] 당연한 말이지만 그들의 머릿속은 불안과 불확실 등 에이즈 진단에 따른 정서적 고통으로 가득했다.

어빙은 개인적 고민이 있지만 처음부터 비통한 상태에 빠지지는 않았던 사람들의 상황에 이런 연구 결과를 비교해보았다. 이를 위해 어빙은 길거리와 공원, 카페의 뉴요커를 무작위로 선택해 연구 목적을 설명한 뒤, 그들에게 머릿속 생각을 녹음 장치에 소리내 말해줄 수 있겠느냐고 물었다. 피험자가 동의하면 어빙은 적당한 거리를 두고, 그들이 걸으며 혼잣말하는 모습을 촬영했다.

소수가 동의하는 날도 있었지만, 겨우 한 명만 동의하는 날도 있었다. 대부분 바쁘기도 하지만 연구 목적을 의심해 동의하지 않는 것 같았다. 그래도 어빙의 표현을 빌리면 100건의 "내적으로 표현되는 말의 흐름"을 수집했고, 그 녹음 자료는 15분에서 한 시간 반에 이르는 독백까지 무척 다양했다. 물론 몇몇 참가자는 약간의 연기를 더했을 수 있으니 녹음 자료가 마음속을 완벽하게 보여주는 증거라고는 할 수 없다. 그렇지만 녹음 자료가 사람들이 일상을 영위할 때 자신과 나누는 대화를 가감 없이 보여주는 깨끗한 창문인 것은 분명하다.

당연한 결과였지만 어빙의 연구에서 모든 참가자의 마음에 크게 자리 잡은 것은 일상적인 걱정거리였다. 많은 참가자가 길거리에서 본 장면, 예컨대 다른 보행자와 운전자 및 교통 상황이나 그들이 당장 해야 할 일을 언급했다. 그러나 이런 특별할 것 없는 사색뿐 아니라 개인적 상처와 상심 및 고충을 털어놓는 독백이 상당수였다. 순조롭게 흐르던 생각의 물길에 느닷없이 커다란 구덩이가 나타나듯, 부정적 내용을 담은 독백을 아무런 준비도 없이 불쑥 내뱉는 경우가 많았다. 어빙의 연구에 참여한 메러디스라는 여인을 예로 들어보자. 그녀의 내적 대화는 일상의 근심거리에서 문학적 삶과 죽음의 문제로 돌변했다.

메러디스는 "이 부근에 사무용품 매장이 있는지 모르겠군" 하고 중얼거리다가 한 친구가 최근에 암 진단을 받았다며 급격히 차선을 변경하듯 화제를 바꾸었다. "그래, 처음엔 조앤이 애지중지하던 고양이가 죽었다고 말하는 거라 생각했어요." 메러디스는 길을 건넌 뒤 "조앤의 고양이를 위해서는 얼마든지 애도를 표할 수 있었지만, 조앤의 죽음을 감당할 수는 없을 것 같아. 조앤이 없는 뉴욕(…) 상상조차 할 수 없어!"라고 덧붙였다. 그러고는 흐느껴 울기 시작했다. "하지만 조앤은 괜찮아질 거야. 완치될 확률이 20퍼센트라고 하잖아. 조앤의 친구가 그랬잖아, 비행기가 추락할 확률이 20퍼센트라면 비행기를 타겠느냐고 말이야. 그래, 20퍼센트 확률이면 무척 높은 거야. 하지만 조앤과 함께 있으면 감정을 주체하기 힘들어. 게다가 조앤은 그 문제를 언급하는 것조차 꺼리니까." 메러디스는 나쁜 소식에 빠져들지 않고 어떻게든 이겨내려 노력하는 듯했다. 불쾌한 감정에 대한 생각이 반드시 채터가 되는 것은 아니다. 메러디스가 이 경우에 딱 들어맞는 사례다. 그녀는 부정적 생각의 악순환에 빠지지 않았다. 잠시 후 메러디스는 다시 횡단보도를 건넜고, 그녀의 내적 목소리는 당면한 과제로 되돌아 갔다. "이쯤에 사무용품 매장이 있지 않을까? 내 생각엔 있을 것 같은데."

메러디스는 사랑하는 친구를 잃을지도 모른다는 두려움을 그럭저럭 해결한 반면, 토니라는 실험 참가자는 다른 종류의 슬픔, 즉 친밀한 관계, 더 나아가 관계 자체를 통째로 잃을 수 있다는 고민에 매몰되어 있었다. 토니는 메신저 백을 어깨에 둘러메고 인적이 드문 길을 걸으며, 자신을 중심에 둔 생각에 빠져들기 시작했다. "그래, 떠나는 거야. (…) 받아들여야지 어떻게 하겠어. 두 눈을 꼭 감고 떠나면 그만이야. 모두에게 자랑스레 떠벌릴 일은 아니지만, 그렇다고 내 몸이 여러 개인 것도 아니잖아. 그들 사이에 아기가 생겼다고? 전화라도 미리 해주었으면 좋았을 텐데." 토니는 소외되었다는 생각에 깊은 상실감을 느꼈다. 그는 삐거덕대는 버팀대 위에서 균형을 잃지 않으려 애쓰는 듯했다. 문제의 해결책을 찾으려는 마음과 비생산적인 감상주의로 치달을 수 있는 고통 사이에서 망설였다.

"분명해졌어, 확실해졌어!" 토니는 계속 혼잣말했다. 그는 자신의 정서에 목소리를 부여하는 데 그치지 않고, 당면한 상황을 해결할 최선의 방법을 찾아 내적 대화를 계속했다. "어쩌면 이번 기회가 탈출구일 수 있어. 그들에게 아기가 생겼다는 말을 처음 들었을 때는 약간은 버림받고 내쳐진 기분이었지만, 이제는 탈출구로 삼을 수 있을 것 같아. 전에는 짜증스러웠지만 이제는 그렇지 않아. 어쩌면 나에게 유리하게 작용할 수도 있겠어." 토니는 씁쓰레한 미소를 짓고는 긴 한숨을 내쉬었다. "이번 일이 탈출구인 건 분명해. (⋯) 이제부터라도 긍정적으로 생각하겠어. (⋯) 전에 화가 난 이유는 그들을 내 가족이라 생각했기 때문일 거야. 하지만 이제 그들 둘이 한 가족이야. 나도 독립해야지. (⋯) 자부심을 갖고 자신 있게 살겠어!"

한편 로라라는 실험 참가자는 안절부절못하며 카페에 앉아 있었다. 그녀는 보스턴에 간 남자 친구가 연락해오기를 학수고대했다. 그가 돌아와야 그녀가 새로운 아파트로 이사하는 걸 도와줄 수 있기 때문이었다. 로라는 전날부터 남자 친구의 전화를 기다렸다. 남자 친구에게 치명적인 사고가 일어난 것이라 확신한 로라는 전날 밤 네 시간 동안이나 컴퓨터 앞에 앉아 '버스 교통사고'라는 단어를 검색한 터였다. 하지만 로라의 강박적이고 부정적인 걱정은 남자 친구에게 닥쳤을지도 모를 버스 사고에 그치지 않고, 걷잡을 수 없이 퍼져나갔다. 로라는 원하지 않았지만 그들의 관계는 개방적 관계open relationship, 즉 정서적으로는 친밀한 관계를 유지하지만 성적으로는 자유로운 관계였다. 위기가 닥치자 그 관계가 로라의 마음을 괴롭혔다. "성적 자유를 허용하는 게 맞기는 하지. 하지만 내가 정말 그런 관계를 원한 적은 없어. (…) 지금 그가 어디 있는지도 모르잖아. (…) 어딘가에 안전하게 있을 거야. 다른 여자를 옆에 끼고."

메러디스는 속상한 소식을 상대적으로 침착하게 처리하고(친구의 암 진단에 흐느껴 우는 것은 정상적인 반응), 토니도 차분하게 자신의 마음을 다독인 반면, 로라는 끝없이 되풀이되는 부정적인 생각에 사로잡혔다. 또 로라의 내적 독백은 과거로 되돌아가 남자 친구와의 관계를 그런 지경으로 몰아간 결정까지 문제 삼았다. 그의 마음에서는 과거가 중요한 위치를 차지했다. 메러디스와 토니의 경우도 다르지 않았다. 각자가 처한 독특한 상황 때문에 그들은 저마다 다른 식으로 문제를 처리했지만, 그들 모두 코앞에 닥친 일을 고민해야 한다는 조건은 같았다. 또 그들의 독백은 앞으로 어떤 일이 일어나고, 그때 그들이 어떻게 해야 할지 의문을 제기하며 미래로도 투영되었다. 이처럼 시간과 공간이 두서없이 이어지는 내적 대화의 패턴은 우리 모두가 각자의 마음속에서 직접적으로 경험한 것이기도 하다. 즉 내면의 목소리는 열렬한 시간 여행자다.[4]

과거로 거슬러 올라가는 기억이 채터로 이어질 수 있지만, 과거로 되돌아가거나 미래를 상상한다고 해로운 것은 아니다. 머릿속에서 과거나 미래로 여행하는 능력은 인간에게 허락된 소중한 특징이다. 이 능력 덕분에 우리는 미래에 닥칠지도 모를 우발적 위험에 대비해 계획을 세울 수 있으며, 과거의 경험을 다른 동물들과 다른 식으로 받아들인다. 또 과거에 한 행동과 앞으로 시도하려는 행동에 대해 친구들과 이야기 나누듯 내면의 자신에게도 똑같이 중얼거린다.

어빙의 실험에 자발적으로 참여한 사람들은 시간의 흐름에 구애받지 않고, 기억에 묻혀 있던 이런저런 생각을 내면의 목소리라는 형태로 두서없이 풀어냈다. 한 노파는 다리를 건너는 동안, 어린 시절 아버지와 함께 그 다리를 지날 때 몸을 던져 자살하는 남자를 목격한 순간의 기억을 되살려냈다. 전문 사진작가이던 아버지가 그 장면을 놓치지 않고 찍었고, 그 사진이 도시에서 가장 많이 팔리던 신문에 실린 까닭에 그 사건은 그녀에게 결코 잊히지 않는 기억이 되었다. 한편 30대 중반의 한 남자는 브루클린 다리를 지나며 다리를 짓는 데 동원되었을 온갖 형태의 노동력을 떠올렸고, 자신이 조만간 입사할 새로운 직장에서 성공하겠다고 다짐했다. 또 워싱턴 스퀘어 공원에서 소개팅할 남자를 기다리던 한 여자는 그녀를 속이고 바람피웠던 옛 남자 친구를 떠올렸고, 그 아픈 기억은 인간적 인연과 영적 초월을 향한 그녀의 간절한 바람에 불길을 지폈다. 한편 언제 닥칠지 모를 경제적 문제를 걱정하거나 거의 10년 전에 일어난 9·11테러 같은 섬뜩한 사건이 다시 닥칠까 염려하는 사람도 있었다.

자신의 내적 생각을 앤드루 어빙에게 아낌없이 들려준 뉴요커들은 우리의 기본 상태가 무척 다양하면서도 독특한 면모를 지녔다는 걸 여실히 보여주었다. 그들은 내적 대화를 통해 각양각색의 '내면'을 보여주었고, 무수히 많은 생각의 흐름이 언어적 표현으로 결정된다는 사실도 확인해주었다. 그들이 자신과 나누는 은밀한 대화의 세세한 특징은 각각의 삶만큼 다채로웠다. 하지만 구조적 측면에서 보면 그들 마음에서 일어난 현상은 무척 비슷했다. 그들은 부정적인 '내용'을 주로 다루었고, 그런 생각의 대부분은 연상 작용에 따라 꼬리를 물고 이어졌다.[5] 결론적으로 내적 목소리가 수반되는 그들의 언어적 사고는 건설적일 때도 있었지만 그렇지 않을 때도 적지 않았다. 그들은 '자신'에 대해 생각하며 상당한 시간을 보냈고, 그때 그들의 마음은 개인적 경험과 감정, 욕망과 욕구로 향하곤 했다. 결국 자기중심적인 면은 초기 상태의 주요 특징 중 하나인 셈이다.[6]

실험에 참여한 뉴요커에게는 그런 공통점이 있었지만, 그들의 독백에서는 보편적으로 인정되는 인간적인 특징도 드러났다. 요컨대 내면의 목소리는 과거에 겪었거나 지금 겪고 있는 문제를 이해하려면 반드시 마음속을 들여다봐야 하고, 우리가 그렇게 하는 걸 돕는 데 언어가 할 수 있는 역할을 떠올리게 한다는 점, 또 우리에게 무언가를 말하려 한다.

우리는 언어로 표현하기 힘든 감정과 생각을 품기 마련이며,[7] 시각예술가와 음악가가 이런 유형의 정신 표현을 추구하는 대표적 존재다. 그러나 인간은 언어의 세계에 존재한다. 몸짓 언어와 제스처도 커뮤니케이션 도구로 사용하지만, 언어는 우리가 다른 사람과 커뮤니케이션할 때뿐만 아니라 우리 자신과 커뮤니케이션할 때도 주로 사용하는 도구다.

주변에서 일어나는 현상과 거리를 두려는 뇌의 생득적 성향 때문에 우리는 머릿속으로 대화한다. 다시 말하면, 우리는 깨어

채터, 당신 안의 훼방꾼

있는 시간 중 상당 부분을 마음속으로 대화하며 보낸다. 여기에서 '그 이유가 무엇일까'라는 중대한 의문이 자연스레 제기된다. 진화에 의해 생존 가능성을 높여주는 자질로 선택되었기 때문이다. 자연선택이라는 규칙을 통해 혼잣말이 생존 적응도를 높여주지 않았다면, 우리 인간이 번질나게 혼잣말하는 동물로 진화하지 않았을 것이다. 그러나 내면의 목소리는 그 영향이 무척 미묘해 감지하기 힘들고 근원적이기 때문에, 우리가 그 목소리의 영향을 의식하더라도 전부를 파악하는 것은 불가능하다.

위대한 멀티태스커

신경과학자들은 뇌 활동에 대해 논의할 때 '신경 재사용neural reuse'이라는 개념을 자주 언급한다.[8]

　이 개념은 우리가 동일한 신경 회로를 사용해 여러 목적을 성취한다는 뜻이다. 즉 우리가 이용할 수 있는 제한된 신경 자원에서 최대한을 얻어낸다는 의미다. 예를 들어 뇌에서 측두엽 안쪽에 존재하는 해마海馬 모양의 영역으로 장기 기억을 담당하는 해마hippocampus는 공간을 인식하고 이동하는 것을 돕는다. 뇌는 무척 다재다능한 멀티태스커다. 그렇지 않으면 버스만큼 큼직해야 무수한 기능을 수행할 수 있을 것이다. 이런 뇌에 못지않게 우리 내면의 목소리도 대단한 멀티태스커임이 밝혀졌다.

　뇌가 담당하는 기본적 역할 중 하나는 '작업 기억working memory'

으로 알려진 과정을 처리하는 것이다. 인간은 기억을 낭만적이거나 감상적, 혹은 장기적 방향으로 개념화한다. 따라서 우리는 기억을 과거의 땅으로 생각하지만, 그 기억을 채우는 순간 및 그때의 이미지와 느낌은 영원히 우리와 함께하며 삶의 사연이 된다. 한편 현재의 집중력을 흐트러뜨릴 만한 자극(소리, 형상, 냄새 등)이 끊임없이 밀려들기 때문에 매 순간 우리는 세부적인 것들을 기억해내며, 그것들이 제대로 기능하게 해주어야 한다. 우리는 유용하지 않은 정보를 잊어버리지만, 그런 망각 자체는 조금도 중요하지 않다. 정보가 유용하게 쓰이는 짧은 시간 제대로 기능하면 그것으로 충분하다.

작업 기억 덕분에 우리는 업무 회의에 참석할 수 있고, 식사를 하면서 즉흥적인 대화를 나눌 수 있다. 누군가 조금 전에 한 말을 기억해 그 발언을 토론에 적절히 반영할 수 있는 것도 작업 기억 덕분이다. 대화를 나누며 메뉴판을 읽고 먹을 것을 주문할 수 있는 것도 작업 기억 덕분이다. 또 작업 기억은 긴급하지만 장기적인 기억에 저장해둘 만큼 의미가 깊지 않은 사안에 대해서도 이메일을 작성하도록 해준다. 즉 우리가 이 세상에서 적절한 구성원 역할을 할 수 있는 것은 전적으로 작업 기억 덕분이다. 작업 기억이 작동을 멈추거나 최적화되지 않으면 우리는 지극히 일반적이고 일상적인 활동도 제대로 수행할 수 없다. 아이들에게 이를 닦으라고 재촉하는 동시에 점심 도시락을 싸며, 그날 오후에 당신이 참석해야 할 모임을 생각할 수 없게 되는 것이다. 이처럼 작업 기억은 내면의 목소리와 연결되어 있다.

언어 정보를 관리하는 신경계는 작업 기억을 구성하는 중요한 부분이다. 이 부분은 '음운 고리phonological loop'라 일컫지만,[9] 현재 우리 주변에서 일어나는 언어와 관련된 모든 것을 처리하는 뇌의 기관이라고 이해하는 편이 낫다. 음운 고리는 두 부분으로 이루어진다. 하나는 '내적인 귀inner ear'로, 조금 전에 들은 단어를 잠시 유지할 수 있게 해준다. 다른 하나는 '내적 목소리inner voice'다. 이 목소리 덕분에 머릿속으로 단어나 문장을 되풀이하며 연설을 연습하거나 전화번호를 외우고, 주문呪文을 반복해 중얼거릴 수 있다. 작업 기억이 음운 고리에 의존해 언어적 신경 연결로를 계속 열어두기 때문에 우리는 내면의 대화를 지속하면서도 다른 사람들을 상대하며 생산적으로 기능할 수 있다. 마음과 외부 세계 사이에 존재하는 이런 언어적 통로는 유아기에 형성된다.[10] 이 통로가 형성되는 즉시, 우리는 정신 발달에서 중요한 다른 단계로 본격적으로 나아간다. 요컨대 음운 고리는 당면한 상황에 대응하는 범위를 훌쩍 넘어선다.

언어 발달은 정서 발달과 함께 이루어진다. 걸음마를 배우는 아기일 때 우리는 '자신에게' 소리 내 말하며, 감정을 억제하는 방법을 배운다. 20세기 초에 활동한 구소련 심리학자 레프 비고츠키Lev Vygotsky(1896~1934)는 언어 발달과 자기통제의 관련성을 연구한 초기 학자 중 한 명이었다.[11] 비고츠키는 아이들이 자신에게 소리 내 말하며 스스로를 탓하는 동시에 충고하는 듯한 특이한 행동을 눈여겨보았다. 아이들과 함께 많은 시간을 보내는 사람이면 누구나 알겠지만, 아이들은 자신과 적극적이고 자발적으로 대화하는 모습을 보이는 경우가 많다. 그런 행동은 단순한 놀이나 상상이 아니다. 언어와 정서가 성장하고 있다는 증거이기도 하다.

　이런 행동이 단순한 발달의 징후라고 생각한 당시의 주요 사상가들과 달리 비고츠키는 이 행동에서 우리가 감정을 자제하는 방법을 배우는 데 언어가 주된 역할을 한다는 이론을 끌어냈고, 훗날 객관적인 자료로 이 이론이 옳다는 것이 입증되었다. 비고츠키의 주장에 따르면, 우리는 최초의 양육자(일반적으로 부모)와 관계를 맺기 시작하는 동시에 감정을 관리하는 방법도 배운다. 양육자는 권위자로서 지시를 내리고, 우리는 소리 내 그 지시를 자신에게 되풀이하며, 때로는 양육자의 말투를 흉내 낸다. 처음에는 주변 사람에게 들리도록 소리 내 말한다. 그러나 시간이 지나면서 그 말을 침묵의 소리로 내면화한다. 더 나이를 먹고 성장한 뒤에는 양육자의 지시보다 우리 자신의 어휘로 감정을 억제하며 여생을 보낸다. 우리 언어가 자체적으로 고유한 윤곽을 만들어내며 창의적으로 행동하도록 유도함으로써 궁극적으로 부모가 원하는 길과 다른 길을 선택하더라도 성장기의 경험은 우리에게 중대한 영향을 미친다.

　비고츠키의 이론은 우리가 어떤 식으로 내면의 목소리를 사용해 감정을 자제하는지 설명할 뿐 아니라, 마음속으로 나누는 내적 대화가 부분적으로 양육 방법에 '영향'받을 수밖에 없는 이유도 설명한다. 사회화 과정에 대한 오랜 연구에서 밝혀졌듯 자기 통제에 대한 개인적 생각뿐 아니라 세계관도 환경에 영향을 받는다.[12] 가족이라는 테두리에서 부모는 우리가 어릴 때 자기통제의 표본이 되므로, 그들의 접근 방식은 우리가 내적 목소리를 형성하

채터, 당신 안의 훼방꾼

는 과정에 은밀히 스며든다. 가령 아버지는 우리에게 갈등을 해결하겠다고 폭력을 사용해서는 안 된다고 거듭 가르치고, 어머니는 낙담해 포기해서는 안 된다고 되풀이해 가르친다고 해보자. 시간이 지나면 우리는 스스로 이렇게 다짐하고, 이런 말이 우리 자신의 고유한 언어 흐름을 형성한다.[13]

물론 부모의 목소리에 내재한 권위는 문화적 요인에 따라 주어진다.[14] 예를 들어 대부분의 아시아 국가에서 도드라진 개인적 주장은 사회적 결속을 위협한다는 이유로 배척된다. 반면 미국을 비롯한 서구 국가에서는 독립과 자립을 높이 평가하기 때문에 부모가 자녀의 독자적 추구를 적극적으로 응원한다. 종교 및 종교가 가르치는 가치관 역시 가정의 규범에 스며든다.[15] 즉 문화의 목소리가 부모의 내적 목소리에 영향을 미치고, 부모의 목소리는 우리 목소리에 영향을 미친다. 이런 관계가 오랫동안 계속되며 여러 문화와 세대를 거친 끝에 우리 마음을 형성하게 된다. 결국 우리는 인형 안에 인형이 계속 포개지며 정신적 대화를 나누는 러시아 인형과 같다.

그렇더라도 문화나 부모와 자녀 사이의 영향이 한 방향으로만 진행되지는 않는다. 자녀의 행동도 부모의 목소리에 영향을 주고, 우리 자신이 문화를 형성하고 수정하는 데 큰 역할을 할 수 있다. 비유하자면 내적 목소리는 어린아이처럼 외부에서 내부로 들어오며 우리 안에 둥지를 마련하고, 나중에 우리는 안에서 밖으로 말하며 주변 사람들에게 영향을 미친다.

비고츠키가 생전에 보지는 못했지만, 최근 연구는 그의 이론을 확대해 커뮤니케이션이 다양한 형태로 이루어지는 가정에서 성장한 아이들이 이러한 마음속 말의 특성을 더 일찍 습득한다는 사실을 입증했다.[16] 상상의 친구를 사귀는 것이 어린아이의 마음속 말을 자극할 수 있다는 사실도 밝혀졌다.[17] 또 근래에는 연구를 통해 상상의 놀이가 자기통제력뿐 아니라 창의적 사고와 자신감, 원만한 인간관계 등 여러 바람직한 자질을 향상시킨다는 점도 확인되었다.[18]

내적 목소리는 목표를 성취하기 위해 노력하는 우리를 평가함으로써 스스로 자제하도록 돕는다. 휴대폰에 설치된 추적 애플리케이션이 그렇듯, 초기 상태는 우리가 연말 상여금을 받을 정도로 업무 기준을 충족하고 있는지, 식당 개업이라는 부업의 꿈을 이루기 위해 한 걸음씩 전진하고 있는지, 짝사랑하는 사람과의 관계가 빠른 속도로 발전하고 있는지 추적하고 관찰할 기회를 제공한다. 휴대폰 잠금 화면에 표시되어 약속을 기억하게 해주는 알림처럼 내적 목소리는 우리 마음에 언어적 생각으로 느닷없이 나타난다. 특히 목표와 관련해 자연발생적으로 떠오르는 생각은 우리 마음을 빈번하게 채우는 생각 중 하나이며,[19] 그 언어적 생각은 어떤 목표에 집중하라고 경고하는 우리 자신의 내적 목소리이기도 하다.

목표를 성취하려면 갈림길 앞에 섰을 때 올바른 선택을 해야 한다. 이런 이유에서 내적 목소리는 심적 시뮬레이션mental simulation을 시도할 기회를 제공한다.[20] 우리가 최적의 프레젠테이션이나 노랫말에 가장 적합한 선율을 찾아 자유롭고 창의적인 난상 토론을 벌인다고 할 때 마음속으로 다양한 방법을 더듬어보기 마련이다. 그런 이유로 우리는 내적 성찰 능력을 동원해 최적의 배열을 결정한 뒤에야, 프레젠테이션을 실질적으로 작성하고 악기를 만지작댄다. 토니가 뉴욕의 한적한 거리를 걸으며 임신한 사실을 자신에게 알리지 않은 친구들을 생각하며 나름대로 해결책을 찾아낸 것처럼 까다로운 인간관계를 해결할 방법을 모색하는 경우에도 마찬가지다. 토니는 그 친구들과 가까운 관계를 유지하는 경우와 일정한 거리를 두는 경우를 차례로 시뮬레이션해보았다. 이런 복합적인 난상 토론은 잠을 자는 동안 꿈속에서도 일어난다.

역사적으로 심리학자들은 꿈을 마음속에 존재하는 고유한 공간으로 생각하며, 깨어 있는 동안에 일어나는 현상과는 완전히 다른 것으로 보았다.21 물론 지그문트 프로이트Sigmund Freud(1856~1939)는 꿈을 무의식에 들어가는 왕도이고 억압된 욕구가 들어 있는 비밀 상자로 보았으며, 정신 분석이 그 상자를 열어주는 열쇠라 생각했다. 프로이트의 이론에 따르면, 잠자는 동안에는 방어벽이 낮아지고 문명적 교양의 끈이 끊어지기 때문에 우리 안의 악마가 뛰쳐나와 날뛰며 욕망을 드러낸다. 이후에 탄생한 신경과학은 정신 분석의 어둡고 외설적인 해석을 무력화하고, 그 해석을 뇌의 냉정하고 합리적인 물리작용으로 대체했다. 적어도 초기 신경과학에서 꿈은 렘수면REM sleep(몸은 자고 있으나 뇌는 깨어 있는 상태의 수면—옮긴이) 동안 뇌간의 무작위적 발화에 대한 뇌의 해석에 불과했다. 약간 이상하지만 흥미로운 성별 상징성은 사라졌으며, 조금도 외설스럽지 않고 더욱더 과학적인 관찰에 기반을 둔 신경세포의 역학 관계가 대두되었다.

첨단 장비를 동원한 최근의 연구로 밝혀낸 바에 따르면, 꿈은 우리가 깨어 있을 때 자발적으로 경험하는 언어적 사고와 많은 점에서 유사하다.[22] 또 깨어 있는 마음이 잠자는 마음과 언어적으로 대화한다는 사실도 밝혀졌다. 다행히 그런 대화에서 오이디푸스적 소원 실현wish fulfillment이 이루어지지는 않는다.

그래도 최근의 연구는 우리에게 많은 도움을 줄 수 있다.

요즘 새롭게 대두되는 증거에 따르면, 꿈은 대체로 기능적이고 우리의 실질적인 욕구에 조응한다.[23] 이런 점에서 꿈은 일종의 모의비행 장치라 할 수 있다. 앞으로 닥칠지 모를 상황을 모의실험하고, 실제로 일어날 가능성이 높은 시나리오와 경계해야 할 위험에 관심을 집중함으로써 미래를 대비하는 데 꿈이 도움을 주는 것은 분명한 듯하다. 꿈이 우리에게 어떻게 영향을 미치는지 알아내야 할 것이 아직 많지만, 결국 꿈은 마음속으로 '꾸민 이야기story'에 불과하다. 깨어 있는 동안에도 내면의 목소리가 심리적으로 가장 근원적인 이야기, 즉 정체성에 대해 소리 내 말하기 때문이다.

우리가 마음속으로 말하는 언어적 사고의 흐름은 자아를 형성하는 데 필수적인 역할을 한다.[24] 뇌는 자서전적 추론을 통해 의미있는 이야기를 꾸며낸다. 달리 말하면 우리는 스스로를 주인공 삼아 삶의 이야기를 쓸 때 마음을 이용한다. 그렇게 하면 우리가 더 성숙해지고 중요시하는 가치와 바람을 알아내는 데 도움이 된다. 이때 연속성을 띤 정체성에 뿌리를 둠으로써 변화와 역경을 견뎌내는 데도 도움이 된다. 들쭉날쭉하고 일상에서 겉으로는 관련이 없어 보이는 단편을 하나로 이어주는 것이 언어이기 때문에 이 과정에 언어가 반드시 필요하다. 언어는 우리가 삶을 '이야기로 꾸미는 데'도 중요한 역할을 한다. 마음속에서 과거를 조각하고, 우리가 미래에 꾸려갈 이야기를 지어내는 것이다. 내적 독백은 여러 기억을 두서없이 오가며 머릿속에서 그 기억들로 이야기를 지어낸다. 뇌는 그렇게 과거를 짜깁기하며 정체성을 구축해간다.

동시에 여러 기능을 수행해내는 뇌의 멀티태스크 능력이 무척 중요하듯 내적 목소리도 마찬가지다. 그러나 내적 목소리의 진정한 가치를 완전히 이해하려면, 언어적 사고가 사라졌을 때 어떤 결과가 닥칠지 깊이 생각해봐야 할 것이다. 그런 사태가 일어날 가능성이 전혀 없다면 그런 시나리오를 상상할 필요조차 없겠지만, 실제로 그런 일이 일어나는 경우가 적지 않다.

꿈의 나라, 라라랜드로

1996년 12월 10일, 질 볼트 테일러Jill Bolte Taylor는 평소처럼 잠에서 깼다. 당시 하버드대학교의 정신의학 연구실에서 일하는 37세의 신경해부학자이던 질은 뇌의 구조를 연구하고 있었다. 피질을 구성하는 세포의 상호작용과 그녀와 관련된 인간 행동을 파악하기 위해 피질의 전체 구조도를 그리려는 그녀의 목표는 가족력에서 비롯되었다. 그녀의 오빠는 조현병을 앓았다. 오빠를 조현병에서 구할 수 있다는 확신은 없었지만, 그런 상황에서 정신의 미스터리를 풀고자 하는 동기를 얻은 것만은 분명했다. 그녀는 목표를 향

해 순조롭게 한 걸음씩 전진하고 있었다. 그런데 그날, 그녀의 뇌 기능이 멈춰버리고 말았다.[25]

질은 침대에서 빠져나와 트레드밀에서 아침 운동을 하려고 했다. 하지만 몸이 개운하지 않았다. 뒷머리가 욱신거렸고, 아이스크림같이 차가운 것을 먹은 직후처럼 두통이 밀려왔다 사라지기를 반복했다. 그래도 그녀는 운동을 시작했는데, 몸 상태가 점점 이상해졌다. 트레드밀 위를 달리는 동안 그녀는 몸에서 힘이 빠져나가고 지각력이 떨어지는 것을 뚜렷이 느꼈다. 훗날 그녀는 당시를 회상하며 "몸의 경계를 규정할 수 없었다. 내가 어디에서 시작하고 어디에서 끝나는지 알 수 없었다"라고 말했다.

물리적 공간에서 몸의 감각을 상실했을 뿐만 아니라, 자신에 대한 인식도 잃어갔다. 감정과 기억이 다른 곳에 둥지를 틀기 위해 그녀의 몸을 떠나려는 듯 정처 없이 흐트러지는 듯한 기분이었다. 순간순간 번뜩이며 정상적인 정신 상태를 증명하던 자각력과 반응력도 점점 느려졌다. 생각도 고유한 형상을 상실하고 '자신만의 고유한 언어'도 사라지는 것 같았다. 강물이 말라버린 것처럼 마음속으로 말하는 언어적 사고의 흐름도 느려졌다. 그렇게 그녀의 뇌에서 언어능력을 담당하던 장치가 고장 나고 말았다.

왼쪽 뇌혈관이 터졌고, 그녀는 뇌졸중으로 쓰러졌다.

신체 활동력과 언어능력이 크게 떨어졌지만 그녀는 어찌어찌 해서 동료에게 전화를 걸었다. 동료는 질에게 문제가 생겼다는 걸 즉각 알아냈다. 그녀는 곧바로 앰뷸런스에 실려 매사추세츠종합병원으로 옮겨졌다. "혼이 빠져나간 듯한 기분이었다. 그때 나는 내 삶의 주인이 아니었다." 그녀는 죽음을 맞이할 거라고 확신했는지 자신의 삶에 이별을 고하기도 했다.

그러나 그녀는 죽지 않았다. 그날 오후 늦게 병실 침대에서 깨어났다. 아직 숨이 붙어 있는 걸 알고는 놀랐지만, 그녀의 삶은 예전과 달라졌다. 게다가 그녀에게 항상 무언가 속삭이던 내면의 목소리가 사라졌다. 훗날 그녀는 당시를 회상하며 "내 언어적 사고가 산산이 부서져 흩어졌고, 간헐적 침묵에 중단되었다. 나는 혼자였다. 그때 내 곁에 심장이 두근대는 소리 이외에는 아무것도 없었다"고 말했다. 마음을 채워주던 생각마저 사라진 까닭에 생각조차 그녀를 떠났다.

작업 기억이 작동하지 않아, 그녀는 지극히 단순한 과제도 끝까지 해낼 수 없었다. 음운 고리가 흐트러져 내적 독백도 침묵에 빠졌다. 그녀는 이제 머릿속에서 과거를 다시 방문하고 미래를 상상할 수 있는 시간 여행자가 아니었다. 우주에서 혼자 빙글빙글 도는 듯한 기분이었는데, 취약한 존재가 되어버린 자신의 모습을 전에는 상상조차 해본 적이 없었다. 말로 표현하지는 못했지만, 언어적 사고를 완전히 되찾을 수 있을까 걱정스러웠다. 언어를 통한 내적 성찰이 없으면 그녀는 더 이상 인간다운 인간이 아니었다. "언어능력과 선적 처리 능력(사건을 일어난 순서대로 정리하고 표현할 수 있는 능력―옮긴이)을 상실한 까닭에 과거에 살던 삶과 단절된 것 같은 느낌이 들었다."

무엇보다 정체성을 상실한 것이 그녀에게는 가장 큰 충격이었다. 내적 목소리를 통해 그녀가 거의 40년 동안 구축한 이야기가 지워졌기 때문이다. 그녀의 표현을 빌리면 "머릿속에 존재하는 그 작은 목소리들"이 그녀를 그녀 자신답게 만들었지만, 이제는 그 목소리들이 아무런 말도 하지 않았다. "그렇다면 나는 여전히 내가 맞을까? 삶의 경험과 생각 및 정서적 애착을 공유하지 않는데 내가 어떻게 여전히 질 볼트 테일러 박사일 수 있을까?"

질 볼트 테일러가 어떤 고통을 겪었을지 상상할 때마다 가슴이 미어진다. 자신에게 말하고 언어를 사용해 직관에 접근하며 과거의 경험을 일관된 방향으로 짜 맞추어 미래를 계획하는 능력을 상실한다면, 미치광이 스토커에게 편지를 받았을 때보다 훨씬 더 섬뜩할 것이다. 하지만 그때부터 그녀의 이야기는 더욱더 이상하면서도 흥미로워진다.

내가 질 볼트 테일러였다면 놀라고 겁먹었겠지만 그녀는 그렇지 않았다. 평생을 함께한 내적 대화는 사라졌지만, 놀랍게도 그녀는 전에는 경험하지 못한 편안함을 느꼈다고 훗날 덧붙였다. "충격을 받은 뇌에서 점점 커져가는 빈 공간은 너무도 유혹적이었다. 침묵으로 인한 끝없는 채터의 유예가 너무나 반가웠다."

그녀의 표현을 빌리면 그녀는 '라라랜드 la-la land'에 있었다.

언어와 기억을 빼앗긴 상태는 외톨이가 된 듯한 기분이 들어 겁나고 무서웠지만, 한편으로는 황홀하고 행복한 해방감을 느끼게 해주었다. 과거의 정체성에서 벗어난 까닭에 그녀는 끊임없이 되살아나 고통을 주던 과거의 기억, 현재의 스트레스, 미래에 대한 어렴풋한 불안에서 해방될 수 있었다. 내적 목소리가 사라지자 채터에서도 해방되었다. 그녀에게 이런 교환은 조금도 아쉽게 느껴지지 않았다. 훗날 회상했듯 뇌졸중으로 쓰러지기 전에 와글대는 내적 세계를 관리하는 방법을 터득하지 못한 까닭에 그런 피상적 만족을 느꼈던 것이다. 우리 모두가 그렇듯 그녀도 전에는 감정을 제대로 통제하지 못하고 부정적 생각의 악순환에 빠져들기 일쑤였다.

뇌졸중을 일으키고 2주 반이 지난 후, 질 볼트 테일러는 뇌에서 골프공 크기의 혈전을 제거하는 수술을 받았고, 8년이란 시간이 지난 후에야 완전히 회복되었다. 지금 그녀는 자신의 개인적 경험을 세상 사람들에게 알리면서 뇌에 대한 연구를 계속하고 있다. 여전히 그녀는 내면의 비판자가 입을 다물었을 때 느낀 편안함과 행복감을 강조하지만, 지금은 '내적 대화에 관심을 두는 게 정신 건강에 무척 중요하다고 진심으로 믿는 사람'이다.

그녀의 경험이 생생하게 보여준 것은 우리가 내면의 목소리와 치열하게 싸움을 벌인다는 점이다. 마음속으로 말하는 언어적 사고의 흐름 덕분에 우리가 제대로 기능하고 생각하며 자신이 될 수 있지만, 얄궂게도 그 흐름이 사라지면 오히려 편안한 기분을 느낄 정도다. 이런 현상은 내적 목소리가 매우 큰 영향력을 발휘할 수 있다는 뚜렷한 증거다. 예외적 상황 외에는 이런 현상이 사실이라는 게 여러 연구에서 확인되었다. 결국 생각은 경험에 부정적 영향을 미칠 수도 있지만, 다른 모든 것까지 뒤덮어 없애버릴 수도 있다.

2010년 발표된 한 연구에서 이 점이 명확히 입증되었다. 논문 저자들이 내린 결론에 따르면, 내적 경험에 외적 경험이 예외 없이 위축된다.[26] 적어도 그 연구에 참가한 사람들을 기준으로 할 때, 사람들이 실제로 행하는 것보다 어떤 생각을 하느냐가 그들의 행복 여부를 더 잘 예측하는 지표임이 밝혀졌다. 많은 사람이 실제로 경험한 안타까운 현상이기도 하다. 친구들과 함께 시간을 보내거나 성공을 축하하는 시간이어서 마땅히 행복해야 하는 순간이지만, 반추되는 생각이 그런 마음을 삼켜버리는 경우가 있지 않은가. 결국 당신의 기분은 당신이 행한 일이 아니라, 생각에 따라 결정되는 셈이다.

내면의 목소리가 잠잠할 때 안도감을 느낀다고 해서 내면의 목소리를 진화의 저주라 단정 지을 수는 없다. 앞에서 살펴보았듯, 그 목소리가 머릿속에 존재하는 이유는 분명하다. 그 목소리가 뉴욕의 분주한 길에서부터 잠잘 때까지 항상 우리 곁을 떠나지 않는 특별한 선물이기 때문이다. 그 목소리가 존재하기 때문에 우리가 제대로 역할을 수행하고 목표를 성취하며 무언가를 만들어내고 인간관계를 맺으며, 우리가 누구인지 멋들어지게 규정할 수 있다. 그러나 내면의 목소리가 채터로 변하면, 우리는 그 목소리에 압도되어 그 목소리가 중단되거나 아예 사라지기를 바란다.

학문적으로 밝혀진 과학적 증거를 기초로 머릿속에서 진행되는 언어적 사고를 통제하는 방법을 살펴보기 전에, 채터의 해로운 영향에 대해 살펴볼 필요가 있다. 파괴적인 언어적 사고가 우리(더 구체적으로 말하면 마음과 몸 및 인간관계)에게 미칠 폐해를 면밀히 살펴보면, 뉴욕 거리를 걸을 때 흘리는 눈물을 쉽게 닦아낼 수 있음을 알게 될 것이다.

CHAPTER 2

언제 혼잣말이
역효과를 불러오는가

Chatter.
Chatter.
Chatter.

첫 폭투는 우연인 것 같았다.[1]

2000년 10월 3일, 세인트루이스 카디널스와 애틀랜타 브레이브스가 내셔널리그 플레이오프 1차전에서 맞붙었다. 카디널스의 투수, 릭 앵킬Rick Ankiel이 던진 공이 폭투가 되어, 포수를 지나 백네트까지 굴러갔다. 1루에 있던 주자는 느긋하게 2루까지 진출했고, 관중은 안타까운 마음에 한숨을 내쉬었다. 그래도 세인트루이스의 홈경기장인 부시 스타디움이었던 까닭에 앵킬을 응원하는 함성이 경기장을 가득 채웠다. 여하튼 그 폭투가 그 이닝의 균형추를 바꿔놓는 전조라고 생각할 이유는 전혀 없었다. 야구에서는 최고의 투수도 폭투를 하는 경우가 적지 않았기에 그날의 폭투는 앵킬도 여느 투수와 다를 바 없다는 증거일 뿐이었다.

앵킬이 고등학교만 졸업하고 드래프트를 신청했을 때 스카우터와 스포츠 평론가는 시속 150킬로미터가 넘는 강속구를 던지는

17세 청년이 수십 년 만에 야구계에 등장한 최고의 투수가 될 것이라 믿었다. 그로부터 2년 후에 치른 앵킬의 메이저리그 데뷔전은 기대에 부응했다. 2000년 첫 풀타임 선발투수로 활약하는 동안, 그는 194개의 탈삼진과 11승을 기록하며, 카디널스 팀이 플레이오프에 진출하는 데 큰 역할을 해냈다. 모든 지표가 눈부셨고, 찬란한 미래를 약속했다. 그해 10월, 브레이브스를 상대한 플레이오프 1차전 선발투수로 앵킬이 낙점되었다는 사실은 조금도 놀랍지 않았다. 그는 가장 잘하는 것, 즉 야구공을 던지는 것으로 충분했다.

앵킬은 폭투를 잊으려 애썼다. 그렇게 안달할 필요가 없었고, 걱정할 일도 없었다. 겨우 3회에 불과했고, 그의 팀이 6 대 0으로 크게 이기고 있었기 때문이다. 게다가 크게 잘못된 폭투도 아니었다. 그가 던진 공이 땅을 맞고 엉뚱한 방향으로 튀며 포수를 지나친 것뿐이었다. 앵킬은 3회를 맞아 마운드에 오를 때도 기분이 좋았던 까닭에 폭투의 기억을 쉽게 떨쳐낼 수 있을 것 같았다. 하지만 껄끄러운 생각의 가시가 마운드에서 기운을 되찾으려는 앵킬의 마음에 박혀 꼼짝하지 않았다. 앵킬은 혼잣말을 하며 마음을 다잡으려고 애썼다. "이봐, 너는 전국에 중계되는 텔레비전 방송에서 폭투를 범한 것뿐이야!"[2] 하지만 그가 마음속으로는 크게 걱정하고 있었다는 걸 그 자신도 몰랐다.

잠시 후 앵킬은 포수의 사인을 읽은 후 와인드업을 풀며 왼손으로 공을 힘차게 던졌다. (…) 이번에도 폭투였다.

이번에는 관중의 탄성이 더 크고 길어졌다. 뭔가 이상하다는 걸 감지한 듯한 분위기였다.[3] 2루에 있던 주자는 3루로 진출했다. 검은 눈동자의 21세 청년 앵킬은 껌을 씹으며 무표정을 유지했지만 마음은 조금도 편하지 않았다. 포수는 서둘러 공을 집었고, 오후의 따가운 햇살 아래에서 몇 초밖에 흐르지 않았지만, 앵킬은 마음이 통제를 벗어나 훗날 '괴물'이라 칭한 것의 손아귀에 들어가는 걸 느꼈다. 그 괴물은 그의 마음속에 둥지를 튼 비판가였고, 그가 오랫동안 쌓아 올린 모든 것을 무너뜨리려는 사악한 언어적 사고였다. 그의 귀에는 그 사악한 비판가의 목소리가 관중석을 꽉 채운 5만 2,000명의 함성보다 더 크게 들렸다.

불안과 두려움. 그는 공황 상태에 빠져들었다.

그는 벼랑 끝에 내몰린 듯한 기분이었다. 극복하기 힘든 위태로운 지경에 처했다는 사실을 더는 무시할 수 없었다.

하루 전까지만 해도 앵킬은 아메리칸드림의 빛나는 전형으로 여겨졌다. 플로리다에 있는 작은 마을에서 태어난 꼬마가 순전히 재능만으로 메이저리그에서 성공했으니 말이다. 그러나 그의 어린 시절은 멋진 성공담에 어울리지 않았다. 그의 아버지는 물리적 폭력뿐 아니라 언어적 폭력도 서슴지 않는 잡범이자 중독자로, 아들에게 깊은 정서적 상처를 남겼다. 이런 이유에서 야구는 릭 앵킬에게 직업 이상의 의미였다. 야구장은 그가 편안함을 느끼는 신성하고 안전한 곳이었고, 가족과 함께할 때와는 달리 즐거움과 안락함을 주었다. 그런데 그때 이상하고 통제되지 않는 무언가가 꿈틀대며 그의 모든 감각을 휘감았다. 그러자 두려움이 걷잡을 수 없이 밀려왔다.

하지만 앵킬은 마음을 다잡으려 애썼다. 체중 이동, 자세, 팔 위치에 정신을 집중했다. 와인드업 동작을 기계처럼 정확히 해내야 했다. 앵킬은 다시 신중하게 양손을 머리 위로 치켜올렸다.

그러고는 공을 힘차게 던졌다. 이번에도 폭투였다.

또 폭투.

또 폭투가 이어졌다.

결국 카디널스 감독은 점수를 더 헌납하기 전에 앵킬을 마운드에서 불러들였다. 앵킬은 '괴물'을 마음에 품은 채 더그아웃으로 물러났다.

그날 앵킬이 마운드에서 보여준 모습은 당혹스러우면서도 예기치 못한 것이었다. 투수가 한 회에 다섯 번 폭투를 한 경우는 100년이 넘는 메이저리그 역사에 없는 사건이었다. 그러나 뒤이은 사건이 없었다면 그 폭투는 야구 역사상 가장 안타까운 사건이 되지 않았을 것이다.

9일 뒤, 앵킬은 뉴욕 메츠와 벌인 경기에 다시 선발투수로 기용되었다. 하지만 그 경기에서도 똑같은 일이 벌어졌다. 괴물이 다시 나타났고, 앵킬은 더 많은 폭투를 범했다. 그는 또다시 마운드에서 내려와야 했다. 이번에는 1회가 끝나기도 전이었다. 굴욕적인 상황은 거기에서 끝나지 않았지만, 메이저리그 투수로서 그의 짧은 경력은 이때 끝났다고 해도 과언이 아니었다.

이듬해 시즌 초기에 앵킬은 서너 경기에 선발투수로 출전했다. 경기에 나서기 전, 불안감을 가라앉히려 술을 마셨지만 알코올도 마음을 안정시키는 데 도움이 되지 않았다. 그의 투구投球는 조금도 나아지지 않았다. 결국 마이너리그로 강등되었고, 마이너리그에서 3년간 거둔 성적도 실망스럽기 그지없었다. 결국 2005년 앵킬은 26세라는 이른 나이에 은퇴하기로 결정했다.

"더는 못하겠습니다." 앵킬은 코치에게 이렇게 말했다.

릭 앵킬은 그 후로 다시는 투수로서 공을 던지지 않았다.[4]

마법의 수, 4

릭 앵킬이 뛰어난 능력을 상실한 최초의 엘리트 선수였던 것은 아니다. 오랜 시간을 투자해 재능을 개발했지만, 채터가 내면의 목소리를 장악한 순간부터 낡은 쉐보레 자동차가 멈춰버리듯, 그 재능을 잃는 사람은 그 이전에는 물론이고 지금도 헤아릴 수 없이 많다. 이런 현상은 운동선수에게만 나타나는 것이 아니다. 학습과 훈련을 통해 재능을 쌓는 사람들, 예컨대 학습 계획안을 암기해야 하는 교사부터 투자자에게 사업의 장래성을 어필해야 하는 신생 기업의 창업자, 복잡한 수술을 해내기 위해 오랜 시간 수련해야 하는 외과 의사까지, 누구에게나 일어날 수 있다. 이런 재능이 느닷없이 사라지는 이유를 설명하려면, 우리가 내면의 자아와 나누는 대화가 '집중력attention'에 어떤 영향을 미치는지 언급해야 한다.[5]

어느 때든 우리는 봇물처럼 밀려오는 정보에 시달린다. 무수히 많은 시각적, 청각적 정보에 자극받아 온갖 생각과 감정이 고개를 든다. 이런 상황에서 중요하지 않은 정보를 걸러내고, 중요한 내용에만 초점을 맞추려면 집중력이 필요하다.[6] 시끄러운 소음에 자동적으로 귀가 향하듯 우리는 대체로 자기도 모르는 사이에 집중하는데, 인간의 고유한 특징 중 하나는 집중할 필요가 있는 일에 의식적으로 집중하는 능력을 지니고 있다는 것이다.

릭 앵킬이 2000년 가을에 그랬듯, 우리가 감정에 휩싸이면 내면의 목소리는 눈앞에 닥친 장애에만 정신을 집중하도록 제한하며, 다른 모든 것을 실질적으로 배제한다. 이런 조절이 대부분의 경우 도움이 되지만, 학습을 통해 몸에 기계적으로 체득된 능력을 제대로 정비하는 데 집중해야 할 때는 그렇지 않다. 그 능력이 앵킬의 경우에는 투구였다. 그 이유를 이해하려면, 운동선수가 자동화된 행동으로 가장 인상적인 성적을 내던 때 무엇이 좋았는지 치밀하게 관찰하고 분석할 필요가 있다.

2019년 8월 11일, 미국 체조 선수 시몬 바일스Simone Biles는 미국 체조 선수권 대회 마루 종목에서 뒤로 바닥을 짚고 두 번 회전한 뒤 세 번 몸을 비틀어 내리는 동작을 완벽하게 해냄으로써 새로운 스포츠 역사를 써냈다. 한 평론가의 표현을 빌리면 "믿기지 않을 정도로 초인적인 힘과 균형, 훈련이 만들어낸 동작"이었다.[7] 움직임 하나하나를 의식하며 그 동작을 수행해내기란 불가능한 일이다. 모든 움직임이 공중에서 이루어지고, 중력이 몸을 끌어내리는 물리법칙이 순간적으로 작용하기 때문이다.

그 불가능한 동작을 해내기 위해 바일스는 동시에 두 축을 중심으로 몸을 회전하고, 뒤로 공중제비를 두 번 넘은 뒤 몸을 세 번 회전해야 했다. 그래서 그 동작은 '트리플 더블'이라 불렸다. 바일스의 뇌가 오랫동안 익히고 또 익힌 움직임(달리기, 점프, 공중제비, 비틀기, 착지)이 몸에 자동적으로 체득되며 최정점에 이른 결과로 그녀가 그 동작을 완벽하게 해냈다고 생각할 수 있다. 바일스는 습득하는 데 오랜 시간이 걸리지만 궁극적으로는 뇌의 의식적 통제에서 벗어나는 일련의 동작을 연결해 하나로 만들었기에 트리플 더블이란 경이로운 위업을 이루어낼 수 있었다. 내적 목소리가 바일스의 동작 하나하나를 지시하지는 않았지만, 관중이 열광하는 함성에 그녀의 내적 목소리도 크게 기뻐했을 것이다.

모든 운동선수가 그렇듯 바일스도 일련의 개별적 동작을 연결하는 연습을 거듭한 끝에 트리플 더블을 완성해냈다. 결국 일련의 움직임에서 개별적 부분이 완벽하게 연결되어 하나의 동작처럼 매끄럽게 표현되었다. 남다른 DNA도 큰 몫을 했지만 기계적 동작을 연결해 결합하는 뇌 기능까지 더해지며 바일스는 체조의 역사를 다시 썼다. 앵킬도 흠결 없는 동작과 타고난 초인적인 팔로 바일스와 비슷한 길을 걸었지만, 자신을 통제하지 못해 무너지고 말았다. 대체 그날 마운드에서는 어떤 일이 있었을까?

결론적으로 말하면 앵킬은 '연결하지 못했다unlinked.'[8]

앵킬의 언어적 사고가 강력한 조명 장치가 되어 그의 투구 동작을 이루는 개별적인 움직임 하나하나를 지나치게 밝게 비추었다. 달리 말하면 앵킬은 투구 동작에 지나치게 신경을 곤두세워, 오히려 그 집중이 의도치 않게 매끄러운 투구를 방해하는 역효과를 낳았다. 처음 폭투를 했을 때 그는 머릿속으로 뒤로 물러서 투구의 흐름, 즉 엉덩이와 다리, 팔의 일관된 움직임에 정신을 집중했다. 표면적으로 보면 그런 결정은 현명하고 당연했다. 앵킬은 뇌에 문자 그대로 수천 번이나 성공적으로 해낸 기계적 동작을 분석해 잘못된 곳이 있으면 찾아내 바로잡으라는 명령을 내렸다.

세금을 계산할 때, 노련한 회계사라도 빠뜨린 것은 없는지 여러 번 확인하는 수고를 마다하지 않는다. 그러나 투구처럼 압박을 받으며 어떻게든 해내야 하는 반복적이고 기계적인 행동의 경우 거듭된 확인이 그 행동 자체를 망가뜨릴 수 있다. 그 행동이 복잡한 동작으로 이루어지더라도 우리는 깊이 생각하지 않고 무의식적으로 그 행동을 배우기 때문이다. 또 내면의 목소리가 우리를 어떤 문제에 몰두하게 유도하는 경향을 띠기 때문이기도 하다. 내면의 목소리는 어떤 행동을 이루는 부분에 지나치게 집중하게 하고, 그렇게 되면 그 행동은 부분의 '합'으로만 기능한다. 그 결과는 '분석에 의한 마비'로 이어진다.[9]

채터는 앵킬의 투수 경력을 나락으로 떨어뜨렸지만, 내면의 목소리가 우리를 저버릴 때 역효과를 낳는 영역이 기계적 행동뿐만은 아니다. 여하튼 다른 동물과 구분되는 인간의 특징 중 하나는 기계적 행동을 해내고 의식적으로 주의력을 집중할 수 있는 능력이다.

논리적으로 추론해 문제를 해결하고, 동시에 여러 과제를 수행하며, 감정을 억제하는 능력 덕분에 우리는 업무와 가정 및 삶에서 중요한 부분을 현명하고 영리하게, 또 창의적으로 관리할 수 있다. 이렇게 해내려면 계획적이고 세심하며 융통성 있게 행동해야 한다. 우리는 두뇌의 주인으로서 생각하는 능력을 지닌 덕분에

채터, 당신 안의 훼방꾼

그렇게 해낼 수 있다. 이런 '집행 기능executive function'(행동을 통제하는 데 필요한 일련의 인지 과정—옮긴이)은 느닷없이 밀려오는 비협조적인 내적 목소리에 무척 취약하다.

그래도 집행 기능 덕에 우리는 생각과 행동을 원하는 방향으로 조종할 수 있다.[10] 직관적 처리로는 충분하지 않아 의식적으로 행동을 조절할 필요가 있을 때, 이마와 관자놀이 뒤쪽에 위치한 전두엽에서 담당하는 집행 기능이 끼어든다. 그 덕분에 우리는 관련 정보를 머릿속에서 능동적으로 처리하며(작업 기억도 집행 기능의 일부) 관련 없는 정보를 걸러내고, 주의력이 분산되는 걸 막을 수 있다. 또 여러 아이디어를 다루고, 주의력을 집중해야 할 곳으로 유도하며, 스스로를 통제할 수 있는 것도 집행 기능 덕분이다. 따지고 보면 우리가 정보를 얻겠다고 새로운 브라우저 탭을 열어 별로 관계가 없는 위키피디아 토끼 굴Wikipedia rabbit hole에 들어가고 싶은 유혹을 이겨내도록 돕는 것도 집행 기능이다. 집행 기능이 없다면 우리는 이 세상에서 제대로 살아가지 못할 것이다.

뇌에 이런 신경학적 리더십이 필요한 이유는 주의를 집중하고 현명하게 추론하며 창의적으로 생각하려면, 즉 주인 위치에서 과제를 실행하려면 기계적으로 움직이지 않고 의식적 노력을 기울여야 하기 때문이다. 각각의 집행 기능에는 한계가 있기 때문에 의식적인 노력에는 많은 집행 기능이 요구된다.[11] 지나치게 많은 프로그램을 열어놓으면 컴퓨터가 느려지듯, 가해지는 요구가 증가하면 집행 기능의 능률도 떨어진다.

마법의 수, 4magical number 4로 알려진 이런 제한된 역량을 증명하는 고전적 사례는 우리가 대체로 머릿속에 3~5개의 정보를 단기적으로 담아내는 능력과 관계가 있다.[12] 미국의 전화번호를 예로 들어보자. 200-350-2765라는 번호를 기억하는 편이 2003502765라는 숫자를 기억하는 것보다 훨씬 더 쉽다. 전화번호의 경우 세 부분으로 분리된 까닭에 세 조각의 정보를 기억하면 된다. 숫자의 경우 10개의 정보를 이어서 기억하려고 해야 한다. 따라서 그만큼 뇌에 부담이 더해진다.

노동집약적인 집행 기능에는 최대한 많은 신경세포가 필요하다. 그러나 부정적인 내적 목소리가 작동하기 시작하면 집행 기능과 관련된 신경세포를 독차지한다.[13] 독백을 수반한 반추를 하면 주의력이 정서적 고통의 원인에 제한적으로 집중되며, 우리에게 긍정적인 도움을 줄 수 있는 신경세포까지 빼앗긴다. 결국 우리는 '이중 과제dual task'(하고 싶은 것이면 무엇이든 해야 하는 과제와 고뇌에 찬 내적 목소리에 귀를 기울이는 과제)를 처리함으로써 집행 기능을 어려움에 빠뜨린다. 신경학적으로 말하면, 채터는 이런 식으로 주의력을 분산시킨다.

부정적인 언어적 사고의 흐름은 집중력을 방해한다. 누구나 한두 번쯤은 이런 현상을 경험했을 것이다. 거북한 일로 사랑하는 사람과 다툰 후 책을 읽거나 집중력이 필요한 일을 해본 적이 있다면 그 일을 제대로 해내기 힘들었을 것이다. 내면의 비판가와 그 비판가의 호통이 관련된 대뇌 영역을 점령하고 그곳의 신경세포를 습격하기 때문에 다툼에서 비롯된 부정적 생각이 집행 기능을 마비시킨다. 문제는 우리 대부분이 책에서 정보를 얻는 데 만족하지 않고, 위험을 무릅쓰며 이런저런 활동을 수행한다는 데 있다. 요컨대 우리는 자신에게 부여된 임무를 수행하고 꿈을 추구하며, 다른 사람들과 교제하고, 그 결과로 평가받는다.

집중이 필요한 일에 불안한 생각이 반복되는 형태로 나타나는 채터만큼 지독한 방해꾼은 없다. 채터가 집중을 방해한다는 연구는 무수히 많다. 채터에 시달리는 학생은 성적이 떨어지고,[14] 공연자는 무대에 오르면 얼어붙고 최악의 상황을 상상하며,[15] 사업가는 협상을 제대로 끌어가지 못한다. 한 연구에서 밝혀진 바에 따르면, 많은 사람이 불안감 때문에 처음에 낮은 연봉을 제안하며, 협상을 일찍 끝내고, 그 결과 적은 돈을 손에 쥔다.[16] 많은 사람이 실패한 원인으로 꼽는 것이 결국 채터다.

내적 목소리는 언제든 무수히 많은 것에 영향받을 수 있다. 내적 목소리가 개입하면 일상적으로 불가피하게 마주하는 일을 처리하는 데도 정신을 집중하기가 힘들어지고, 그 때문에 내적 대화는 더 큰 격류에 휘말린다. 당연한 말이지만 이런 상황에 처하면 우리는 그 궁지를 빠져나갈 길을 찾아내려 발버둥 치기 마련이다. 그렇다면 이럴 때 우리는 정확히 무엇을 할까?

이는 중년의 온화한 심리학자가 약 30년 전에 품은 의문이기도 하다. 그는 집중력을 방해하는 채터가 불러오는 대가에 대해 적잖은 의문을 진지하게 제기한 끝에, 내면의 목소리가 사회적 삶에도 악영향을 미친다는 사실을 밝혀냈다.

사회 기피증

1980년대 말, 베르나르 리메Bernard Rimé라는 벨기에의 안경 쓴 심리학자는 사람들이 채터의 특징이라 할 수 있는 강력한 부정적 감정에 휩싸이면 대표적인 사회과정social process인 '털어놓기talking'를 원하게 되는지 조사해보기로 마음먹었다.[17]

　연구를 거듭하는 동안 리메는 사람들을 실험실로 초대해 과거의 부정적 경험에 대해 다른 사람들과 대화를 나눈 적이 있느냐고 물었다. 그 후에는 현재로 돌아와 그들에게 몇 주간 속상한 일을 겪을 때마다 그 상황을 일기장에 쓰라고 부탁했고, 사회적 관계가 있는 사람들과 그 건을 두고 이야기를 나누었느냐고도 물었다. 또 실험실에서는 참가자들을 자극한 뒤 그들이 옆 사람과 자신의 반응을 공유하는지 관찰했다.

　리메는 반복된 실험에서 동일한 결과, 즉 '사람들이 부정적 경험에 대해 다른 사람들에게 이야기하고 싶어 한다'는 결론을 끌어냈다. 그러나 그 결론이 전부는 아니었다. 감정이 격해질수록 그들은 그 감정에 대해 더욱더 많이 털어놓고 싶어 했다. 게다가 그들은 걸핏하면 과거에 경험한 사건까지 소환해 몇 시간 동안 푸념했고, 심지어 몇 날 며칠 동안 거론하며 죽을 때까지 되풀이할 기세였다.

　리메의 연구 결과는 연령과 교육 수준을 막론하고 동일하게 나타나는 것으로 입증되었다. 물론 남녀의 차이도 없었다. 지리적 조건과 문화적 차이에도 달라지지 않았다. 유럽에서는 물론 아시

채터, 당신 안의 훼방꾼

아와 아메리카에서도 리메는 '격렬한 감정은 제트 추진체처럼 행동하며, 사람들에게 자신의 경험을 다른 사람들과 공유하도록 자극한다'는 동일한 결과를 확인할 수 있었다.[18] 그 결과는 인간의 본성에 따른 법칙인 듯했다. 이 법칙에서 벗어나는 유일한 예외는 사람들이 수치심을 느끼거나 이런저런 형태의 트라우마를 겪을 때였다. 수치심은 감추고 싶어 했고, 트라우마는 거론하는 것조차 원하지 않았다.

이렇게 일관되게 확인한 결과는 상당히 뜻밖이었지만, 자명한 사실을 확인해주는 주장처럼 들리기도 했다. 모두가 알고 있듯, 우리는 격한 감정에 휩싸이면 그 감정에 대해 마냥 털어놓는 경우가 많다. 친구에게 일부러 전화를 걸어 "오늘은 정말 기분이 좋아"라고 말하는 사람은 없다. 한편 마음속에 언어적 사고로 흐르는 감정의 기복은 입 밖으로 터져 나오는 경향이 있다.

부정적인 내면의 목소리를 다른 사람들에게 털어놓는 행위는 정상적이고 무해한 듯하지만, 그 행위가 **반복되면** 사회적 삶에 큰 피해를 입힐 수 있다. 결국 채터의 폐해 중 하나가 발생한다. 우리는 지인 중에서도 동정심이 많은 사람에게 억울한 심정을 털어놓으며 위안을 구하지만, 그 행위가 지나치게 자주 반복되면 우리에게 가장 필요한 사람과 멀어진다.[19] 사람들은 잦은 하소연을 들으면 정상적인 사회적 신호에도 무감각해질 수 있기 때문이다. 그렇다고 우리 문제를 다른 사람에게 말하는 것 자체가 해롭다는 뜻은 아니다. 오히려 다른 경우였다면 유익했을 경험이 채터 때문에 부정적으로 변질될 가능성을 지적한 것이다.

우리는 다른 사람의 푸념을 들어주고, 감정의 폭발을 용납하기도 한다. 하지만 푸념과 하소연을 들어주고 용납하는 데도 한계가 있기 마련이다. 사랑하는 사람의 경우도 정도 차이가 있을 뿐, 크게 다르지 않다. 인간관계에는 상호성이 있어야 한다. 이런 이유에서 심리 치료사는 우리에게 상담비를 청구하지만 친구는 그렇지 않다. 대화의 균형이 한쪽으로 치우치면 사회적 관계가 허물어지기 시작한다.

그런 일이 실제로 일어났을 때 감정을 폭발적으로 토로하거나 무심코 주변 사람들을 배척한다면 문제를 해결할 가능성이 줄어든다.[20] 그야말로 엎친 데 덮친 격이 아닐 수 없다. 이 때문에 뒤틀린 인간관계를 바로잡기 더 어려워지고, 외로움과 소외라는 치명적 결과로 끝나기 십상인 악순환을 불러온다.[21]

사회적 소외가 점진적으로 진행되는 과정을 극명하게 보여주는 예로, 정서적으로 불안정한 중학생 시절을 생각해볼 수 있다. 1,000명 이상의 중학생을 7개월 동안 추적한 연구에 따르면, 반추하는 성향이 있는 아이들은 그렇지 않은 아이들에 비해 또래와 더 자주 대화하는 것으로 드러났다.[22] 하지만 반추하는 성향에는 좋은 점보다 나쁜 점이 더 많았다. 특히 심리적 고통의 전조였다. 즉 사회적으로 배척되거나 소외되고, 또래 사이에서 소문이나 험담의 표적이 되며, 심지어 폭력의 위협을 받는 경우가 많았다.

이 경우 안타깝게도 10대 초반과 중학생 이상 10대에게서 나타난 현상이 성인까지 이어진다. 게다가 감정을 토로하는 합리적 이유가 있는지는 별로 중요하지 않으며, 머릿속에 맴도는 채터

채터, 당신 안의 훼방꾼

를 지나치게 겉으로 드러내면 주변 사람들을 밀어내게 된다는 점도 실험으로 밝혀졌다. 비탄에 사로잡힌 성인을 대상으로 한 연구에서도 반추하는 성향이 있는 사람들이 상처받은 후 더 많은 사회적 지원을 바란다는 사실을 확인했다. 그런 결과는 정상적 반응인 것이 분명하다.[23] 하지만 그들이 실제로는 더 많은 사회적 마찰을 경험하고 감정적 지원을 제대로 받지 못했다는 보고는 불편한 반전이 아닐 수 없다.

통제되지 않은 감정 공유가 채터에서 비롯되는 반사회적 혐오의 유일한 원인은 아니다. 갈등의 근본적 원인이 해소된 후에도 거기에서 벗어나지 못하는 사람은 공격적으로 행동할 가능성이 상대적으로 크다.[24] 이런 결과는 실험으로도 증명되었다. 실험자가 예의를 지키지 않고 무지막지하게 수필을 비판하는 실험이 있었다. 모욕적 비판을 받은 수필의 저자들에게 당시에 느낀 기분을 반추해보라고 자극을 주자, 그들은 실험자에게 무척 적대적인 자세를 취했다. 항의할 기회가 주어지자, 그들은 반추하지 않는 사람들보다 더 거세게 항의하는 경향을 보였다. 달리 말하면 당신이 나에게 한 행동을 깊이 생각할수록 나는 당신에게 부정적 감정을 품고, 그 결과 당신에게 공격적으로 행동할 가능성이 커진다. 또 채터에 시달리면 엉뚱한 사람에게 화풀이하기도 한다.[25] 예를 들어 회사에서 상관에게 꾸지람을 들으면 집에 돌아와 자식들에게 분풀이하는 경우가 있지 않은가.

그러나 지금까지 언급한 연구는 '디지털' 시대의 삶을 고려하지 않았다. 온라인으로 모든 것을 공유하는 시대에 걸맞게 정서와 사회적 삶에 대한 리메의 연구를 재조명하는 것이 시급하다. 페이스북을 비롯한 여러 소셜 미디어 애플리케이션은 우리의 내적 목소리를 다른 사람들에게 알리고, 다른 사람들의 내적 목소리에 귀를 기울일 수 있게 하는, 그야말로 세상을 바꿔놓을 만한 플랫폼이다(적어도 다른 사람들이 우리에게 그들이 무슨 생각을 하고 있는지 생각해주기를 바란다는 것은 알 수 있다). 실제로 페이스북 사용자가 플랫폼에 접속할 때 가장 먼저 보는 것이 "지금 무슨 생각을 하고 계신가요What's on your mind?"라는 질문에 대답해달라는 재촉이지 않은가.

우리는 그 질문에 공개적으로 대답한다.

2020년 현재 약 25억 명이 페이스북과 트위터를 사용한다. 이는 세계 인구의 3분의 1에 해당하는 숫자다.[26] 그들은 소셜 미디어를 통해 개인적인 반추를 공유한다.[27] 소셜 미디어에서 정보를 공유한다고 나쁠 것은 없다는 점을 강조해둘 필요가 있다. 인간종으로 살아온 역사적 시간에 비추어 보면, 지금 우리는 새로운 환경에 살고 있다. 물론 어떤 환경이든 그 자체로는 좋지도 나쁘지도 않다. 환경이 우리에게 도움이 되느냐 해가 되느냐는 우리가 환경과 어떻게 상호작용하느냐에 달려 있다.[28] 그렇지만 우리는 강한 욕구를 느낄 때 개인적 생각의 흐름을 다른 사람들에게 공개적으로 전달하려 한다. 이런 사실을 고려하면 소셜 미디어에는 걱정스러운 두 가지 특징이 있다. 공감과 시간이다.

개인적 차원에서나 집단에서나 공감의 중요성은 아무리 강조해도 지나치지 않다.[29] 공감이라는 공통분모 덕에 우리는 다른 사람들과 의미 있는 관계를 맺을 수 있다. 우리가 자주 분통을 터뜨리는 것도 결국 다른 사람의 공감을 구하기 때문이다.[30] 공감은 커뮤니케이션의 끈을 놓지 않게 해주는 메커니즘이기도 하다. 우리가 공감 능력을 진화시킨 이유가 무엇이겠는가? 공감이 인간종의 생존에 도움이 되기 때문이다.

여러 연구에서 입증되었듯 상대의 감정적 반응을 유심히 관찰해 움찔하고 놀라는 모습이나 떨리는 목소리를 알아차리는 것이 공감을 끌어내는 확실한 지름길일 수 있다. 일상에서는 신체의 미묘한 움직임, 미세한 표정, 목소리의 억양이 공감 반응을 끌어내지만, 온라인에는 그런 것들이 없다.[31] 그 때문에 우리 뇌는 중요한 사회적 기능에 필요한 정보, 즉 잔혹하고 반사회적인 행동을 억제하는 데 필요한 정보를 얻지 못한다. 공감할 기회가 크게 줄어들면 사이버 증오와 폭력으로 이어지며 심각한 결과를 초래할 수 있다. 사이버 폭력은 우울과 불안 및 약물 남용과 밀접한 관련이 있을 뿐만 아니라 두통과 수면 장애, 위장병을 일으켜 신체에도 부정적 영향을 미치며, 더 나아가 스트레스 반응 시스템의 변화까지 초래한다.[32]

속절없이 흐르는 시간도 감정을 삭이는 데 도움이 된다. 특히 속상한 일을 겪었을 때는 더더욱 그렇다.[33] 오프라인에서 누군가에게 말을 하려면 그 사람을 만날 때까지, 어떤 식으로든 대화할 수 있는 순간까지 기다려야 한다. 그 사람을 기다리는 동안 마법 같은 일이 벌어진다. 즉 시간이 흐르는 사이 감정을 되돌아보며 생각할 여유를 갖게 된다. 그때 감정이 누그러지는 경우가 많다. 실제로 "시간이 약"이라거나 "시간을 갖고 기다려보라"는 조언이 옳다는 걸 객관적으로 뒷받침하는 연구도 많다.

이제는 우리 자신을 디지털 세계의 삶에 맞추어야 한다. 그야말로 스마트한 스마트폰 덕분에 언제라도 디지털 세계에 접속할 수 있다. 따라서 속상한 사건을 맞닥뜨리면, 현재의 감정을 되돌아보며 앞으로 어떻게 대응할지 계획을 세우는 시간적 여유를 갖기도 전에 부정적 감정에 휩싸인 채 소셜 미디어를 통해 다른 사람들과 접촉할 수 있다. 이런 뛰어난 21세기의 연결성 덕분에 내면의 불길이 최고조에 이르는 동안, 즉 옥상에 올라가 내면의 목소리로 고래고래 악을 지르고 싶을 때 그렇게 할 수 있다.

우리는 개인적인 글을 포스팅하고 트윗하며 댓글을 남긴다.

시간적 여유가 사라지고 공감을 끌어내는 물리적 지표가 없는 까닭에 소셜 미디어는 내적 목소리에서 부적절한 면이 활개 치기에 적합한 공간이다. 따라서 소셜 미디어는 개인과 사회 전체, 양쪽 모두에 갈등과 적대감 및 채터를 부추기는 원인이 될 수 있다. 우리가 예전보다 지나치게 많은 것을 공유한다는 뜻이기도 하다.

개인적 문제에 대해 다른 사람에게 지나치게 오랫동안, 또 자주 말하는 경우에 그렇듯 지나치게 감정적인 글도 다른 사람들을 짜증 나게 하거나 멀어지게 한다.[34] 그런 글은 불문율을 위배하므로, 소셜 미디어 사용자들은 온라인에서 지나치게 많은 것을 공유하는 사람들이 오프라인에서 친구들에게 도움을 구하길 바란다. 우울증에 시달리며 언어적 사고로 악순환에 빠져드는 사람들이 소셜 미디어에서 부정적 내용을 공유하지만, 실제로는 그런 네트워크가 별로 도움이 되지 않는다고 생각한다는 사실은 조금도 놀

랍지 않다.[35]

그러나 소셜 미디어가 머릿속에서 흐르는 생각과 감정을 (지나치게) 공유하는 플랫폼을 제공하는 것만은 아니다. 소셜 미디어로 공감과 시간이란 요인이 사라졌다는 이유로만 내적 대화가 일탈하는 것도 아니다. 오히려 소셜 미디어를 통해 다른 사람들이 믿기를 바라는 것을 만들어갈 수 있고, 우리가 포스팅하는 글로 다른 사람들의 채터를 부채질할 수도 있다.

자신을 표현하고 싶어 하는 인간의 욕구는 무척 강렬하다.[36] 우리는 자신에 대한 다른 사람의 인식에 영향을 주려고 끊임없이 외모를 가꾼다. 이런 행동은 예전부터 있었지만, 소셜 미디어가 등장한 뒤로는 다른 사람에게 영향을 주는 수단을 훨씬 더 유효하게 통제하는 방법이 주어졌다. 이를 통해 삶을 조직적이고 정교하게 꾸며서 보여줄 수 있다. 재미없는 부분이나 미학적으로 부족한 순간을 지워냄으로써 삶을 이른바 '포토샵' 해서 보여줄 수 있다.[37] 이런 자기표현에 적극적으로 참여하면 기분이 더 나아지고, 다른 사람들에게 긍정적으로 보이고 싶은 욕구를 채우는 동시에 내면의 목소리까지 긍정적인 방향으로 유도할 수 있다.[38]

그러나 함정이 있다. 삶을 멋지게 포착한 사진을 포스팅하면 기분이 좋아질 수 있겠지만, 그 사진을 보는 사람은 기분이 나빠질 수 있다. 다른 사람들에게 긍정적인 모습을 보여주겠다는 의욕을 불태우는 순간이 곧 우리 자신을 다른 사람과 비교하려는 충동에 사로잡힌 순간이기 때문이다.[39] 소셜 미디어의 등장으로 사회 비교에 길든 우리 뇌는 과부하에 걸렸다. 나는 동료들의 도움을 받아 2015년에 발표한 연구에서[40] 사람들이 페이스북을 통해 다른 사람들의 삶을 들여다보며 소극적으로 보내는 시간이 늘어나면 시샘이 많아지고 기분마저 나빠진다는 걸 입증했다.[41]

소셜 미디어를 통해 감정을 드러내고, 자신을 멋지게 꾸미는 문화에 동참하면 채터를 유발할 수밖에 없는데도 그런 공유를 계속하는 이유는 무엇일까? 이 질문에 대한 대답 중 하나는 행동하는 순간에는 기분이 좋지만 시간이 지나면 부정적인 결과를 낳는 행동을 할 때 흔히 생겨나는 모순과 관계가 있다.[42] 누군가에게 매혹되거나 코카인이나 초콜릿 등 자극적인 물질을 섭취할 때 활성화되는 뇌 회로가 다른 사람과 자신에 대한 정보를 공유할 때도 활성화된다는 사실이 여러 연구에서 밝혀졌다. 하버드대학교의 신경과학자들이 2012년에 발표한 연구는 특히 주목할 만하다.[43] 이 연구에 따르면 사람들은 돈을 받는 것보다 다른 사람과 자신에 대한 정보를 공유하는 걸 더 좋아한다. 즉 사회성과 도파민 수용체가 있는 신경세포의 분포는 밀접한 관계가 있다.

요점은 우리가 채터에 휘둘려 사회적으로 행동하면, 온·오프라인 모두에서 다양한 형태로 부정적 결과를 맞닥뜨리게 된다는 것이다. 내적 대화에서나 외적 대화에서 가장 해로운 결과는 지원 세력이 줄어드는 것이다. 그 때문에 사회적 고립social isolation이라는 악순환이 시작되고, 그런 고립은 우리에게 더 큰 상처를 안긴다. 지금이라도 당신이 모든 것을 멈추고 귀를 기울이면 많은 사람이 육체적 '통증'을 뜻하는 'pain'이란 단어를 사용해 다른 사람들에게 배척당할 때 느낀 기분을 표현한다는 사실을 확인할 수 있을 것이다.

이누이트어부터 독일어까지, 히브리어에서 헝가리어, 광둥어에서 부탄어까지 세계의 모든 언어가 신체의 상처와 관련된 단어를 사용해 정서적 고통을 표현한다.[44] 지금까지 밝혀진 바에 따르면 그들이 은유적 표현을 좋아하기 때문만은 아니다. 내가 지금까지 채터를 연구하며 알아낸 결과 중 가장 섬뜩한 점은 채터가 정서적인 의미에서만 사람들을 아프게 하는 것이 아니라는 사실이다. 채터는 몸에도 영향을 미친다. 그 때문에 우리가 겪는 육체적 고통은 물론 놀랍게도 우리 유전자가 세포 내에서 활동하는 방법도 채터에 영향받는다.

세포 속 피아노

우리가 지하실에 마련한 실험실에 피험자가 차례로 도착했다. 그들은 어떤 이유로든 가슴앓이를 하는 뉴요커였다.[45]

때는 2007년이었다. 나는 동료들과 함께 감정적 고통이 뇌에서 어떻게 나타나는지 더 명확히 알아내기 위해 연구를 시작했다. 우리는 이 실험을 위해 자발적으로 참여할 사람들을 무작위로 선발하지 않고, 마음에 상처가 있는 40명의 자발적 참가자를 찾아 나섰다. 실험실에서 참가자들을 기분 나쁘게 만드는 방식은 효과적이면서도 윤리적이어야 했다. 또 정서적 고통을 가장 확실하게 유발하는 단장斷腸의 슬픔을 얼마 전에 겪은 사람들이어야 했다. 그래서 우리는 적어도 6개월 전에 배우자를 상실한 사람을 찾는다는 포스터를 지하철과 공원 곳곳에 붙였다.

최근에 원하지 않는 힘든 이별을 겪었습니까?
옛 배우자가 아직도 그립습니까?
그럼 뇌가 정서적, 육체적 고통을 어떻게 처리하는지
연구하는 실험에 참가해주세요!

800만 명이 사는 도시에서 그런 자발적 참가자를 찾는 것은 쉬운 일이었다.[46]

우리는 그들에게 약간 도발적인 요구를 했다. 그들을 떠난 사람의 사진을 가져오게 했다. 무의미한 요구는 아니었다. 우리는 실험 참가자들에게 자기공명영상장치MRI에 누워 떠나간 연인의 사진을 보며 이별의 순간에 어떤 기분이 들었는지 기억해보라고 요청했다. 그들의 머릿속에 채터가 나타나는 동안 신경세포의 움직임을 촬영하고 엿보기 위해서였다. 뇌가 감정적 고통을 처리하는 방법이 육체적 통증을 처리하는 방법과 유사한지 알고 싶다는 생각도 있었다. 후자에 대한 정보를 얻기 위해 우리는 그들의 팔에 뜨거운 커피 잔에 버금가는 열을 가했다.

그러고는 그들이 떠나간 연인의 사진을 봤을 때와 뜨거운 커피 잔에 버금가는 자극을 받았을 때 찍은 MRI 결과를 비교했다. 그랬더니 육체적 고통과 정서적 고통을 느낄 때 관여하는 뇌 영역이 믿기지 않을 정도로 크게 겹쳤다. 정서적 고통에는 육체적인 부분도 뒤따른다는 뜻이었다.

우리 연구 결과는 물론이고 거의 같은 시기에 다른 실험실에서 얻은 다수의 결과를 바탕으로, 사회적 고통 같은 모호한 개념, 특히 스트레스가 우리 몸에 어떻게든 영향을 미친다는 점이 입증되었다.[47]

스트레스는 살인자란 말은 이제 21세기의 상투어로 자리 잡았다. 스트레스는 미국에서만 연간 5,000억 달러에 달하는 생산성 손실을 유발하는 현대판 유행병이다.[48] 하지만 스트레스가 적응반응adaptive response이라는 사실은 망각하는 경우가 많다. 스트레스는 우리 몸이 잠재적으로 위협에 신속하고 효과적으로 반응하도록 도움을 준다. 그러나 스트레스가 **만성화**되면, 다시 말해 투쟁-도피반응fight-or-flight response(혹은 스트레스 반응)이 경고신호를 보내는 걸 **멈추지** 않는다면 스트레스는 적응을 위한 징후에서 한발 더 나아간다. 당연한 말이겠지만, 스트레스를 유발하는 주된 범인은 부정적인 언어적 사고의 흐름이다.[49]

물론 위협에는 물리적인 것도 포함된다. 지극히 일반적인 경험도 위협에 포함될 수 있다. 우리가 마음대로 다룰 수 없는 상황에 맞닥뜨린 경우를 생각해보라. 일자리를 잃거나 새로운 일을 시작해야 할 때, 친구나 가족과 갈등이 생겼을 때, 다른 도시로 이주해야 하는 경우나 건강에 문제가 있는 경우, 사랑하는 사람의 죽음을 견뎌야 하거나 이혼한 경우, 안전하지 않은 동네에서 살아야 하는 경우가 대표적인 예다. 이 모든 것이 바람직하지 않은 상황으로, 물리적 위험이 코앞에 닥쳤을 때 우리가 보이는 것과 유사한 반응을 촉발할 수 있다. 뇌에서 위협을 감지하는 선이 교차하면, 신체 기관이 결집하며 우리를 보호한다. 적국이 침입했을 때 국가가 군대를 조직적으로 동원해 침략에 대응하는 것과 크게 다르지 않다.

단계 1은 '시상하부hypothalamus'라는 원뿔 모양의 뇌 영역에서 즉각적으로 시작된다. 시상하부는 뇌의 다른 부분에서 '위협이 있다'라고 신호를 보내면 아드레날린을 분비해 혈관에 보내는 일련의 화학반응을 촉발한다. 아드레날린이 분비되면 심장박동이 빨라지고, 혈압과 에너지 수준이 높아지며, 감각도 한결 날카로워진다. 잠시 후에는 스트레스 호르몬인 코르티솔이 분비되어 흥분된 상태와 에너지 수준이 유지되도록 돕는다. 이 모든 변화가 일어나는 동안 신경전달물질이라는 화학 전령chemical messenger도 즉각적인 위협에 대응하는 데 필수적이지 않은 소화와 생식 계통의 활동을 억제하는 역할을 한다. 위기를 맞았을 때 식욕이나 성욕이 사라지는 걸 경험한 적이 있다면, 이런 신경전달물질이 활동했기 때문이다. 이 모든 변화의 목적은 단 하나다. 도둑이 집에 몰래 들어오는 걸 보았을 때와 같은 문제의 순간에 적극적으로 맞서느냐 아니면 머릿속으로만 생각하느냐에 상관없이, 스트레스 요인에 신속히 대응하는 능력을 향상시키는 것이다.

그렇다. 순전히 생각만으로도 심리적 스트레스 반응을 촉발할 수 있다. 내면의 목소리가 그런 스트레스를 상습적으로 부채질하면 건강에 파괴적인 영향을 미칠 수 있다.

스트레스 반응 시스템의 장기적 활성화와 심혈관 질환부터 수면 장애와 다양한 암까지 전반적인 질병의 연관성을 다룬 연구는 무수히 많다.[50] 여기에서 혼자 고립되었다는 만성적 소외감 같은 스트레스가 건강에 파괴적인 영향을 미칠 수 있는 이유를 설명할 수 있다. 강력한 사회적 지원망을 갖추지 못한 것은 하루에 15개비 이상의 담배를 피우는 것만큼이나 죽음에 이르게 하는 위험 요인이며, 알코올을 과도하게 섭취하거나 운동하지 않고 비만인 상태로 대기오염이 극심한 도시에서 살아가는 것보다 위험하다.[51]

상습적으로 부정적인 생각을 하는 것도 정신 질환의 영역에 포함될 수 있지만, 그렇다고 채터가 임상적으로 확인된 우울증과 불안증, 외상후스트레스장애PTSD: Post-Traumatic Stress Disorder 등과 같다고 할 수는 없다. 반복되는 부정적 생각은 그런 증상과 똑같은 것은 아니지만, 그런 증상의 공통된 특징이기는 하다. 학자들이 반복되는 부정적 생각을 여러 장애의 **초진단적 위험 요인**trans-diagnostic risk factor이라 생각하는 것은 사실이다. 그렇다면 다양한 정신 질환의 배경에 채터가 있다는 뜻이기도 하다.[52]

그러나 채터가 스트레스를 촉발함으로써 발생하는 가장 놀라운 문제는 따로 있다. 채터 때문에 허둥대는 시간이 길어지면, 그로 인해 생리적 문제가 점진적으로 발생한다. 이런 문제는 질병과 싸우며 몸을 건강하게 유지하는 능력에만 악영향을 미치는 게 아니다. DNA가 건강에 영향을 미치는 방법까지 바꿔놓을 수 있다.

대학 시절 나는 '유전자+환경=현재의 우리'라는 단순한 공식을 배웠다. 수업 시간마다 교수들은 인간의 생명이 형성되는 과정에서 유전자와 환경의 영향은 하나로 뒤섞이지 않는다고 가르쳤다. 양육nurture과 본성nature은 별개라는 뜻이다. 이 등식은 오랫동안 전통적인 지혜였지만, 어느 순간 갑자기 뒤집혔다. 새로운 연구에서 이 등식이 진실과 멀다는 게 밝혀지며 많은 학자에게 충격을 주었다. 특정 유형의 유전자가 있다고 해서 그것이 실질적인 영향을 미치는 건 아니라는 뜻이기 때문이다. 우리가 누구인지 결정하는 요인은 그 유전자가 발현되느냐 여부다.

이해를 돕기 위해 DNA가 세포 속에 깊이 놓인 피아노 같은 것이라 상상해보자.[53] 피아노 건반이 유전자라면, 유전자는 무척 다양하게 발현될 수 있다. 한 번도 눌리지 않는 건반도 있겠지만, 여러 건반과 견실하게 조합되며 빈번하게 눌리는 건반도 있을 것이다. 이 건반들이 어떻게 눌리느냐에 따라 나와 당신이 구분되고, 당신과 이 세상 다른 모든 사람이 구분된다. 건반이 어떻게 눌리느냐 하는 것이 바로 유전자 발현gene expression이다. 따라서 유전자 발현은 유전자가 세포 내에서 벌이는 연주이며, 그 연주가 몸과 마음이 어떻게 작동하는지 결정하는 데 중요한 역할을 한다.

내면의 목소리는 유전자 피아노를 치는 걸 좋아한다. 우리가 자신에게 어떻게 말하느냐에 따라 연주되는 건반이 달라진다. 캘리포니아대학교 로스앤젤레스 캠퍼스UCLA의 의과대학 교수 스티브 콜Steve Cole은 양육과 본성이 세포에서 어떻게 충돌하는지 연구하는 데 오랜 시간을 보냈다.[54] 콜과 동료들은 많은 연구를 함께 진행하며 채터에서 비롯된 만성적 위협이 유전자 발현에도 영향을 미친다는 사실을 알아냈다.

콜을 비롯해 많은 학자가 알아낸 사실에 따르면 만성적 위협에 시달리는 사람들에게서 유사한 염증 유전자가 더 많이 발현되는 것을 알 수 있다. 위협과 관련된 감정이 외로움에서 비롯되었든 가난이나 질병에 따른 스트레스에서 비롯되었든 상관없다.[55] 세포가 만성적인 **심리적 위협**을 적대적인 상황, 즉 물리적으로 공격받는 것과 유사한 상황으로 해석하기 때문에 염증 유전자가 더 뚜렷이 발현된다. 시간이 지나면서 내적인 대화, 즉 채터가 위협에 대응하는 시스템을 자주 활성화하면 단기적으로 우리를 보호하지만 장기적으로는 피해를 준다고 여겨지는 염증 유전자의 발현을 촉발하는 메시지가 세포에 전달된다. 그러면 바이러스성 병원균을 물리치며 정상적으로 일상 기능을 수행하던 세포들의 기능이 억제되고, 질병과 감염 가능성이 높아진다.[56] 콜은 이런 채터의 영향을 '분자 차원의 죽음death at the molecular level'이라 일컬었다.

자산일까 부채일까

부정적인 내적 대화가 마음과 몸 및 인간관계에 미치는 영향에 대해 알게 되면, 불안감이 더 커질 수 있다. 이 분야를 깊이 파고든 학자로서 이 연구가 나 자신의 삶뿐 아니라 내가 사랑하는 사람들의 삶에 어떻게 적용되는지 종종 생각하곤 한다. 내 딸이 무엇인가를 두고 초조해하는 모습을 볼 때마다 내가 아무 걱정도 하지 않는다고 한다면 새빨간 거짓말일 것이다.

하지만 주변을 둘러보면 여전히 희망에 찬 사례가 얼마든지 눈에 띈다. 대학에 갓 입학해 불안에 떨며 자기 의심에 빠져 허우적대던 학생들이 졸업을 앞두었을 때는 세상에 기여할 준비를 마치고 자신감 넘치는 모습을 보여준다. 또 엄청난 고난에 직면한 사람들이 다른 사람들과 협력할 방법을 찾고, 사회적 관계망을 통해 도움을 구하는 모습에서도 희망이 보인다. 만성적 스트레스를 안고 살다 건강한 삶을 되찾는 사람들도 눈에 띈다. 내 할머니 도라는 젊은 시절에 나치의 박해를 피해 폴란드를 탈출할 때 숲에 숨어 꼬박 1년을 끔찍하게 보내야 했다. 하지만 미국에 와서는 당시의 고통을 이겨내고 70년간 즐겁게 사셨다.

이러한 예에서 나는 인간의 정신과 관련된 커다란 수수께끼를 다시금 떠올리게 된다. '어떻게 해야 내면의 목소리가 부채인 동시에 자산이 될 수 있을까?' 머릿속에서 흘러다니는 말이 우리를 나락으로 떨어뜨릴 수도 있지만, 의미 있는 성공의 길로 유도할 수도 있다…. 단, 그 말을 통제하는 방법을 알아야 한다. 인간은 자신을 채터에 빠뜨릴 수 있는 내적 목소리를 진화시키는 동시에, 내적 목소리를 강점으로 만들 도구도 함께 진화시켰다. 그 예를 릭 앵킬에게서 찾을 수 있다. 앵킬은 2007년 메이저리그에 복귀했다. 투수가 아니라 외야수로서였지만, 수만 명의 관중 앞에서 경기한다는 압박감을 견뎌야 하는 것은 똑같았다.

앵킬은 이후 7년 동안 메이저리그에서 활약하며 강력한 팔을 지닌 외야수이자 폭발적 타격을 자랑하는 타자로 명성을 얻었다. 앵킬은 투수로서는 경력을 상실했다. 그는 이에 대해 "최악에 가까운 시간이었다. 그렇게 거의 5년을 보냈다. 강박에 가까운 집념으로 그 시간과 싸우며, 타격으로 담장을 넘길 수 있는 타자이자 황금 팔을 자랑하는 외야수로 다시 태어났다. 모든 것이 너무도 경이롭고 신기했다"라고 말했다.

은퇴를 선언하고 4년이 지난 2018년에는 더욱더 경이롭고 신기한 일이 벌어졌다. 앵킬은 은퇴한 선수들이 참가하는 시범 경기에서 피처 마운드에 올랐다. 애틀랜타 브레이브스를 상대로 폭투를 남발한 일이 벌어진 지 거의 20년 만에 처음으로 관중 앞에서 투수로서 공을 던졌다.[57]

릭 앵킬은 스트라이크 아웃으로 타자를 돌려세웠다.

이제부터 내면의 목소리를 유익하게 이용하기 위해 숨겨진 기법을 배워보자. 그 첫걸음으로 내가 지금까지 가르친 제자 중 가장 특별한 한 명만 살펴보면 된다. 그는 웨스트 필라델피아 출신의 정보 요원이었다.

줌아웃

Chatter.
Chatter.
Chatter.

"살인한 적 있습니까?" 조사관이 물었다.[1]

다른 곳에서 다른 사람과 있었더라면, 또 미래가 터무니없지만 매우 중대한 질문에 어떻게 대답하느냐에 달려 있지 않았더라면 그녀는 상대의 시선을 피하지 않았을 것이다.

"조금 전에도 말했지만, 없습니다. 저는 누구도 죽인 적이 없습니다." 트레이시가 대답했다.

그녀는 속으로 생각했다. '정말이야, 누구도 죽인 적이 없어. 난 이제 열일곱 살이라고! 나는 킬러가 아니야!'

그녀에게는 미국의 비밀첩보 조직, 국가안보국 NSA: National Security Agency에서 두 번째로 받는 거짓말탐지기 조사였다. 트레이시가 첫 조사에서 그 질문을 받았을 때 심장박동과 호흡은 그녀를 배신했다. 판독 선이 급격히 움직이며 그녀가 거짓말하고 있다고 알렸다. 그로부터 2개월이 지난 뒤, 그녀는 메릴랜드 한복판에 아무런 간판도 없는 사무실에 앉아 다시 거짓말탐지기 조사를 받고 있었다.

조사관이 무표정한 얼굴로 그녀를 바라보았고, 그녀의 내적 목소리가 머릿속에서 걱정스럽게 중얼거렸다. '그들이 나를 또 믿지 않으면 어쩌지?' 그녀는 그 질문에 대한 답을 알고 있었다. 그들에게 믿음을 주지 못하면 꿈꾸던 미래는 사라질 것이 뻔했다.

트레이시가 기억하는 한, 그녀는 자신의 환경보다 많은 것을 원했다. 학교에 다니며 배우는 것은 너무도 쉬웠지만 그렇지 않은 것도 많았다. 그녀가 어린 시절을 보낸 곳은 웨스트 필라델피아에서도 험한 동네였다. 집이 가난하지는 않았지만 돈 때문에 미래가 제한되는 것은 확실했다.

고등학교 1학년 시절, 트레이시는 노스이스트 필라델피아에 있는 기숙학교의 교육 프로그램에 대해 알게 되었다. 전국 영재들에게 고등학교 과정을 조기에 끝내고 명문 대학에 진학하도록 돕는 프로그램이었다. 가족을 떠나 새로운 환경에 적응해야 한다는 생각에 두려웠지만, 새로운 사람들을 만나고 지적인 도전을 시도할 수 있으며, 그때까지 알았던 삶에서 벗어날 기회라는 유혹은 떨치기 힘들었다. 트레이시는 그 프로그램에 과감히 지원해 합격했다.

트레이시가 기숙학교에서 만난 친구들과 경험한 아이디어는 그야말로 새로운 세계였고, 그녀는 생전 처음 제대로 된 시험을 치르는 듯한 기분이었다. 동기들이 대체로 대단한 배경을 지닌 데다 백인이어서 때로는 위화감을 느꼈지만 그래도 행복했다.

채터, 당신 안의 훼방꾼

프로그램에 참여한 극소수의 아프리카계 미국인 학생으로서 트레이시는 학교를 위한 모금 행사에 자주 초대받았다. 부유한 기부자들은 트레이시 같은 학생에게 지갑을 여는 경향이 있기 때문이었다. 한 행사장에서 트레이시는 바비 인먼Bobby Inman이란 남자를 만났다. 그는 전前 NSA 국장이었다.

둘이 대화하는 동안, 인먼은 NSA가 애국심이 투철한 인재에게 제공하는 훈련 프로그램에 대해 알려주며 트레이시에게 지원해보라고 권했다. 트레이시는 인먼의 권고에 따랐고, NSA의 인터뷰에 응했다. 그러나 첫 거짓말탐지기 조사를 통과하지 못했고, 꿈을 실현하지 못할지도 모른다는 불안감이 밀려왔다. 하지만 두 번째 조사에서 그녀는 그럭저럭 긴장을 풀 수 있었고, NSA가 첫 조사에서 정말 그녀를 살인자로 의심했는지는 몰라도 그 뒤로는 그런 의심을 지웠다. 그때부터 그녀의 삶이 완전히 달라질 것이 분명했지만, 첫 거짓말탐지기 조사에서 통과하지 못한 것은 훗날 그녀가 겪을 문제(내면의 목소리를 관리하는 난제)의 전조였다.

언뜻 보기에 장학금의 조건은 그녀가 원하던 모든 것이었다. NSA가 대학 교육을 받는 데 필요한 모든 비용을 부담하고 매달 넉넉한 생활비까지 제공한다는 조건이었다. 물론 트레이시가 부담해야 할 의무 조항도 있었다. 비밀 분석가가 되기 위한 여름 훈련에 참가하고, 대학을 졸업한 후에는 최소한 6년 동안 NSA에서 근무해야 한다는 것이었다. 그럼에도 NSA의 제안은 믿기지 않을 만큼 파격적인 기회였다. 더구나 그해 봄, 하버드대학교에서 입학 허가를 받은 트레이시는 거의 혼자 힘으로 아이비리그에서 공짜로 교육받을 기회와 황홀한 미래를 얻어낸 셈이었다.

하버드대학교에서 수업을 시작하기 몇 주 전, 트레이시는 NSA에서 일하는 게 어떤 것인지 처음으로 실감하게 되었다. 신입 요원을 위해 일주일 동안 진행한 교육과정에서 그녀는 일급비밀을 다루도록 허가받아, 극비로 분류된 정보에 접근할 수 있었다. 또 장학 혜택에 수반되는 제약에 대해서도 자세히 알게 되었다. 예컨대 전기 공학, 컴퓨터 공학, 수학 등 NSA의 관심사에 국한된 소수의 분야만 전공할 수 있었다. 다른 국가 학생들과는 데이트할 수도, 막역한 우정을 쌓을 수도 없었다. 해외에서 공부할 수도 없었다. 대학 스포츠 활동도 포기해야 했다. 황금 티켓으로 여겨졌던 장학 혜택이 서서히, 그러나 명확히 황금 수갑으로 변해갔다.

기숙사에서 다른 신입생들은 자유롭게 뒤섞이며 어울렸지만 트레이시는 잠시도 경계심을 늦추지 않았다. 전에는 그녀가 분석의 대상이었지만, 이제는 그녀가 주변 학생들을 분석하고 있었다. 상대의 얼굴과 억양을 재빨리 살피고는 어디 출신인지 알아내야 했다. 먼 나라에서 온 사람과 친구가 되거나, 설상가상으로 그에게 마음을 빼앗겨서는 안 된다는 두려움 때문이었다. 많은 동기생이 흥미진진한 학문을 다양하게 선택했지만, 그녀가 신청한 수학과 공학 강의는 따분하게만 느껴졌다. 하버드대학교에서 강의실을 찾아 가로수 길을 서둘러 걸을 때마다 대단한 기회로 여겨졌던 장학 혜택이 실제로는 별것 아닐 수 있다는 생각이 머릿속에서 계속 이어졌다. 크게 실수했다는 의구심마저 들었다.

그래도 시간이 그럭저럭 지나갔다. 트레이시는 신입생에서 벗어나 2학년이 되고 다시 3학년이 되었지만 외로움은 더 깊어갔다. 그녀의 표현을 빌리면 트레이시는 내적 대화에 빠져들었다. 그녀는 여름을 어떻게 보냈는지 친구들에게 말할 수 없었다. 암호를 해독하고 전기회로판을 설계하고, 옥상 너비를 측정해 안테나를 연결하는 방법을 배우며 훈련받았다고 어떻게 말할 수 있겠는가? 그런 소외감은 그녀에게 가해지는 스트레스의 원인 중 하나에 불과했다. 전기 공학은 하버드대학교에서도 가장 까다로운 전공이었는데, 그녀에게도 여태껏 경험한 적 없을 정도로 힘들고 어려운 학문이었다. 성적이 3.0 이하로 떨어지면 NSA 프로그램에서 배제되고, 그때까지 받은 지원금을 반환해야 했다. 생각만 해도 끔찍했다. 그 때문에 전기 공학도 트레이시에게는 적잖은 스트레스였다.

이러한 부정적인 내적 목소리는 그녀를 까맣게 태워버릴 듯했다. 기준 성적을 내지 못할 때 닥칠 사태를 반추하는 것은 시험을 앞두고 최고조로 치달았다. 시험을 치르는 동안 불안감에 사로잡혀 강박적으로 연필 끝을 씹고 머리카락을 빙빙 돌렸다. 신경성 안면 경련을 일으키면 이상하게도 마음이 편안해졌다. 모든 것이 괜찮다는 모습을 주변 사람들에게 보여주려 애썼지만, 몸이 다시 그녀를 배신했다. 첫 번째 거짓말탐지기 조사를 받을 때와 형태만 달랐을 뿐이다. 성적 때문에 스트레스를 받자, 낭포 여드름이 얼굴을 뒤덮었다. 피부 표층 아래에 고름으로 가득한 여드름이 자리 잡아 코르티손(부신피질 치료제—옮긴이) 치료를 받아야 했다. 마치 채터가 그녀의 얼굴 아래에서 부글부글 끓어 억제할 수 없는 지경에 이른 듯했다. 그녀는 그런 상황을 더 이상 견딜 수 없을 것 같았다.

트레이시에게는 두 가지 선택지밖에 없는 듯했다. 낙제하거나 중퇴하거나!

벽에 붙은 파리가 돼라

부정적 생각으로 끊임없이 이어지는 내적 대화에 사로잡힌 사람들의 이야기가 흔히 그렇듯, 트레이시의 경우도 결국 거리 두기 훈련이다. 곧 우리 자신의 문제에서 거리를 두느냐 두지 않느냐 하는 문제다.

정신은 렌즈라 생각하고, 내면의 목소리는 렌즈를 가까이 당기거나 멀리 밀어내는 조절기에 비교할 수 있다. 채터는 우리가 고민거리를 가까이 끌어와 확대할 때 일어나는 현상으로, 그 쟁점에 대해 다른 식으로 생각하며 마음을 가라앉힐 대안을 배제한 채 감정을 격앙시킨다. 결국 우리가 균형감을 잃는다는 뜻이다. 상황을 바라보는 시야가 극단적으로 좁아지면 힘든 면이 과장되고, 내적 목소리에서 부정적인 면이 활개 치기 마련이다. 따라서 반추가 되풀이되고 스트레스와 불안과 우울이 뒤따른다. 물론 주의를 집중하는 범위를 좁히는 것 자체가 문제는 아니다. 오히려 골치 아픈 상황을 해결하고, 그 상황에서 비롯되는 감정을 해소하려면 주의력 범위를 좁히는 게 반드시 필요할 때도 많다. 그러나 우리가 개인적인 문제에 사로잡혀 융통성 있게 시야를 넓히지 못한다면 균형감을 잃으면서 내면의 목소리가 반추로 변한다.

내적 대화가 균형감을 잃고 부정적 감정을 격렬히 불러일으키면, 자기 참조 처리self-referential processing(자신에 대해 생각하는 것)를 포함한 영역과 정서적 반응을 만드는 뇌 영역이 활성화된다.[2] 즉 스트레스에 반응하는 뇌 영역이 활성화되면 아드레날린과 코르티솔을 분비하며 부정적 감정이 쇄도한다. 그 결과 부정적 언어의 흐름이 더욱 가속화되고, 부정적인 생각이 확대된다zoom in. 그러면서 정서적으로 힘든 상황을 건설적으로 해결할 방법을 찾아낼 만큼 넓은 시야를 갖추지 못하게 된다.

그러나 우리 뇌는 난관을 맞닥뜨릴 때 문제를 확대하는 방향으로만 진화한 것이 아니라, 문제에서 **멀어지는 방향**zoom out으로도 진화했다.[3] 하지만 스트레스를 받을 때 문제에서 멀어지며 거리를 두기란 무척 어려운 일이다. 마음은 경직된 것이 아니다. 그러므로 마음을 굽히고 조절하는 방법을 알아야 한다. 열이 나면 해열제를 복용해 열을 낮출 수 있지 않은가. 우리 마음에도 심리적인 면역 체계가 있다.[4] 따라서 거리를 두면 우리 생각을 이용해 생각을 바꿀 수 있다.

물론 심리적 거리를 둔다고 문제가 사라지는 것은 아니다. 트레이시가 곤란하고 압박감이 심한 상황에서 거리를 두었다면, 조금이나마 고민을 덜어낼 수 있었겠지만 NSA에 진 빚까지 덜어낼 수는 없어, 그녀의 미래는 여전히 미해결 상태였을 것이다. 릭 앵킬도 거리를 두었다면 가끔 폭투를 범했겠지만, 그래도 전국에 중계되는 플레이오프에서 투수로서 마운드에 올라 공을 던질 수 있었을 것이다. 결국 거리를 둔다고 문제가 해결되는 것은 아니지만, 문제를 해결할 가능성은 높아진다. 거리를 두면 언어적 흐름에서 모호함이 사라지기 때문이다.

그러면 "채터가 기승을 부릴 때 어떻게 해야 심리적 거리를 넓힐 수 있을까?"라는 중대한 의문이 남는다.

트레이시가 하버드대학교의 신입생 기숙사에서 채터에 시달릴 때쯤, 나는 하버드대학교에서 고속도로로 세 시간 30분 거리에 있는 맨해튼, 더 정확히 말하면 컬럼비아대학교에서 심리학을 전공하는 대학원생으로 우중충한 셰머른홀 지하실에 앉아 비슷한 문제에 대해 생각하고 있었다. 나는 "어떻게 해야 반추의 소용돌이에 빠져들지 않고 부정적 경험을 되돌아볼 수 있을까?"라는 의문의 답을 구하고 싶었다. 내가 컬럼비아대학교 대학원에 진학한 이유도 많은 사람에게 '마시멜로 맨Marshmallow Man'으로 알려진 위대한 학자 월터 미셸Walter Mischel(1930~2018)에게 배우며 그 의문에 답을 구하고 싶었기 때문이다.

월터는 '마시멜로 실험'으로 심리학계의 왕족 같은 존재가 되었다. 마시멜로 실험은 자기통제를 연구하는 실험의 전형으로,[5] 어린아이들을 실험실에 데려와 둘 중 하나를 선택하게 했다. 아이들은 지금 마시멜로를 선택하면 하나만 가질 수 있지만, 실험자가 돌아올 때까지 기다리면 두 개를 가질 수 있었다. 장기적으로 시행한 실험 결과에 따르면 달콤한 마시멜로의 유혹을 견디지 못하고 즉각 선택한 아이들과 비교할 때, 유혹을 이겨내고 오래 기다린 아이들이 10대에 대학수학능력시험SAT에서 더 높은 점수를 받았고, 나이가 들어서도 더 건강했으며 스트레스에 더 효과적으로 대응했다. 그러나 마시멜로 실험(진짜 명칭은 '만족 지연delay of gratification 실험')은 이렇게 장기간 추적한 결과를 정리했다는 것보다, 우리가 자제하기 위해 사용하는 도구에 대한 과학계의 이해를 크게 바꿔놓았다는 점에서 훨씬 더 중요한 의미를 지닌다.

내가 컬럼비아대학교 대학원에 입학했을 때, 월터와 당시 박사후과정을 밟던 외즐렘 아이두크Özlem Ayduk는 "어떻게 해야 사람들이 채터에 굴복하지 않고 고통스러운 경험에 대해 생각하도록 도울 수 있을까?"라는 문제에 관심을 두고 연구하고 있었다. 당시 반추되는 내적 목소리를 이겨내기 위해 주로 사용하는 접근법 중 하나는 '주의 분산distraction'이었다.[6] 부정적인 언어적 사고에 사로잡힐 때, 관심을 고민거리에서 다른 것으로 전환하면 기분이 조금이나마 나아진다는 점이 몇몇 연구에서 확인되었다. 하지만 이런 접근법의 단점은 주의 분산이 미봉책에 불과하다는 것이다.[7] 상처를 치료하지 않고 감추는 데 급급한 일회용 반창고와 다를 바 없다. 당신이 힘든 삶을 잠시나마 잊으려고 영화관에 간다고 문제가 해결되지는 않는다. 영화관을 나오는 순간, 문제는 다시 시작된다. 눈에 보이지 않는다고 실제로 잊히는 게 아니다. 부정적 감정은 여전히 마음속에 존재하며 다시 활성화되기를 기다릴 따름이다.

이상하게도 이즈음 거리를 둔다는 개념은 심리학에서 유행이 지났다. 1970년 인지 치료법cognitive therapy 창시자 중 하나로 정신건강계에서 상당한 영향력을 행사하던 에런 벡Aaron Beck은 환자들에게 자기 자신의 생각을 객관적으로 살피는 법을 가르치자고 제안하며, 이런 '거리 두기distancing'가 심리 치료사가 환자와 함께 사용하는 핵심 도구가 되어야 한다고 주장했다.[8] 하지만 그 이후 거리 두기는 '회피avoidance', 즉 자신의 문제에 대해 생각하지 않는 것과 동의어가 되었다.[9] 그러나 나는 거리 두기에는 본질적으로 회피적인 면이 전혀 없다고 생각했다. 이론적으로는 누구나 마음먹기에 따라 거리를 두고 객관적 관점에서 자신의 문제를 규정할 수 있다.

거리 두기의 목적은 초연하게 떨어져 자기 생각과 뒤섞이지 않고 자기 생각이 멋대로 흘러가는 걸 지켜보는 게 아니다. 이런 점에서 거리 두기는 마음 챙김mindfulness 명상과 다르다. 거리 두기의 요점은 거리를 둔 관점에서 함께하는 것이다. 따라서 정서적으로 회피하는 관점과는 같지 않으며, 내 아버지가 가르쳤고 내가 성장하는 과정에서 수없이 행한 것의 본질에 더 가까웠다. 따라서 월터와 외즐렘, 그리고 나는 사람들이 자신의 경험을 더 효과적으로 되짚어보기 위해 '한 걸음쯤 물러서는' 방법을 생각했고, 결국 우리 모두에게 있는 도구, 즉 상상력으로 **시각화**visualization하는 능력에서 해답을 찾았다.

인간의 마음에는 강력한 광학 장치가 심겨 있다.[10] 그래서 우리는 멀리에서도 자신을 지켜볼 수 있다. 지금까지 이루어진 연구 결과에 따르면, 우리가 과거의 불쾌한 경험을 생각하거나 미래에 불안을 야기할 가능성이 있는 시나리오를 상상할 때, 마음속에 설치된 안방극장이 여러 장면을 보여준다. 그 장면들은 휴대폰에 저장된 동영상과 비슷하다. 하지만 그 장면들이 절대 변하지 않는 것은 아니다. 여러 연구에서 입증되었듯 우리가 항상 똑같은 관점에서 기억과 몽상을 보는 것은 아니다. 우리는 다양한 관점에서 기억 등에 접근할 수 있다. 예컨대 어떤 사건을 일인칭 시점으로 현장 바로 뒤에 있어 눈을 통해 직접 보는 것처럼 다시 볼 수 있지만, 관점을 옮겨 '외부자 시선'으로 스스로를 관찰할 수도 있다. 이때 우리는 벽에 붙은 파리, 즉 관찰자가 된다. 어떻게 하면 이런 능력을 활용해 내면의 목소리를 효과적으로 조절할 수 있을까?

외즐렘과 월터, 그리고 나는 그 답을 알아내기 위해 실험을 시작했다. 한 집단에는 속상한 기억을 직접 눈으로 보는 것처럼 마음속에 그려보라고 요구했다. 다른 집단에도 똑같이 요구했지만 '벽에 붙은 파리', 즉 구경꾼 관점에서 자신을 시각적으로 관찰해보라고 요구했다.[11]

그러고는 실험 참가자 모두에게 각자가 취한 관점에서 느낀 감정을 빠짐없이 말해달라고 부탁했다. 언어적 사고의 흐름에서 두 집단은 확연한 차이를 보였다.[12]

'몰입자immerser'(일인칭 관점에서 사건을 보는 사람)는 감정의 포로가 되었고, 그 감정이 토해내는 언어의 흐름에 사로잡혔다. 생각의 흐름을 묘사한 설명에서 그들은 상처에 온 신경을 집중하곤 했다. 한 실험 참가자는 이렇게 썼다. "아드레날린 분비. 열받음. 배신감. 분노. 피해자가 된 듯한 기분. 상처받음. 부끄러움. 짓밟힌 기분. 똥 밟은 듯한 기분. 굴욕감. 버려진 듯한 기분. 인정받지 못한 듯한 기분. 밀려난 듯한 기분. 짓밟히고 유린당한 듯한 기분." 몰입자의 경우 내면으로 들어가 내적인 대화를 들여다보려는 시도는 부정적 감정을 더욱더 부추겼을 뿐이다.

한편 관찰자는 무척 대조적인 모습을 보였다.

몰입자는 정서적 잡초에 뒤엉킨 반면, '초연한 관찰자distancer'
는 시야를 넓혔다. 덕분에 그들은 기분이 한결 나아지는 효과를
얻었다. 한 참가자의 기록을 인용하면 "나는 문제를 한층 명확히
볼 수 있었다. 처음에는 나 자신을 일방적으로 편들었지만 나중에
는 친구가 어떤 기분이었을지 이해하게 되었다. 터무니없게 들릴
수 있겠지만 친구가 그렇게 반응한 이유도 이해할 수 있을 것 같
았다." 초연한 관찰자의 생각이 상대적으로 더 명확했고, 한편으
로는 복잡하기도 했다. 예상대로 그들은 제3자의 눈으로 사건을
관찰하는 듯했다. 그들은 똑같은 사건으로 건설적인 이야기를 만
들어냈다. 우리가 겪은 사건을 정확히 이해하기 위해 한 걸음쯤
물러나는 것도 내적 목소리의 어조를 바꾸는 데 유용하다는 사실
이 이 실험에서 증명되었다.

그 후 우리 팀과 다른 학자들이 진행한 많은 연구에서 '줌아
웃', 즉 시야를 넓히면 채터를 부추기기에 안성맞춤인 상황에서도
스트레스에 대한 심혈관계의 투쟁-도피반응이 억제되고,[13] 정서
에 반응하는 뇌의 활동이 줄어들며,[14] 도발적인 자극을 받더라도
적대감과 공격성을 덜 띤다는 점이 확인되었다.[15] 또 거리 두기 기
법은 무작위로 선별한 대학생들에게는 물론이고, 극단적 형태의
내적 목소리와 힘겹게 싸우는 대학생들에게도 효과가 있다는 사
실이 밝혀졌다. 우울증을 앓는 사람들과[16] 고통스러운 암 치료에
시달리는 자녀를 둔 부모들에게도 거리 두기 기법은 효과를 발휘
했다.[17] 하지만 그때까지도 우리가 알아낸 결과는 제한적이었다.

거리 두기가 **그 순간** 어떻게 우리에게 영향을 미치는지 언급하고 있을 뿐이었기 때문이다. 따라서 우리는 거리 두기에 지속적인 효과가 있는지, 또 사람들이 반추하며 보내는 시간을 줄일 수 있는지 알고 싶었다.

우리 팀만 이 문제에 관심을 두고 연구한 것은 아니었다.

우리 팀이 첫 연구 결과를 발표하고 오래 지나지 않아 벨기에 루뱅대학교 필리페 베르뒨Philippe Verduyn 교수가 이끄는 연구 팀이 우리가 실험실을 벗어나 삶에서 거리 두기를 일상화하면 감정적 사건이 지속되는 기간에 어떤 영향을 미치는지 살펴보기 위한 일련의 연구를 고안해냈다.[18] 그들의 연구에서 우리가 관찰자 관점을 택하며 거리 두기를 하면 분노나 슬픔을 야기하는 사건을 겪은 뒤 부정적 감정에 사로잡히는 기간이 줄어든다는 사실이 밝혀졌다. 요컨대 거리 두기는 채터의 잔불이 오랫동안 지속되는 큰불로 번지기 전에 진압하는 효과를 발휘할 수 있었다.

하지만 이러한 거리 두기의 특성은 의도하지 않은 결과를 낳을 수도 있다. 거리 두기에 의해 부정적 경험뿐 아니라 긍정적 경험도 줄어들기 때문이다. 가령 당신이 직장에서 승진했다고 해보자. 이때 한 걸음쯤 뒤로 물러서, 신분과 돈이 삶 전체에서 정말 중요한지 돌이켜보고, 우리는 모두 빈손으로 죽는다고 생각하면 승진의 기쁨이 크게 줄어들 것이다. 따라서 긍정적 경험을 만끽하고 싶다면 벽에 붙은 파리가 되는 것으로 만족해서는 안 된다. 그런 경우에는 몰입이 필요하다.

우리는 감정적 사건을 되돌아볼 때 심리적으로 몰입하거나 거리를 두는 경향을 띠지만, 항상 한 상태에만 기울어지지는 않는다.[19] 우리 성향이 내적 목소리의 형태를 결정하는 데 영향을 미치지만, 다행스럽게도 관점을 의식적으로 바꾸는 능력도 내적 목소리 형성에 영향을 미칠 수 있다.

우리 팀과 베르된 팀의 연구 외에 거의 같은 시기에 발표된 다수의 연구를 통해서도 감정 조절에서 거리 두기의 역할에 대한 접근법에 변화의 바람이 불었다. 스탠퍼드대학교의 연구 팀은 초연한 관찰자의 관점 채택을 시간이 지나면 줄어드는 반추에 연계했고,[20] 대서양 건너편에서는 케임브리지대학교의 연구 팀이 사람들에게 '큰 그림을 보도록' 가르치면 침투적 사고intrusive thinking(집행 기능을 소모시키는 유형의 사고)뿐 아니라 아픈 기억을 회피하는 현상도 줄어든다는 걸 알아냈다.[21] 또 상상 속에서 어떤 영상이 고통을 초래할 때 영상의 크기를 줄이면 사람들이 그 영상을 볼 때 받는 고통도 줄어든다는 것을 증명한 실험도 있었다.[22]

거리 두기라는 개념을 교육에 적용한 연구도 있었다. 9학년 학생들에게 학교 공부를 잘하면 원하는 직업을 구하는 데 도움이 되고 성인으로서 사회에 기여할 수 있다는 사실을 강조하는 등 학업에 충실해야 하는 이유를 장기적 관점에서 설명했다. 그러자 학생들의 평점이 높아졌고, 따분하지만 중요한 과제에 집중하려 노력하는 모습을 보여주었다.[23] 결국 거리 두기는 우리가 속상한 일 때문에 경험하는 부정적 감정뿐 아니라, 중요하지만 따분한 노동과 교육에 수반되는 불만, 갑갑증처럼 상대적으로 사소하지만 필연적인 일상의 감정도 효과적으로 해결하는 데 도움을 준다.

앞에서 언급한 연구에서 보았듯, 한 걸음쯤 물러서서 거리를 두면 일상의 다양한 상황에서 채터를 효과적으로 관리할 수 있다. 그뿐 아니라 머릿속에서 거리를 두면 다른 중요한 것, 즉 지혜에도 긍정적인 영향을 미친다는 사실을 확인할 수 있다.

솔로몬의 역설

기원전 1010년경, 예루살렘에 살던 밧세바라는 여인의 꿈이 마침내 실현되었다.[24] 밧세바는 낳은 지 일주일 만에 첫아들을 잃었지만, 곧이어 둘째를 낳았다. 이번에는 다행히 건강한 아이였고, 밧세바는 그 아들에게 솔로몬이란 이름을 지어주었다. 성경에 따르면, 솔로몬은 범상한 아이가 아니었다.[25] 골리앗이란 장사를 물리친 소년으로 명성을 얻은 다윗의 아들 솔로몬은 유대 민족의 왕이 되었다. 솔로몬은 비할 데 없는 지도자로 군사적 역량과 경제적 수완뿐 아니라 뛰어난 지혜로도 존경받았다. 이 때문에 먼 곳에서도 솔로몬의 조언을 들으려고 찾아오는 사람이 많았다.

솔로몬은 두 여인이 한 아기를 두고 서로 친모라고 주장한 분쟁을 해결한 것으로 유명하다. 이때 솔로몬은 두 여인에게 아기를 둘로 갈라 한쪽씩 가지라고 권했다. 한 여인이 거세게 항의하자, 솔로몬은 그 여인을 친모로 판결하는 지혜를 보여주었다. 하지만 운명의 얄궂은 장난이랄까, 솔로몬은 자신의 삶에 관련해서는 그다지 현명하지 못했다. 호색한에 근시안적이던 솔로몬은 신앙이

제각각인 수백 명과 결혼했고, 아내들을 즐겁게 해주려고 호화로운 신전과 사당을 지어 그들이 각자의 신을 섬길 수 있게 했다. 이 때문에 솔로몬은 정작 자신의 신과 자신이 다스리던 민족과는 멀어졌다. 결국 그와 왕국은 기원전 930년 몰락하고 말았다.

솔로몬 왕의 비대칭적 사고는 인간 정신의 기본 특성이라 할 수 있는 채터를 상징적으로 보여주는 예라 할 수 있다. 우리는 다른 사람을 관찰할 때처럼 거리를 두고 냉철한 통찰로 자신을 바라보지 않는다. 많은 자료에서 입증되었듯, 이 특성은 성경의 일화에 그치지 않는다. 우리 모두 이런 취약점이 있기 때문이다. 나와 동료들은 이런 편향성을 '솔로몬의 역설Solomon's Paradox'이라 칭하지만, 그렇다고 솔로몬 왕이 이 현상에 이름을 빌려줄 수 있는 유일한 현인은 아니다.[26]

미국 역사에서 가장 지혜로운 사람이라는 에이브러햄 링컨Abraham Lincoln(1809~1865)에 관련해 널리 알려진 이야기를 예로 들어보자. 1841년, 링컨은 직업에서나 연애에서나 정체되어 있었다. 변호사로 일했지만 그가 원하던 수준에 이르지 못했고, 약혼녀 메리에 대한 감정도 확실하지 않아 고민하던 터에 다른 여인과 사랑에 빠지고 말았기 때문이다. 이런 문제에 깊이 몰입한 까닭에 링컨은 우울증에 빠져들었다. 한 역사학자의 표현을 빌리면 '링컨의 멜랑콜리Lincoln's Melancholy'에 빠졌다.

이듬해 링컨이 희망과 명철함을 회복하기 시작할 즈음, 이번에는 그의 절친한 친구 조슈아 스피드Joshua Speed(1814~1882)가 자신의 약혼에 대해 비슷한 의심을 품었다. 이때 링컨은 초연한 관찰

채터, 당신 안의 훼방꾼

자로서 스피드에게 지당한 조언을 해주었다. 정작 그가 비슷한 상황에 처했을 때는 생각해내지 못한 조언이었다. 링컨은 스피드에게 사랑을 잘못 생각하고 있다며, 약혼녀와 결혼하라고 조언했다. 역사학자 도리스 컨스 굿윈Doris Kearns Goodwin이 《권력의 조건 Team of Rivals》에서 말했듯 훗날 링컨은 "스피드의 연애 상황을 냉정하게 판단했던 것만큼이나 엉망진창이던 자신의 연애 상황을 파악했더라면 '순조로운 항해'를 할 수 있었을 것"이라고 회고했다.[27]

거리 두기가 어떻게 지혜로 이어지는지 살펴보기 전에 지혜가 실제로 무엇인지 따져보고 싶다.[28] 심리학처럼 엄격한 분야에서 지혜같이 명확한 형태가 없는 개념은 얼핏 생각하면 정의하기조차 힘든 듯하다. 그럼에도 학자들은 지혜의 남다른 특징을 찾아냈다. 지혜는 정신을 이용해 불확실한 문제 등 특별한 문제를 건설적으로 추론하는 능력이다. 지혜로운 추론은 여러 방향에서 보는 '큰 그림'과 관계가 있다. 예를 들면 지식의 한계를 인정하고, 삶의 다채로움을 깨달아 시간의 흐름에 따라 삶이 어떻게 펼쳐질지 예상하며, 다른 사람의 관점을 인정하고 대립하는 견해와 타협하는 능력이다.

오래 살다 보면 불확실한 사건을 더 많이 경험하고 그로부터 많은 것을 배웠으리라는 통념 때문에 지혜는 대체로 고령과 결부되지만, 여러 연구에서 밝혀졌듯 우리는 연령에 상관없이 지혜롭게 생각하는 방법을 가르칠 수 있다.[29]

나와 이고르 그로스먼Igor Grossmann이 2015년에 실시한 연구를 예로 들어보자. 우리는 실험 참가자들에게 까다로운 문제를 제시하며, 그 문제가 향후 어떻게 전개될지 예측하냐고 물었다. 한 집단에는 배우자가 그를 속이고 부정을 저질렀다고 상상하고, 한 집단에는 친구에게 그런 일이 벌어졌다고 상상해보라고 요구했다. 후자는 심리적 거리를 두는 실질적인 방법이기도 하다.

배우자가 불륜을 저질렀다는 걸 알게 되었을 때 격분하는 게 가장 지혜로운 반응이라 생각할 사람도 있겠지만, 우리 관심사는 거리 두기가 지혜로운 반응을 끌어냄으로써 갈등을 증폭시키지 않고 줄이는지 알아내는 것이었다. 예상대로 실험 참가자들은 다른 사람의 문제라고 상상할 때 훨씬 더 지혜롭게 반응하며, 불륜을 저지른 사람과 타협점을 모색하는 게 더 중요하다고 이야기했다. 심지어 마음을 열고 불륜을 범한 사람의 관점에도 귀를 기울여야 한다고 주장한 사람도 있었다.[30]

사람들이 솔로몬의 역설에서 탈출하는 통로로 거리 두기를 이용할 수 있다는 것을 뒷받침하는 또 다른 예는 의학적 의사결정에 대한 연구에서 찾을 수 있다. 건강에 관련된 중요한 결정만큼 우리 머릿속에서 채터를 유발하는 상황은 없을 것이다. 죽음은 물론 신체적 고통이나 질병이 불러오는 불확실성은 언어적 사고의 흐름을 온갖 걱정으로 채우며 올바른 판단을 방해한다. 따라서 잘못된 결정을 내리기 십상이고, 건강을 더욱더 해친다.

대규모 실험에서 학자들이 참가자들에게 "사망률이 10퍼센트인 암에 걸렸을 때 아무것도 하지 않겠는가,[31] 아니면 치료받다가 사망할 확률이 5퍼센트인 첨단 치료를 받겠는가?"라고 물으며 선택권을 주었다. 물론 두 번째 선택안이 더 낫다. 사망 확률이 5퍼센트 낮기 때문이다. 하지만 건강에 관한 한 무엇인가 하는 것보다 아무것도 하지 않는 쪽을 선택하는 사람이 상당히 많다고 지적한 연구를 재확인해주듯 이 실험에서도 참가자 중 40퍼센트가 생명에 더 위험한 첫 번째 안을 선택했다. 그러나 정말 뜻밖에도[32] 동일한 참가자들에게 다른 사람 대신 이런 결정을 내려달라고 요구했을 때는 31퍼센트만이 나쁜 쪽, 즉 첫 번째 안을 선택했다. 매년 암 진단을 받는 1,800만 명에게 이런 백분율 차이를 적용하면 150만 명 이상이 최선의 치료를 자의로 포기한다는 뜻이다.[33] 심리적 거리를 두지 못한 까닭에 비롯되는 지혜의 결여는 삶의 다른 영역에도 영향을 미칠 수 있다.

노벨 경제학상을 수상한 심리학자 대니얼 카너먼Daniel Kahneman 이 《생각에 관한 생각Thinking, Fast And Slow》에서 제시한 가장 유익한 정보는, '내부 관점inside view'을 피하고 '외부 관점outside view'을 채택하는 법을 배우라는 조언일 것이다.[34] 그의 주장에 따르면 내부 관점이 생각을 주변 상황에서 벗어나지 못하도록 제한한다. 우리는 자신이 무엇을 모르는지 모르기 때문에 잠재적 장애에 대해 부정확한 예측을 하기 십상이다. 반면 외부 관점에는 표본이 폭넓게 포함되기 때문에 정확성도 한층 높아진다. 그러면 잠재적 장애를 더 정확히 예측할 수 있어, 적절히 대비할 수 있다.

대니얼 카너먼의 견해는 정확한 미래 예측과 관련이 있지만, 자신의 틀을 벗어나는 능력, 즉 심리적 거리를 두는 능력이 더 보편적으로 의사결정을 내리는 데 도움이 된다는 사실은 여러 연구에서 밝혀졌다.[35] 과도한 정보를 처리하는 데도 도움을 줄 수 있다. 따라서 심리적 거리를 두면 명철하게 판단할 수 있다.[36] 자동차를 구매하기 위해 여러 차의 특징과 가격을 비교해 평가하는 상황을 상상해보라. 거리 두기는 '손실 회피loss aversion'를 확대하기도 한다.[37] 손실 회피는 카너먼이 널리 알린 개념으로, 사람들이 얻는 것보다 잃는 것에 더 민감하게 대응하는 현상을 가리키는 개념이다. 게다가 거리 두기를 실천하면 더 타협적으로 변해 대안을 더 적극적으로 받아들인다. 2008년 미국 대통령 선거 직전에 실시한 연구에서[38] 이고르와 나는 참가자들에게 자신이 선택한 후보가 패한 미래를 관찰자적 관점에서 상상해보라고 요구했다. 그러면서 그들에게 다른 나라에 살며 선거 결과를 지켜본다 상상하라고 권했다. 실험 결과에 따르면 그들은 정치적 견해에서 덜 극단적으로 변했고, 타 후보를 지지한 사람들과 협력해야 한다는 생각에도 더 열린 태도를 보였다.

거리 두기가 이렇게 인간관계와 지혜 향상에 긍정적 영향을 미치는 게 분명하다면, 삶의 과정에서 격분한 내적 목소리를 경험하는 다른 영역인 남녀 관계에도 무척 유용할 것이라고 예측할 수 있다. 외즐렘과 나는 거리 두기가 연인 관계에 어떤 영향을 미칠지 궁금했다. 그래서 21일 동안 연인들이 애인과 말다툼할 때마다 거리를 두는 정도에 대해 조사했다. 연인들이 그들 사이에 생긴 문제에 대해 생각할 때 '거리'를 두느냐 '몰입'하느냐에 따라 말다툼 정도가 다르다는 것이 연구에서 확인되었다. 애인이 차분하게 언쟁하면 몰입자도 똑같은 식으로 대응했다. 즉 애인만큼 인내하고 동정하는 모습을 보였다. 그러나 애인이 조금이라도 분노하고 업신여기는 기미를 보이면 몰입자도 똑같은 식으로 대응했다. 거리를 두는 관찰자의 경우 애인이 차분하게 말하면 그 역시 차분한 태도를 유지했다. 그러나 애인이 흥분하더라도 관찰자는 여전히 차분하게 문제를 해결하려는 자세를 보였다. 따라서 갈등의 수위도 낮아졌다.[39]

그 이후 행한 실험은 우리 연구를 확대해, 연인들에게 의견이 충돌할 때 거리를 두고 문제를 되짚어보라고 가르치면 관계 악화를 막을 수 있다는 걸 보여주었다.[40] 연인들에게 거리를 두고 관찰자 관점에서 그들의 갈등을 되짚어보게 하자 갈등의 수위가 낮아졌고, 갈등으로 불행하다고 생각하는 정도도 낮아졌다. 거리 두기가 사랑의 묘약은 아니지만, 사랑의 불길이 꺼지지 않도록 지켜주는 수단임은 분명한 듯하다.

이 모든 연구에서 우리가 자신과 나누는 대화의 성격을 바꾸는 데 한 걸음 정도 물러서는 것이 유용하다는 사실이 증명되었다. 하지만 일반화해서 말하면 가장 흔히 채터를 야기하는 상황을 현명하게 추론할 수 있다는 점도 이 연구들에서 확인되었다. 불확실성이 개입되어 지혜로운 판단이 필요할 때 채터를 피하기는 힘들다. 그러나 이 연구에서 가장 놀라웠던 점은 심리적 거리를 두는 방법이 한둘이 아니며, 마음이 균형을 이루기 위해 우리에게 많은 선택지를 제시한다는 것이었다. 물론 때로는 지혜 이상이 필요하다. 트레이시가 하버드대학교에서 깨달았듯 우리에게는 새로운 이야기, 즉 거리 두기도 필요하겠지만 마음에 타임머신을 장착해 상황을 상상으로 만들어내는 것도 필요하다.

시간 여행과 펜의 힘

트레이시는 매일 밤 기숙사 방에 앉아 여드름 때문에 괴로워하며 연필 끝에 달린 지우개를 물어뜯었고, 내면의 목소리는 비밀리에 훈련받는 요원이자 명문 대학교의 외로운 장학생이란 양립된 요구에 낙담의 구렁텅이로 빠져들었다. 그녀는 속절없이 불안감에 매몰되자, 하버드대학교와 NSA에서 심리 치료사를 찾아갔다. 실망스럽게도 어느 쪽 치료사도 실질적인 도움을 주지 못했다.

트레이시는 취미로 가족의 역사를 추적해 기록하기 시작했다. 그 작업이 그럭저럭 도움이 되었다. 그녀를 이 땅에 있게 한 사람들과 사건을 추적하는 재미에 흠뻑 빠졌다. 방학 동안 NSA에서 훈련에 참가하라는 요구를 받지 않으면 과거 이야기를 추적하고 다녔다. 그 일을 하기 위해 그녀는 친척들과 함께 오토바이를 타고 미시간호를 둘러보았고, 캘리포니아에서는 메릿호수 가를 거닐었으며, 뉴올리언스 프랑스 구역에서는 두 숙모와 함께 후텁지근한 거리를 헤매고 다녔다. 또 텍사스 중부에서는 조상들이 일하던 농장에서 길 하나 아래에 있는 공동묘지 곳곳에 흩어진 가족 묘비를 탁본했다.

친척들과 이런저런 이야기를 주고받으면서, 트레이시는 조상들이 초기에 미시간주 캘러머주Kalamazoo에 정착한 아프리카계 미국인 가족으로서 겪은 고초에 대해 들었다. 또 증조할머니가 부두교 마법사였고, 증조할머니의 남편, 즉 증조할아버지는 백인이었다는 사실도 알게 되었으며, 악령을 물리치는 데 쓰는 주문도 배웠다.

또 조심스럽지만 끈질기게 재촉한 끝에, 여러 친척에게 가족의 과거 중 가장 힘들고 억눌렸던 시대에 대해서도 들었다. 그녀는 자신이 노예의 고손녀이고, 증조부 세대의 한 친척은 재판도 없이 폭행을 당했으며, 남북전쟁이 발발했을 때 또 다른 친척은 남부 연합군에 징집되어 북군과 싸웠다는 사실도 알게 되었다. 게다가 자신이 조지 워싱턴의 후손이라는 것도 알게 되었다.

가족의 역사를 점점 더 깊이 파고들수록 트레이시는 마음이 더욱더 편안해졌다. 하버드대학교로 돌아간 뒤에도 마찬가지였다. 그녀는 조상이 남긴 유산에 다가갈 때마다, 노예의 후손도 세계에서 가장 명망 있는 교육기관에서 눈부신 성공을 거둘 수 있다는 걸 세상에 증명하고 있는 듯한 기분이었다. 하버드대학교에서 겪은 온갖 어려움에도 이런 역사적인 시각 덕분에 그녀의 뿌리가 매우 깊다는 자부심을 갖게 되었고, 조상들이 그녀를 자랑스러워할 것이라고도 생각했다. 조상들이 견뎌낸 고난에 대해 알게 된 것도 그녀가 자신에게 닥친 시련과 고난을 균형 있는 시각으로 보는 데 도움이 되었다. 조상들이 노예로 뼈 빠지게 일하며 겪은 고통에 비하면 좋은 성적을 받지 못하고 원하는 남자와 데이트할 수 없는 현실에서 비롯된 불만과 걱정은 아무것도 아니었다. 그녀는 벽 위에 붙은 파리가 되어 자신의 삶뿐 아니라 노예로서 대서양을 건넌 뒤 끈질기게 살아남아 미국에서 번창한 조상들의 삶까지 냉정하게 바라보는 관찰자가 되었다. 그러자 내적 목소리가 극적으로 가라앉았다.

트레이시가 개인적으로 경험한 사건은 학문적으로도 뒷받침

되었다. 또 마음속으로 전략적인 시간 여행을 하는 능력이 부정적인 내적 대화를 긍정적인 방향으로 유도함으로써, 그에 걸맞은 개인적인 이야기를 만들어내는 도구가 될 수 있다는 점도 여러 연구에서 확인되었다.[41] 그러나 마음속으로 행하는 시간 여행의 이점은 과거를 포괄적인 관점에서 받아들여 현재에 대한 긍정적인 이야기를 구성하는 데만 국한되지 않는다. 머릿속에서 미래로 가는 시간 여행, 즉 '시간적 거리 두기temporal distancing'라 일컫는 도구를 이용해도 현재의 고난을 이겨내는 데 도움이 된다. 여러 연구에서 증명된 바에 따르면, 곤경에 빠진 사람이 내일보다 10년 후 그 곤경을 어떻게 생각할지 상상해보는 것도 현재의 곤경을 균형감 있게 바라보는 효과적인 방법일 수 있다. 그렇게 하면 현재의 곤경을 일시적인 것이라 생각하며 희망을 되살릴 수 있기 때문이다.

어떤 의미에서 시간적 거리 두기로 얻는 효과는 지혜의 한 단면이다. 시간적 거리 두기로 세상은 끊임없이 변하고 상황은 언제든 바뀐다는 깨달음을 얻을 수 있기 때문이다.[42] 부정적 감정이 밀려올 때 삶의 이런 특성을 인정하면 마음이 편해지는 효과를 거둘 수 있다. 시간적 거리 두기는 실제로 내가 지난 세기에 채터를 가장 자주 야기한 사건, 즉 2020년에 발생한 코로나19 팬데믹에 대처하는 데 도움을 주었다.

학교가 문을 닫자 방역이 효과를 거두었고, 바깥세상이 조용해졌다. 수많은 사람이 그랬겠지만 내 머릿속에서도 채터가 부글대기 시작했다. 사회적 거리 두기가 내 아이들의 행복에 악영향을 미칠까? 어떻게 해야 몇 주 동안 집에서 꼼짝하지 않고도 살아남을 수 있을까? 그래도 경제는 계속 성장할까? 그러나 코로나19사태가 종식되면 내 기분이 어떨지에 초점을 맞추자, 지금 겪는 곤경이 일시적인 사건일 뿐이라는 사실을 깨달았다. 인류의 기나긴 역사에서 보면 무수한 팬데믹이 왔다가 사라졌듯, 코로나19의 위협도 결국 지나갈 것이 분명했다. 이런 깨달음에 나의 내적 목소리가 긍정적인 방향으로 변했다.

동료 외즐렘의 연구 결과에 따르면, 시간적 거리 두기는 사랑하는 사람의 죽음처럼 큰 스트레스 요인뿐 아니라 업무 마감 시간처럼 상대적으로 작지만 역시 중요한 스트레스 요인을 관리하는 데도 도움이 된다. 무엇보다 시간적 거리 두기 기법은 기분을 좋아지게 하는 데 그치지 않는다. 비난을 줄이고 더 많이 용서함으로써 인간관계와 언쟁을 더 지혜롭게 끌어가고, 연인과의 관계를 더 풍요롭게 해주기도 한다.

트레이시는 가족의 역사를 추적하는 동시에 대학에서 생활하는 동안 꾸준히 일기를 썼다. 일기 쓰기도 거리 두기에 효과적인 도구였다. 일기 쓰기는 문자만큼 오랜 역사를 지녔지만, 일기 쓰기에서 얻는 심리적 위안을 본격적으로 연구한 것은 겨우 수십 년 전부터다. 이 분야의 개척자는 심리학자 제임스 페네베이커James Pennebaker다.[43] 그렇다. 흥미롭게도 그의 이름에 '펜pen'이란 단어가 숨어 있다. 오랫동안 심리학 교수로 일하며 눈부신 경력을 쌓는 동안, 페네베이커는 사람들에게 그날 겪은 가장 부정적인 상황에 대해 15~20분 동안 글로 쓰게 하는 것만으로도(그날 있었던 사건으로 이야기를 꾸미게 함으로써) 더 나은 기분으로 살아가고, 병원을 덜 방문하며, 더 건강한 면역 기능을 갖추게 할 수 있다는 사실을 밝혀냈다. 일기 쓰기는 이야기를 꾸미는 화자의 관점에서 사건을 관찰하게 함으로써 관련된 사건과 경험에서 거리를 두도록 해, 그 사건에 얽매인 듯한 기분을 조금이나마 떨칠 수 있도록 한다.[44] 트레이시는 수년 동안 일기를 썼고, 그것이 그녀에게 매우 큰 도움을 주었다.

내적 대화를 달래는 창의적인 재능 덕분에 트레이시가 하버드 대학교를 졸업할 즈음에는 여드름도 많이 줄어들고, 신경성 안면 경련도 가라앉았다. 물론 성적도 크게 올랐고, 채터도 누그러졌다. 트레이시는 하버드대학교를 졸업한 뒤 NSA에서 본격적으로 일했고, 세계 곳곳의 분쟁 지역에서 비밀 임무를 수행하며 8년을 보냈다. 수백 시간의 언어 훈련을 통해 프랑스어와 아랍어를 유창하게 구사하게 되었고, 지금도 많은 부분이 극비로 분류된 다양한 임무를 매끄럽게 수행해냈다. 그녀의 첩보 활동은 백악관을 비롯해 미국 정보 분야의 최고위층에게 알려지기도 했다. 많은 점에서 그녀는 고등학생 시절 NSA 장학금에 대해 처음 알게 되었을 때 꿈꾼 역동적이고 영화 같은 삶을 살았다. 최근까지도 트레이시는 일기를 쓰고 있다.

이제 그녀는 정부에서 일하지 않고, 아이비리그 대학교에서 교수로 재직하고 있다.

이상하게 들리겠지만, 심리학자, 특히 내적 목소리를 통제하는 방법을 연구하는 학자가 개인적인 연구로 뛰어난 통찰을 얻더라도

120

자아의 덫을 벗어나지는 못한다! 탁월한 심리학자여서 거리를 두는 방법을 매우 잘 안다 하더라도 내면세계에 들어가면 방향을 잃을 수 있다. 스토커에게 협박 편지를 받았을 때 나에게 일어난 현상을 설명할 수 있는 다른 방법은 없다. 나는 머릿속 채터를 가라앉히는 데 유용한 여러 거리 두기 도구를 알고 있었다. 벽에 붙은 파리의 관점을 채택해 초연한 관찰자의 시각을 취하고, 시간적 거리 두기로 미래에 내가 어떤 기분을 느낄지 상상해보거나 일기 쓰기 등 다양한 형태의 거리 두기를 알고 있었다. 그럼에도….

나는 내면의 목소리에 몰입했다.

나는 채터에서 빠져나오지 못했다.

나는 솔로몬의 역설을 껴안고 살았다.

내가 할 수 있는 일이라고는 공황 상태에 빠진 내적 목소리를 드러내는 것이 전부였다. 그 때문에 아내와 나 사이에 긴장과 갈등이 생길 수밖에 없어서, 거리를 둔 아내의 관점도 내적 대화에서 나를 끌어내지 못했다. 내 채터는 너무나 극심해 빠져나갈 길이 없는 듯했다. 하지만 마침내 그 길을 찾아냈다.

그러고는 내 이름을 매섭게 부르고 나 자신을 나무랐다.

CHAPTER 4

내가
'너'가 될 때

Chatter.
Chatter.
Chatter.

새벽 3시였다. 나는 파자마를 입고 앉아 서재의 창밖을 쏘아보며 어둠 속을 유심히 살폈다. 짙은 어둠 속에서 어떤 것도 알아볼 수 없었지만, 머릿속에서는 불안한 협박 편지와 그 편지를 보낸 사람의 일그러진 얼굴이 뚜렷이 보였다. 물론 그 얼굴은 내가 영화〈덱스터〉와〈쏘우〉에서 약간의 도움을 받아 상상으로 만들어낸 얼굴이었다.

꽤 오랜 시간이 지난 뒤 나는 창문에서 얼굴을 돌렸다.

그리고 별생각 없이 책상에 다가가 앉아 컴퓨터를 켰다. 아마 나는 두려움에 휩싸여 있으면서도 어떤 이유였는지 몰라도, 계속 이런 상태로 지낼 수는 없다고 무의식적으로 생각한 듯했다. 수면 부족으로 진이 빠졌고, 먹지도 않아 연구에 집중하기 힘들었다. 그렇게 정신이 몽롱한 상태에서 나는 난국에서 벗어날 길을 찾겠다는 일념에 다시 '내면'으로 파고들었다. 전에도 자기 성찰로 별

효과를 얻지 못했지만 나는 모든 정신을 그 문제에 집중하며 마음 속으로 생각했다. '개인 경호원을 둘까? 교수를 전문적으로 경호 하는 사람이면 되겠지?'

돌이켜보면 그런 생각이 우스꽝스럽게 여겨지지만, 당시에는 조금도 그렇게 생각하지 않았다. 그러나 미국 중서부에서 협박받 는 학자 경호를 전문적으로 담당하는 경호원을 검색하려고 손가 락을 키보드에 올렸을 때 뜻밖의 소리가 들렸다. 나는 두 손을 멈 추고 컴퓨터에서 떨어져 의자에 기대앉았다. 그리고 나 자신에게 말했다. '이선, 대체 뭐 하는 거야? 미쳤어! 정신 차려!'

그랬더니 이상한 일이 일어났다. 머릿속에서 내 이름을 부르고 는 다른 이에게 말하는 것처럼 나에게 말했다. 그 목소리 덕분에 나는 즉시 한 걸음 뒤로 물러서 당시 상황을 되짚어볼 수 있었고, 곧이어 내가 처한 상황에 한층 객관적으로 집중할 수 있었다. 규 모가 작더라도 네이비 실에 버금가는 자격을 갖춘 경호원들이 교 수를 보호하는 업체가 있으리라는 생각, 심지어 조금 전까지 컴퓨 터에서 검색하는 게 합리적이라 여겼던 생각이 갑자기 '바보짓'으 로 느껴졌다.

깨닫고 나니 내 어리석은 행동을 나무라는 속내 말이 꼬리를 물고 이어졌다. 야구방망이를 들고 집 안을 서성댄다고 무슨 도움 이 되겠어? 최첨단 경보 장치가 설치되어 있잖아. 협박 편지를 받 고 당혹스러운 일이 일어나지도 않았어. 협박 편지라지만 장난질 에 불과할 거야. 그런데 대체 뭘 걱정하는 거야? 평소대로 즐겁게 살라고! 가족을 생각하고 학생들과 연구를 생각하면 되잖아. 많은

채터, 당신 안의 훼방꾼

사람이 협박을 받지만, 아무 일도 없는 경우가 대부분이야. 게다가 지금까지 너는 더 나쁜 상황도 잘 이겨냈잖아. 이번 일도 잘 처리할 수 있을 거야.

나는 혼잣말로 중얼거렸다. '이선, 가서 잠이나 자.'

이런 생각이 벌어진 상처에 바른 연고처럼 스며들었고, 나는 서재에서 나와 침실로 향했다. 심장박동도 느려졌고, 마음을 짓누르던 감정의 무게도 가벼워졌다. 숨이 조금이나마 트이는 듯한 기분이었다. 나는 조용히 침대에 다가가 아내 옆에 누웠다. 그리고 협박 편지를 처음 받은 후 내가 간절히 하고 싶었던 것을 해낼 수 있었다. 이를 악물지 않고, 현관부터 침실까지 부비트랩을 설치하지 않고, 리틀리그용 야구방망이를 움켜잡지도 않은 채 눈을 감았고, 아침까지 깊이 잠잘 수 있었다.

내 이름을 부른 덕분에 벗어날 수 있었다. 적대적인 스토커로부터가 아니라 나 자신으로부터!

그날 밤 이후 몇 주 동안 나는 연구실에 앉아 틈날 때마다 내가 겪은 상황에 대해 생각해보았다. 첫째로는 불편한 진실이지만, 내가 자기통제를 연구하는 심리학자인데도 비록 잠깐 동안이나마 합리성은 고사하고 자기통제력을 상실했다는 점이다. 둘째로는 학문적으로 무척 흥미로운 현상으로 내가 다른 사람인 것처럼 자신에게 말함으로써 어떻게든 감정과 내적 대화를 통제하는 힘을 되찾았다는 점이다. 일반적으로 보면 자신의 이름을 부르는 행위는 괴벽스러운 행동, 나르시시즘, 때로는 정신 질환과 관련 있지만, 내 경우는 이 중 어디에도 해당되지 않았다. 적어도 그 순간에 나는 어떻게든 내적 목소리를 진압하는 데 성공했다. 그것도 나 자신의 내적 목소리로!

물론 의도적으로 그렇게 한 것은 아니었다.

심리학에는 '빈도 환상frequency illusion'이라 일컫는 고전적 개념이 있다.[1] 예를 들면 누구나 경험했겠지만, 새로운 단어를 학습한 후 그 단어가 갑자기 모든 곳에서 보이는 것 같은 현상을 가리키는 개념이다. 그러나 그 단어나 새롭게 획득한 정보는 평소의 빈도대로 항상 우리 주변에 존재했고, 전에는 뇌가 그것을 감지하지 못했을 뿐이다. 이런 이유에서 정신적 착각이 일어나는 것이다.

정서적 스트레스에 끝없이 시달리는 동안 나 자신에게 부정적으로 말했다는 걸 깨달은 후에도 빈도 환상과 유사한 현상이 일어났다. 사람들이 남들에게 말하듯 자신의 이름을 부르고 일인칭이 아닌 대명사로 자신에게 말하는 패턴을 인식하는 소프트웨어가 내 마음속에서 작동했다. 이후 수개월 사이에, 물론 그 이후로도 나는 다양한 상황에서 '자신의 이름을 부르는' 주목할 만한 사례를 직접 경험했다.

문제의 협박 편지는 2011년 봄에 받았지만, 이 현상에 대해 처음 관심을 가지게 한 사례는 2010년 여름부터 내가 프로 농구계의 슈퍼스타 르브론 제임스에 대해 가진 기억이었다.[2] 나는 평생 뉴욕 닉스 팀 팬으로서 르브론이 뉴욕으로 옮겨 와 바닥에서 버둥대는 닉스 팀을 구해주면 좋겠다는 순진한 희망을 품고 있었다. 하지만 르브론은 ESPN에 출연해, 프로 농구 선수로서 첫발을 떼었고 경력을 쌓은 친정 팀 클리블랜드 캐벌리어스를 떠나 마이애미

히트 팀으로 이적했다고 발표했다. 위험한 도박이었고, 그 자신도 인정했듯 어려운 결정이었다. 르브론은 ESPN의 해설자 마이클 윌본Michael Wilbon에게 "감정적인 결정을 내리고 싶지는 않았습니다"라고 말했다. 그러고는 곧바로 자신을 일인칭으로 지칭하지 않고 이름을 사용하며 자신에 대해 말했다. "저는 정말 르브론 제임스에게 최선인 선택을 하고 싶었습니다. 르브론 제임스를 행복하게 해주는 일을 하고 싶었습니다."

몇 년 후, 나는 〈존 스튜어트와 함께하는 더 데일리 쇼The Daily Show with Jon Stewart〉라는 정치 풍자 프로그램에서 훗날 노벨 평화상을 받은 말랄라 유사프자이를 다룬 동영상을 우연히 보았다.[3] 2012년 여름, 당시 열네 살이던 말랄라는 파키스탄 스와트 골짜기에서 가족과 함께 살고 있었다. 그때 말랄라는 지독한 스트레스를 받을 수밖에 없는 섬뜩한 소식을 들었다. 그녀가 여성의 교육권을 노골적으로 주장했다는 이유로 탈레반이 그녀를 죽이겠다고 맹세했다는 소식이었다. 동영상에서 스튜어트가 말랄라에게 살해 위협을 받았을 때 어떤 기분이었느냐고 묻자, 말랄라는 자신의 이름을 사용한 것이 마음을 진정시키는 열쇠였다는 점을 무심코 드러냈다. 그녀는 일인칭으로 이야기를 시작해 자신이 겪은 온갖 경험을 말했지만, 그 섬뜩한 협박에 관련해서는 스튜어트에게 "나 자신에게 '너라면 어떻게 하겠어, 말랄라?' 하고 물었어요. 그 질문에 나는 이렇게 대답했어요. '말랄라, 신발을 벗어 그놈을 때려!' (…) 하지만 나중에는 이렇게 말했어요. '네가 신발을 벗어 탈레반을 때리면, 너도 탈레반과 조금도 다를 바가 없어지는 거야'"라고 대답했다.

이처럼 자신의 이름을 부르는 사례는 대중문화계에서뿐 아니라, 크게 주목을 끌지 못하는 역사 기록에서도 드물지 않게 찾을 수 있다. 여배우 제니퍼 로런스가 〈뉴욕 타임스〉 기자와 감상적인 인터뷰를 하던 중 잠시 머뭇거리더니 "괜찮아, 정신 차려, 제니퍼!"라고 스스로 힘을 북돋은 적이 있었다.[4] 게다가 삼인칭으로 자신에 대해 말하는 경우를 가리키는 '일리이즘illeism'이라는 용어가 존재한다. 이 용어는 율리우스 카이사르가 참전한 갈리아전쟁을 기록할 때 사용한 문학적 기법을 가리킬 때 사용한 개념이다.[5] 이 기록에서 카이사르는 자신에 대해 언급할 때 이름을 사용했고, 일인칭 대명사 '나' 대신 삼인칭 대명사 '그'를 사용했다. 이후에는 1918년에 출간한 자서전으로 퓰리처상을 수상한 미국 역사학자 헨리 애덤스Henry Adams(1838~1918)가 있다. 그 책은 자서전이지만 애덤스는 철저히 삼인칭으로 자신에 대해 이야기했다. 이런 문체에 걸맞게, 애덤스는 자서전 제목을 《내가 받은 교육My Education》이나 그와 유사하게 짓지 않고, 《헨리 애덤스의 교육The Education of Henry Adams》이라 지었다.[6]

그때까지 나는 사람들이 자신의 이름이나 이인칭과 삼인칭 대명사를 사용해 자신에게 말하는 경우가 적지 않다는 걸 학생들과 동료들에게 틈나는 대로 주장하던 터였다. 따라서 그 주장을 검증하기 위한 실험을 계획했고, 실험 목적은 언어와 심리적 거리의 관계에 대한 연구로 설정했다. 자신의 이름을 사용하는 방법, 정확히 말하면 상대의 눈살을 찌푸리게 하고 사회 규범을 위배하는 식으로 소리 내 자신에게 말하지 않고 소리 없이 머릿속에서 자신의 이름을 사용하는 방법이 내적 목소리를 통제하는 데 도움이 된다는 걸 우리 연구 팀 모두 직관적으로 확신했기 때문이다.

물론 내가 우연히 얻은 '증거'는 일화적이다. 그 '증거'가 과학적 증거는 아니었지만 인간 행동에서 공통된 면을 보여주는 것은 분명한 듯했다. 그보다 오래전부터 나는 동료들의 도움을 받아 거리 두기 기법을 연구해왔다. 그때까지 우리가 찾아낸 기법에는 시간과 집중이 필요하지만, 압박받는 순간 머릿속에서 자신의 이름으로 스스로에게 말하는 데는 시간도, 집중도 필요 없다. 당신이라면 일종의 거리 두기 방식으로 당신이 순간적으로 다른 사람이 된 것처럼 자신에게 말할 수 있겠는가?

당신의 이름을 말하라

"정말입니까?" 한 실험 참가자가 물었다.

실험자가 그에게 대답했다. "그렇습니다. 따라오십시오."

실험자는 실험 참가자를 복도 쪽으로 데리고 나갔다.

실험실에 자발적으로 찾아온 다른 참가자들과 마찬가지로, 그도 언어와 감정에 대한 실험에 참가한다는 사실 정도만 알았던 것이다. 사실 참가자들은 모두 실험실에 도착하기 전에는 우리가 실험에서 사용하려는 방법에 대해 몰랐다. 그 방법은 학자들이 실험실에서 사람들에게 스트레스와 압박감을 주기 위해 사용할 수 있는 가장 강력한 기법 중 하나였다.[7] 따라서 우리는 그들에게 준비 시간을 충분히 주지 않고 청중 앞에서 연설해달라고 부탁했다.[8] 이 실험을 통해 우리는 머릿속으로 자신의 이름(혹은 일인칭이 아닌 이인칭이나 삼인칭 대명사)을 사용해 스스로에게 말하면, 우리가 꾸민 상황처럼 스트레스를 야기하는 상황에서 내면의 목소리를 통제하는 데 얼마나 도움이 되는지 알고 싶었다.

실험 참가자들이 실험실에 도착한 후에야 우리는 그들에게 자신이 꿈의 일자리를 얻을 자격이 충분하다고 생각하는 이유에 대해 청중 앞에서 5분 동안 연설해야 한다고 알렸다. 그러고는 유리창이 없는 작은 방으로 데려가 그곳에서 그들에게 연설을 준비하는 데 5분을 주었을 뿐 연필과 쪽지 등 기록할 도구는 전혀 주지 않았다. 일부 참석자들에게는 마음속으로 연설을 준비하는 동안 일인칭을 사용하지 말라고 부탁했다. 그렇게 하면 그들이 심리적 거리를 더 크게 둘 것이고 불안감을 억제하는 데 도움이 되리라고 생각했기 때문이다.

우리 연구 팀의 이론은 내 경험, 즉 말랄라 유사프자이와 르브론 제임스 등의 말에만 기초를 두지는 않았다. 과거 연구에서도 일인칭 단수 대명사의 잦은 사용, 즉 '나'를 중심으로 말하는 현상I-talk은 부정적 감정이 깊다는 신뢰할 만한 표지라는 사실을 확인했다.[9] 예컨대 두 나라의 여섯 개 연구소가 5,000명 정도의 참가자를 대상으로 실시한 대규모 공동 실험에서 '나'를 중심으로 말하는 현상과 부정적 감정이 밀접한 관계가 있다는 사실이 밝혀졌다. 또 다른 연구는 어떤 사용자가 페이스북에 올린 글에서 '나'의

비중을 계산해 그의 향후 의료 기록에 우울증이란 병명이 적힐 가능성을 예측할 수 있다는 걸 입증했다. 이 모든 증거에서 일인칭 단수 대명사, '나'를 사용해 자신에게 말하는 현상은 일종의 언어적 몰입으로 볼 수 있다는 뜻이다.[10]

여기에서 '일인칭으로 자신에 대해 생각하는 인간의 성향을 줄일 뿐만 아니라, 마치 다른 사람과 상호작용하듯 자신을 지칭하게 한다면 어떻게 될까?'라는 의문이 자연스레 제기된다. 우리 연구팀의 이론은 자신의 이름을 사용하는 동시에 이인칭과 삼인칭 대명사를 사용하면 자신에게 말할 때도 다른 사람에게 말하는 듯한 느낌을 갖기 때문에 정서적 거리를 두게 된다는 것이었다. 다시 말해 '왜 내가 오늘 동료 직원에게 분통을 터뜨렸을까?'라고 생각하지 않고 '왜 이선이 오늘 동료 직원에게 분통을 터뜨렸을까?'라고 생각하는 편이 감정을 더 쉽게 조절할 수 있지 않겠느냐는 것이었다.

연설 준비 시간 5분이 지난 뒤, 우리는 참가자들을 무작위로 두 집단으로 나누었다. 하나는 일인칭 대명사 '나'를 사용해 연설을 준비하며 연설과 관련된 불안감과 싸운 집단이었고, 다른 하나는 역시 불안감과 싸웠지만 이인칭과 삼인칭 및 자신의 이름만 사용한 집단이었다. 그렇게 두 집단으로 나눈 후, 우리는 그들을 강당으로 데려갔다. 그들은 근엄한 표정을 유지하도록 훈련받은 심사 위원들과 딴 데 눈길을 둘 수 없을 정도로 코앞에 설치된 카메라 앞에서 연설해야 했다. 그야말로 쇼타임이었다.

우리 예측대로 일인칭을 사용해 자기 대화, 즉 혼잣말에 몰입한 참가자에 비교할 때, 거리를 두고 혼잣말을 사용한 참가자들은 연설을 끝낸 후 수치심과 당혹감을 그다지 보이지 않았다.[11] 또 나중에 자신의 연설을 돌이켜 생각하는 빈도도 낮았다. 연설 준비와 연설 자체에 대해 언급할 때도 그들은 당시의 초조함이나 불안감에 대해서는 크게 거론하지 않았고, 실제로는 위험할 것이 전혀 없다는 사실에 내적 목소리가 초점을 맞추었다고 말했다.

실험에서 얻은 자료를 깊이 파고들고 실험 과정을 촬영한 동영상을 치밀하게 분석하자, 참가자의 감정적 반응만 다른 게 아니라는 점이 눈에 띄었다. 거리를 둔 자기 대화를 한 집단에 속한 참가자들의 연설 점수가 더 높았다.

결국 우리는 마음속에 숨겨진 새로운 거리 두기 도구, 즉 '거리를 둔 자기 대화distanced self-talk'라는 도구를 찾아낸 셈이다. 우리 실험과 다른 여러 실험이 그 후에 입증했듯 '나'라는 일인칭에서 이인칭 '너' 혹은 삼인칭 '그'로 전환하는 것 자체가 정서적 거리를 두는 메커니즘일 수 있다.[12] 그렇다면 거리를 둔 자기 대화는 인간의 언어에 내재한 심리적 기법이라 할 수 있다. 거리 두기가 여러모로 유익하다는 점은 분명한 듯하다.

거리를 둔 자기 대화를 이용하면 더 나은 첫인상을 남길 수 있고, 스트레스로 가득한 문제를 효과적으로 해결할 가능성이 높아지며, 현명한 추론이 용이해진다는 점을 밝혀낸 실험도 있었다.[13] 거리를 둔 자기 대화는 벽에 붙은 파리처럼 관찰자로서 거리를 두는 전략과 다르지 않은 셈이다. 거리를 둔 자기 대화를 활용하면 합리적으로 사고할 가능성도 높아진다. 2014년 에볼라 바이러스의 공포가 최고조로 치달았을 때를 예로 들어보자.[14] 당시 에볼라 바이러스가 미국 전역에 퍼질 것이라며 공포에 떤 사람이 적지 않았다. 우리 연구 팀은 인터넷을 이용해 미국 전역의 시민을 대상으로 한 연구를 시도했다. 우리는 에볼라 바이러스의 확산을 걱정하는 사람들에게 '나' 대신 자신의 이름을 사용해 에볼라 바이러스 소동이 향후 어떻게 전개될지 생각해보라고 권했다. 놀랍게도 그들은 사실에 기반해 에볼라 바이러스의 확산을 걱정하지 않을 이유를 찾아냈고, 그들의 불안과 위험 인식도 크게 줄어들 것이라 예측했다. 게다가 그들이 전염병에 감염될 가능성이 있다고 생각하지 않았다. 현실을 더 정확히 파악한 결과인 동시에, 그들을 공포에 몰아넣은 내적 목소리에 입마개를 씌운 것과 같았다.

나는 채터를 유발하는 여러 상황을 연구했고, 그중 하나(우리가 보살피는 사람들에 대한 사랑과 도덕률 사이의 선택)를 해결하는 데 거리를 둔 자기 대화가 유용할 수 있다는 것을 밝혀낸 연구도 있었다.[15] 예를 들어 우리가 잘 아는 사람이 범죄를 저질렀고, 그를 보호할지 아니면 고발할지 결정해야 한다고 가정해보자. 다수의 연구에서 밝혀졌듯 내적 갈등을 유발하는 사건이 닥치면 많은 사람이 그를 고발하기보다 보호하는 쪽을 선택할 가능성이 훨씬 높다. 이런 현상은 일상에서 결정과 관련해 되풀이해서 목격되는 현상이기도 하다. 지금은 유죄 판결을 받은 래리 나사르Larry Nassar의 아동 성추행을 더 일찍 멈추지 못했던 체조 관계자와 대학 관리자들이 대표적인 예다.

우리가 어떤 사람을 보호해야 한다고 생각하는 이유가 그 사람과 무척 가깝기 때문이라면, 거리를 둔 자기 대화를 통해 우리 자신과 우리가 그와 가진 관계에서 멀어짐으로써 그런 보호 성향을 줄여야 한다. 이런 생각은 여러 실험을 통해 우리가 찾아낸 결론과 정확히 맞아떨어진다. 실제로 나는 학생들의 도움을 받아 실시한 연구에서 실험 참가자들에게 사랑하는 사람이 범죄를 저지르는 현장, 예컨대 다른 사람의 신용카드를 몰래 사용하는 걸 목격했고, 그때 경찰이 다가와 의심스러운 걸 보았느냐고 묻는다면 어떨지 상상해보라고 요구했다. 무엇을 어떻게 해야 하는지 숙고할 때 자신의 이름을 사용해보라는 요구('이번 결정을 내릴 때 마리아는 어떤 사실을 고려해야 하는가?')를 받은 참가자들이 경찰에게 범죄를 고발해야 한다고 대답하는 경우가 더 많았다.

이런 결과는 거리를 둔 자기 대화의 힘을 입증하지만, 거리를 둔 자기 대화가 정말 유익한 이유는 언제 어디에서나 즉각적으로 적용할 수 있는 '속도' 때문이다. 내가 내 이름을 부르며 마음을 가라앉히는 기법에서 가장 흥미롭게 생각하는 특징 중 하나는 누구나 쉽게 사용할 수 있다는 점이다. 일반적으로 감정을 조절하는 데는 상당한 시간이 걸린다. 머릿속으로 시간을 여행해 미래에 무엇인가가 어떻게 느껴질지 상상하며, 생각과 느낌을 깊이 숙고해 일기를 쓰고, 눈을 감고 관찰자적 관점에서 과거의 경험을 되짚어 보는 데 필요한 노력을 생각해보자. 물론 이 기법들은 모두 경험적으로 자신과 거리를 두는 데 유효한 도구다. 하지만 이 기법들을 사용하려면 인위적인 노력이 상당히 필요하기 때문에 잔뜩 흥분한 순간에 즉각적으로 시행하기가 쉽지는 않다.

이번에는 내 경험에 대해 생각해보자. 내가 한 일이라고는 나를 지칭할 때 이름을 사용한 것이 전부였다. 그렇게 함으로써 내적 목소리가 완전히 다른 궤도에 올라섰다. 이는 기차가 교차로에서 방향을 바꾼 것과 같다. 거리를 둔 자기 대화는 신속하게 적용할 수 있으면서도 강력한 효과를 지닌 듯했다. 이런 점에서 감정을 조절하는 많은 전략과 달랐다. 거리를 둔 자기 대화를 즉각적으로 적용할 수 있는 이유는 무엇일까?

언어학에서 '전환자shifter'는 '나'와 '너' 같은 인칭대명사처럼 누가 말하느냐에 따라 의미가 변하는 단어를 가리킨다.[16] 대니가 "케첩 좀 줄래?Can you pass me the ketchup?"라고 묻고, 마야가 "그래, 여기Sure, here you go"라고 대답할 때, 이 대화에서 'you'가 가리키는 사람은 다르다. 처음에는 마야를 가리키지만, 뒤에서는 대니를 가리킨다. 대부분의 아이는 두 살쯤 되면 언어가 이런 식으로 작동한다는 걸 이해하고, 눈 깜짝할 사이에 관점을 이런 식으로 전환할 수 있다.[17]

전환자라는 개념은 우리 관점을 바꾸는 데 어떤 단어를 효과적으로 사용한다는 증거일 수 있다. 거리를 둔 자기 대화도 유사한 메커니즘으로 작동하며, 실질적으로 관점을 자동적으로 전환하기 때문에 인위적 노력이 거의 필요하지 않는다는 게 우리 연구팀의 생각이었다. 언어와 심리적 거리를 이런 관점에서 접근하며, 미시간주립대학교의 심리학자 제이슨 모저Jason Moser와 나는 거리를 둔 자기 대화가 얼마나 신속하게 작동하는지 알아보기 위한 실험을 설계했다. 우리는 사람들의 내적 목소리에 귀를 기울이는 대신 그들의 뇌를 들여다보았다.

그 실험에서 우리는 참가자들에게 충격적인 사진을 볼 때마다 몰입적 언어('나는 지금 어떤 기분인가?')나 거리를 둔 언어('제이슨은 지금 어떤 기분인가?')를 사용하면 어떤 기분일지 상상해보라고 요구했다. 그들이 상상하는 동안 우리는 뇌파기electroencephalogram machine를 사용해 그들의 뇌에서 일어나는 전기 활성을 추적 관찰했다. 뇌파기는 심리적 조작이 뇌에서 얼마나 신속하게 작동하는지 측정할 수 있는 유용한 기계다.

실험 결과에 따르면 참가자들이 충격적인 사진을 본 후 받은 느낌을 생각할 때 거리를 둔 언어를 사용하는 경우 뇌에서 정서와 관련된 활동이 확연히 적게 일어났다. 정말 중요한 발견은 거리를 둔 자기 대화를 통해 참가자들이 안도감을 얻는 데 걸리는 속도였다. 참가자들이 부정적인 느낌을 주는 사진을 보고 1초가 지나지 않아 정서적 활동에 변화가 나타났다.

1초! 그것으로 충분했다.[18]

이런 유형의 자기 대화가 집행 기능을 지나치게 혹사한다는 증거를 발견하지 못한 것도 우리 연구 팀에는 고무적이고[19] 무척 주목할 만한 결과였다. 일반적인 거리 두기 기법은 더 많은 노력이 필요하면서도 진퇴양난인 상황을 빚어내기 일쑤이기 때문이다. 채터가 머릿속에서 웅성댈 때 우리가 빼앗기는 신경 자원은 우리가 집중하고 거리를 두며 내적 목소리를 다시 통제하는 데 필요하기 때문이다.[20] 하지만 거리를 둔 자기 대화는 이런 골치 아픈 문제를 야기하지 않는다. 결론적으로 효과가 좋고 크게 수고할 필요가 없는 기법이 거리를 둔 자기 대화다.

우리가 자신에 대해 생각할 때 사용하는 단어를 바꾸는 것만으로도 스트레스를 다루는 거리 두기 기법을 신속히 적용할 수 있다면, 그 방법이 내적 목소리의 흐름에도 영향을 줄 수 있어야 마땅하다. 뒤에서 다시 말하겠지만 거리를 둔 자기 대화는 누구에게나 있는 능력, 즉 스트레스의 원인을 위협이 아닌 도전으로 해석하는 능력을 이용해 내적 목소리의 흐름에 영향을 줄 수 있다. 어떻게 그렇게 되는지 살펴보기 전에 옛 이웃에게 잠깐 들러보자.

해보는 거야, 프레드

당신이 1968~2001년에 미국에서 자랐거나 어린 자녀를 두었다면, 30분짜리 텔레비전 프로그램 〈미스터 로저스의 이웃Mister Rogers' Neighborhood〉을 제작하고 진행한 프레드 로저스Fred Rogers (1928~2003)의 포근한 목소리를 기억할 것이다. 그러나 겉으로는 평온해 보였지만, 로저스는 내면의 목소리에 무척 시달렸다. 이런 점에서 그도 우리와 다를 바 없었다. 로저스가 내면의 말에 시달렸다는 걸 어떻게 알 수 있을까? 프로그램을 진행하던 중 3년간 쉰 후 복귀한 직후인 1979년 자신에게 보낸 편지에서 그의 내적 비판자가 확연히 드러나기 때문이다.[21]

내가 원고를 다시 쓸 수 있다고 착각하는 걸까? 내가 정말 낙관적인 공상에 빠진 걸까? 모르겠다. 여하튼 그 일을 시작해보지 않으면 그 답은 영원히 알지 못할 것이다. 왜 아니겠는가. (…) 나는 나 자신을 믿는다. 결국 그게 중요한 것이 아닌가. (…) 창조의 고통을 겪고 싶지는 않다. 많은 시간이 흘렀지만 아직도 여전히 최악의 상태다. 창조적 예술가가 무언가를 창조해내는 과정에서 고통을 겪는지 궁금할 따름이다. 아, 그 시간이 왔다. 이제는 내가 창조를 해내야 하는 시간이다. 해보는 거야, 프레드. 해보는 거야!

취약점을 여실히 드러낸 로저스의 편지는 채터가 형성되는 과정을 생생하게 보여준다. 그의 변덕스러운 내적 목소리를 앞좌석에 앉아서 보는 듯한 기분이 든다.

편지의 처음 4분의 3은 내적 대화로, 자기회의와 자기비판, 심지어 절망으로 채워져 있다. 그러나 로저스는 자신의 상황을 다른 관점에서 생각하는 쪽으로 변해간다. 내적 비판자가 사라지기 시작하고, 장래의 불확실성에도 당면한 과제를 어떻게든 해결해야 한다는 걸 인정한다('그 시간이 왔다. 이제는 내가 창조를 해내야 하는 시간이다'). 그러고는 텔레비전 프로그램의 대본을 쓸 수 있을 것이란 확신을 자신에게 심어주려고 '거리를 둔 언어'를 사용한다. 즉 자신의 이름을 사용해 자신을 독려한다. 이렇게 관점을 바꿈으로써 로저스는 방송국으로 돌아가 22년간 더 일했고, 모두가 힘겨운 상황에 마주할 때 직면하는 갈림길을 밝혀주었다.

심리학자들이 입증했듯 우리는 스트레스로 가득한 상황에 몰리면 (주로 잠재의식에서) 자동적으로 두 가지 의문을 떠올린다. '이 상황에서 나에게 요구되는 것은 무엇일까?'와 '나에게 그 요구에 부흥할 만한 개인적 능력이 있을까?'다. 상황을 면밀히 살펴보고 그 상황을 해결하는 데 필요한 수단이 없다고 결론 나면 그 상황이 주는 스트레스를 '위협$_{threat}$'으로 평가한다. 한편 그 상황을 평가해 거기에 적절히 대처하기 위해 필요한 수단이 있다는 걸 알게 되면, 그 상황을 '도전$_{challenge}$'으로 여긴다.[22] 곤혹스러운 상황을 맞닥뜨렸을 때 우리 자신에게 어느 쪽으로 말하느냐에 따라 내적 목소리도 완전히 달라진다. 당연한 말이지만 도전이란 건설적인 프레이밍$_{framing}$이 있을 때 긍정적 결과로 이어질 가능성이 크다. 프레드 로저스도 당면한 상황을 도전으로 받아들임으로써 창조의 어려움을 인정했고, 그로 말미암아 계속 창조할 수 있었다.

로저스의 편지에 담긴 의미를 뒷받침하는 연구는 적지 않다.[23] 수학 시험을 치르는 것부터 압박감이 가득한 상태에서 하는 공연, 고정관념의 유해한 영향에 대응해야 하는 상황까지, 우리는 스트레스를 위협보다 도전으로 프레이밍할 때 긍정적으로 생각하고 느끼며 더 나은 결과를 빚어낼 수 있다. 로저스가 스스로에게 동기를 부여하려고 자신의 이름을 사용한 것처럼 거리를 둔 자기 대화, 즉 혼잣말은 도전 의식을 불태우는 중심축이 될 수 있다.

거리를 둔 자기 대화를 통해 스트레스 상황을 도전적으로 받아들이며 그 상황을 재앙으로 생각하지 않고 '너도 할 수 있어!'라는 자신감을 얻는다는 사실이 많은 연구에서 밝혀졌다. 나는 동료들과 함께 공동으로 실시한 연구에서 실험 참가자들에게 몰입한 혼잣말이나 거리를 둔 혼잣말을 사용해 스트레스를 주는 사건에 대한 생각과 느낌을 글로 써달라고 부탁했다. 가장 높은 수준의 도전 지향적 생각을 담은 글을 써낸 참가자의 75퍼센트가 거리를 둔 혼잣말을 사용한 집단에 속했다. 반면 가장 높은 수준의 위협 지향적 생각을 담은 글을 써낸 참가자의 67퍼센트는 몰입한 혼잣말을 사용한 집단에 속했다.[24]

이런 생각이 참가자의 머릿속에서 실제로 어떻게 전개되었는지 알고 싶다면 몰입한 집단에 속한 사람의 글을 읽어보길 바란다. '내가 면접을 보는 동안 두서없이 말하면 직장을 구하지 못할까 두렵다. 나는 두서없이 말하는 경우가 많다. 나는 면접을 볼 때 무엇을 어떻게 말해야 할지 모르겠다. 그래서 항상 미칠 정도로 초조하다. 초조함이 좋지 않은 결과로 이어지고, 엉망으로 면접을 봤다는 기억이 다시 초조함으로 이어지는 악순환에서 벗어나지 못한다. 내가 어떻게든 직장을 얻더라도 영원히 면접을 두려워할 것 같다.'

한편 거리를 둔 언어를 사용한 집단의 내적 목소리는 확연히 달랐다. 한 참가자는 데이트를 돌이켜보며 불안감에 대해 이렇게 썼다. '에런, 진정해. 그냥 데이트였어. 데이트할 때는 누구나 긴장하는 법이야. 그런데 네가 왜 그런 말을 했을까? 그 말을 취소하면 되잖아. 자, 에런, 기운 내! 너는 할 수 있어.'

그러나 문제나 사건을 도전이나 위협으로 인식하는 성향에 언어가 어떻게 영향을 미치는지 살펴보기 위해 사람들이 어떤 생각을 하는지 조사할 필요는 없다. 몸에서도 언어의 영향을 감지해낼 수 있기 때문이다.[25] 도전과 위협이 심리에 미치는 영향은 생물학적으로 독특한 특성을 띤다. 가령 당신이 누군가를 위협적인 상황으로 몰아가면, 그의 심장이 피를 더 빠른 속도로 온몸에 보낸다. 도전의 경우도 마찬가지다. 두 상황의 결정적 차이는 몸에 피를 운반하는 동맥과 정맥의 반응에서 나타난다. 위협이라 생각하는 상황을 겪으면 혈관이 수축되며 피가 흐르는 공간이 좁아진다. 이런 상태로 시간이 지나면 혈관 파열과 심장마비로 이어질 수 있다. 반면 도전이라 생각하는 상황이라면 혈관이 느슨해지기 때문에 피가 한층 수월하게 온몸에 흐를 수 있다.

버펄로대학교에서 심리학을 가르치는 린지 스트리머Lindsey Streamer와 마크 시리Mark Seery 및 동료 교수들은 거리를 둔 자기 대화로 심혈관계의 기능까지 바꿀 수 있는지 알고 싶었다.26 거리를 둔 자기 대화를 통해 우리 자신의 마음뿐 아니라 몸까지 당면한 상황을 위협이 아닌 도전으로 받아들이라고 설득할 수 있을까? 아니나 다를까, 연설하기 전에 받는 스트레스를 생각할 때 자신의 이름을 사용하라고 요구받은 참가자들은 심혈관계에서도 도전 지향적인 반응을 보였다. 한편 몰입된 언어를 사용한 집단에 속한 참가자들은 생물학적으로도 위협 지향적인 반응을 보였다.

거리를 둔 자기 대화가 성인에게 도움을 준다면, 어린아이에게도 유익하지 않을까 생각하는 것은 당연하다. 부모가 감당해야 할 중요한 임무 중 하나는 아이에게 힘들지만 중요한 상황에서 인내하는 법을 가르치는 일이다. 아이의 공부를 효과적으로 돕는 방법을 찾아내는 것도 부모의 역할이다. 이런 의문을 추적한 끝에 두 심리학자 스테파니 칼슨Stephanie Carlson과 레이철 화이트Rachel White

는 '배트맨 효과Batman Effect'라 알려진 현상을 찾아냈다.[27]

어느 실험에서 그들은 한 집단의 아이들에게 자신을 슈퍼히어로라 생각하며, 지루한 숙제를 끝내야 하는 것처럼 설계된 따분한 과제를 해보라고 했다. 또 아이들에게 슈퍼히어로가 되어 그의 이름을 사용해 그 따분한 과제를 어떻게 할 것인지 생각해보라고도 했다. 예컨대 '탐험가 도라'(만화영화 〈도라도라 영어나라Dora The Explorer〉의 주인공—옮긴이)를 흉내 내려는 소녀에게는 "도라가 열심히 노력하고 있는가?"라고 자신에게 물어보라고 부탁했다. 칼슨과 화이트의 결론에 따르면 실험을 진행하는 동안 평소처럼 '나'를 사용하며 과제에 접근한 아이들보다 슈퍼히어로의 이름을 사용한 아이들이 더 오랫동안 인내심을 발휘했다. 한편 자신의 이름을 사용한 또 다른 집단도 '나'를 사용한 집단보다 더 나은 결과를 보여주었다.

역시 어린아이를 대상으로 한 또 다른 연구는 한층 더 스트레스를 주는 상황에 배트맨 효과를 적용했고, 거리를 둔 자기 대화가 아버지나 어머니를 잃은 아이들에게도 긍정적인 영향을 미친다는 사실을 알아냈다.[28] 한 아이는 '그들의 아빠는 그들을 사랑했어. 그들은 좋았던 기억만 생각해야 해. (…) 그들은 좋았던 기억만 간직하고 나쁜 기억을 지워버릴 수 있을 거야'라고 썼다. 반대로 몰입된 언어를 사용한 아이들은 외상후스트레스장애 징후를 보이는 빈도가 높았고, 현실을 회피하며 건강하지 않은 반응을 보였다. 한 아이는 '나는 지금도 그 장면을 또렷이 기억해요. 아버지의 마지막 모습을. 나는 아버지가 그런 고통을 겪지 않길 바랐어요.

144

아버지가 그렇게 돌아가셔서 나는 지금도 마음이 아파요'라고 가슴 아픈 글을 남겼다.

이 모든 결과에서 보듯 우리가 내면을 관찰하는 동안 자신을 지칭하는 단어에 작은 변화를 주는 것만으로도 다양한 영역에서 채터를 통제하는 능력에 영향을 미칠 수 있다. 이 기법에서 얻는 이점을 고려하면, 사람들이 감정을 조절하는 데 어느 정도 유사한 효과가 있는 다른 유형의 '거리를 둔 자기 대화'가 존재하는지 살펴볼 필요가 있다. 동료 학자들과 나는 그런 기법이 더 존재한다는 걸 알아냈지만, 그 기법은 무척 매끄럽고 감지하기 힘들게 사용되기 때문에 대부분 존재 자체를 눈치채지 못한다.

모두를 가리키는 총칭적 '당신'

내가 협박 편지를 받은 뒤에 겪은 채터를 내 이름으로 나 자신을 지칭할 때까지는 견디기 힘들었지만, 비록 순간적으로 지나쳤더라도 나에게 작은 위안을 준 순간이 있었다. 내가 만난 경찰이 대중을 상대하는 사람들에게 그런 위협은 다반사이고, 거의 대부분 아무런 사고도 없이 사그라든다고 말해준 때였다. 당시 나는 위협 지향적인 사고에 매몰되었던 까닭에, 즉 그 편지를 흥미로운 도전으로 해석하지 **못했기** 때문에 그 정보가 내 두려움을 지워내지는 못했지만 희망의 빛을 주었다.

그 때문에 나는 조금이나마 외롭다는 느낌을 덜어낼 수 있었다.

당신에게 닥친 사건을 '정상화normalization'할 때, 즉 당신이 경험하는 사건이 당신에게만 국한되지 않고 모두가 겪는 일이라는 걸 알게 되고, 그 사건이 불쾌하더라도 삶의 일부일 뿐이라는 걸 깨달으면 큰 심리적 위안을 얻는다.[29] 슬픔, 파국적인 인간관계, 직장에서 느끼는 좌절, 투쟁에 가까운 육아 등 온갖 형태의 역경을 겪을 때 우리는 괴로울 정도로 외로움을 느끼며, 우리 문제에만 몰입한다. 하지만 다른 사람들과 이야기를 나누고 그들도 유사한 역경을 겪었다는 걸 알면, 지금 우리가 맞닥뜨린 상황이 힘겹지만 다른 사람에게도 일어나는 사건임을 깨닫고, 그 결과 균형 잡힌 시각을 갖게 된다. 이때 우리 머릿속에서 내적 대화가 '다른 사람들도 이 역경을 이겨냈다면 나도 이겨낼 수 있어!'라고 논리적으로 설명하며 우리를 설득한다. 따라서 심상치 않다고 느껴지던 일이 실제로는 평범하다는 사실을 깨닫게 되고, 이런 깨달음이 위안을 준다.

다른 사람들이 역경을 어떻게 극복했는지 듣거나 그들에게 적절한 조언을 얻어 우리에게 닥친 사건을 정상화하는 대신, 동일한 효과를 발휘하는 '거리를 둔 자기 대화'를 찾아내면 어떻게 될까? 언어 구조에 보편적 단어를 사용해 개인적 경험에 대해 생각하도록 돕는 무엇인가가 내재되어 있을까?

2015년 5월, 페이스북 최고운영책임자COO 셰릴 샌드버그Sheryl Sandberg의 남편이자 실리콘 밸리 기업가이던 데이비드 골드버그David Goldberg(1967~2015)가 멕시코에서 휴가를 즐기던 중 트레드밀에서 운동하다가 비극적인 죽음을 맞았다.[30] 그 사건의 여파로 샌드버그는 큰 슬픔에 빠졌다. 골드버그와 함께하는 삶이 사라지자, 그녀의 미래도 없어진 듯했다. 남편이 죽은 후 샌드버그는 자신의 기력을 빨아 먹는 듯 격렬한 슬픔의 파도를 이겨낼 방법을 찾아 나섰다. 먼저 그녀는 당시 겪는 힘든 상황에 대해 일기를 쓰기 시작했다. 앞에서 말했듯 속내를 털어놓는 글쓰기는 정서적 거리를 두는 데 효과적인 수단이기 때문에 합리적인 선택이었다.[31] 하지만 그녀는 어떤 꼭지(페이스북에 공개한 글)에서 특정 단어를 무척 흥미롭게 사용했다. 샌드버그가 페이스북에 공개한 글에서 어떤 단어를 그렇게 썼는지 눈여겨보기 바란다.

내 생각에 비극은 일어나는 데 그치지 않고 선택의 가능성도 제시한다. '당신'은 공허함, 즉 '당신'의 심장, '당신'의 폐를 완전히 차지해, 생각하고 심지어 호흡하는 '당신'의 능력을 위축시키는 허무함에 굴복할 수도 있고, 새로운 의미를 찾아 나설 수도 있다.

얼핏 보면 이인칭 대명사 '당신you'을 반복해 사용한 것이 특이하게 보일 수 있다. 샌드버그는 개인적으로 겪을 수 있는 가장 고통스러운 경험에 대해 쓰면서도, 자신의 아픈 경험을 이야기하는 데 가장 자연스러운 단어인 '나'를 사용하지 않았다. 대신 그녀는 '당신'이란 단어를 사용했지만, 이는 앞에서 언급한 것처럼 그 자신을 가리키는 의미로 사용되지 않았다. 그녀는 자신에게 닥친 역경의 보편적 성격을 강조하기 위해 그 단어를 사용했다. 그래서 "'누구나' 공허함, 즉 '모두'의 심장, '모두'의 폐를 완전히 차지해,

생각하고 심지어 호흡하는 '모두'의 능력을 위축시키는 허무함에 굴복할 수도 있고, 새로운 의미를 찾아 나설 수도 있다"라고 말하는 것처럼 해석된다.

샌드버그만 그런 뜻으로 '당신'이란 단어를 사용한 것이 아니다. 주변을 둘러보면 일상의 대화, 텔레비전과 라디오 방송, 노랫말 등에서 이와 비슷하게 사용한 예를 얼마든지 찾아낼 수 있다. 이런 예를 의식하면, 운동선수가 경기에서 패배한 뒤에 가진 인터뷰, 장애물에 대한 정치인의 인터뷰를 읽을 때마다 이인칭 대명사 '당신'을 이렇게 보편적인 의미로 사용한 경우를 어렵지 않게 찾아낼 수 있을 것이다.

물론 질문은 왜 우리가 '당신'이란 단어를 그렇게 사용하느냐 하는 것이다. 우리 자신의 깊은 정서적 경험에 대해 말할 때, 일반적으로 상대를 가리킬 때 사용하는 '당신'을 쓰는 이유가 무엇일까? 나는 동료 심리학자 수전 겔먼Susan Gelman과 아리아나 오벨Ariana Orvell 등과 함께 이런 특별한 용례를 '총칭적 당신generic you' 혹은 '보편적 당신universal you'이라 칭한다.[32] 우리는 이 표현이 심리적 거리를 두려는 또 다른 형태의 언어 기법이라 생각한다.[33]

'총칭적 당신'에 대해 반드시 알아야 할 점은 사람들이 개인적 기호가 아니라 모두에게 적용되는 규범에 대해 말할 때 그 단어를 사용한다는 것이다. 어떤 아이가 연필을 들어 보이며 "이걸로 당신은 무엇을 하지?"라고 물으면 어른은 대체로 "너희는 그것으로 글을 쓴다"고 대답하지 "나는 그것으로 글을 쓴다"고 대답하지 않는다. 한편 똑같은 아이가 연필을 들어 보이며 "이것으로 당신은

채터, 당신 안의 훼방꾼

무엇을 하고 싶은 거지?"라고 물으면 대부분의 어른은 일인칭 대명사를 사용해 "나는 그것으로 글을 쓴다"고 대답할 것이다. 달리 말하면 우리는 개인의 특이한 성향이 아니라 사물의 일반적 기능을 설명할 때 총칭적인 의미로 '당신'을 사용할 수 있다.

우리는 부정적 경험을 너그럽게 받아들이고, 난해한 사건이 자신에게만 국한된 것이 아니라 일반적 삶의 특징이라 생각하기 위해서도 '총칭적 당신'을 사용한다. 샌드버그가 페이스북에 올린 글이 대표적인 예다. 한 실험에서 우리 연구 팀은 참가자들에게 상상으로 부정적 경험을 되살리거나, 그 사건에서 배운 교훈에 대해 생각해보라고 요구했다. 참가자들은 실제로 있었던 사건을 단순히 되살릴 때보다, 그 부정적 경험에서 무언가 배우려고 애쓸 때 '총칭적 당신'을 약 다섯 배나 더 자주 사용했다. 그들은 개인적 역경에서 교훈을 얻는 방법을 세상 이치에 연결했다. 구체적으로 말하면 개인적 경험에서 교훈을 얻어보라는 요구를 받은[34] 참가자들은 '뒤로 물러서서 마음을 가라앉히면, 때로는 다른 시각으로 볼 수 있다' '사물을 당신과 다른 눈으로 보는 사람들에게 많은 것을 배울 수 있다'는 식으로 썼다.

이런 '정상화'는 우리가 채터에 사로잡힐 때 상실하는 균형감을 되살려준다. 이런 정상화를 통해 과거와 현재의 경험에서 마음을 가라앉히는 데 도움을 주는 교훈을 얻을 수 있다. 달리 말하면 '총칭적 당신'의 사용이 임의적인 것은 아니라는 뜻이다. '총칭적 당신'은 인간 언어가 감정 조절 수단으로 제공하는 또 하나의 도구다.

내가 내 이름을 사용해 나 자신에게 말하고 잠든 후 어떤 변화가 있었을까?

이튿날 아침 내가 잠에서 깼을 때 삶의 모든 것이 정상으로 돌아왔다. 나는 아침 식사를 하며 아내가 세운 그날 계획에 대해 가볍게 이야기를 나누었고, 딸과 잠시 놀아준 후 연구실로 향했다. 그리고 지난 사흘 동안 내가 등한시했던 학생들과 연구로 되돌아갔다. 거리를 둔 자기 대화가 채터를 조절하는 내 능력을 완전히 바꿔놓은 덕분이었다. 또 협박 편지를 보내 나를 괴롭히던 스토커가 더 이상 나를 못살게 굴 수 없다는 걸 깨달은 것처럼, 스토커는 다시는 나를 귀찮게 하지 않았다. 하지만 나를 힘들게 하던 생각 자체가 완전히 사라지지는 않았다.

나는 협박 편지를 받고 내 반추가 최고조에 달했을 때 많은 사람에게 그 사실을 이야기하며 도움을 청했다. 친구와 가족 및 동료와 나눈 대화는 나에게 예외 없이 든든하게 지원받는다는 기분을 안겨주었다. 그러나 그들의 조언이 상황 자체를 개선해주지는 않았다. 거리를 둔 자기 대화처럼 내 내면의 목소리를 누그러뜨리지도 못했다.

어디에서 이런 차이가 생기는 것일까? 그 이유를 알려면 인간의 마음에 내재한 또 하나의 미스터리에 다가가야 한다. 내면의 목소리와 마찬가지로 다른 사람도 우리에게 큰 자산일 수 있지만, 우리 생각보다 더 자주 골칫거리가 될 수도 있다.

CHAPTER 5

타인이라는 존재의
이점과 폐해

Chatter.
Chatter.
Chatter.

2008년 2월 어느 목요일, 노던일리노이대학교의 캠퍼스에서 비극적인 사태가 아무런 경고도 없이 닥쳤다. 정신 질환 병력이 있는 27세의 청년, 스티븐 카즈미어자크Steven Kazmierczak(1980~2008)가 지질학 강의를 하던 강의실 문을 열었다. 한 자루의 산탄총과 세 정의 권총으로 무장한 스티븐은 교수가 강의하는 강단 위로 뚜벅뚜벅 올라갔다. 강의실에 앉아 있던 119명의 학생은 어리둥절한 표정을 지었다가 곧이어 공포에 사로잡혔다. 뜻밖의 손님이 그들을 향해 산탄총을 발사하고는 교수에게 총격을 가했고, 다시 그들을 향해 총구를 겨누고 방아쇠를 당겼기 때문이다.[1] 그렇게 50회 이상 방아쇠를 당긴 후, 스티븐은 권총으로 자신의 목숨을 끊음으로써 광란을 끝냈다. 그로부터 몇 분이 지난 뒤에야 경찰이 피바다로 변한 현장에 도착했다. 21명이 총상을 입었고, 카즈미어자크를 제외하고 5명이 사망했다. 노던일리노이대학교와 그 대학이 위치한 자그마한 도시, 디캘브는 커다란 충격에 빠졌다.

그 비극적 사건이 일어난 후 공동체가 시민 분향소를 설치했고, 많은 학생이 페이스북과 추모 웹사이트 등 온라인상에서 각자의 감정을 표현했으며, 채팅 프로그램을 사용해 그 사건에 대해 이야기를 주고받았다.

디캘브에서 남쪽으로 270킬로미터쯤 떨어진 곳에 위치한 일리노이대학교 어배너샘페인 캠퍼스의 두 심리학자, 어맨다 비커리 Amanda Vicary와 R. 크리스 프랠리R.Chris Fraley는 노던일리노이대학교의 비극을 비통하지만 슬픔과 감정의 실시간 공유를 더 깊이 이해하기 위해 기존 연구를 본격적으로 추진할 소중한 기회로 생각했다.[2] 학문에서는 이런저런 사건을 원만히 처리하는 방법과 관련한 소중한 교훈을 찾아내기 위해 인간이 견뎌야 할 가장 고통스러운 경험을 면밀히 관찰해야 할 때가 있다. 이런 경우 섬세함과 동정심이 필요하고, 과학적 방법론을 통해 더 큰 이익이 되는 통찰을 얻을 수 있으리라는 강력한 믿음이 필요하다. 디캘브에서 총격 사건이 일어난 후 비커리와 프랠리가 결연한 의지로 시작한 연구가 바로 그런 작업이었다.

그들은 먼저 노던일리노이대학교 학생들에게 이메일을 보내, 그들이 그 충격적인 사건에 어떻게 대처하고 있는지 추적하는 연구에 참가해달라고 부탁했다. 그보다 10개월 전에는 한 범인이 버지니아공과대학교에서 총기를 난사해 32명이 사망하는 훨씬 더 충격적인 사건이 있었는데, 그때도 공동체는 큰 슬픔에 빠졌다. 그 사건이 일어난 직후, 비커리와 프랠리는 버니지아공과대학 학

채터, 당신 안의 훼방꾼

생들에게도 접촉을 시도했다. 충격적 사건의 생존자들이 격한 감정의 수렁에서 어떻게 회복되는지 파악할 수 있는 두 표본을 확보한 셈이었다.

노던일리노이대학교 총격 사건이 있고 보름이 지난 뒤, 두 표본에서 대략 4분의 3의 학생이 우울증이나 외상후스트레스장애 징후를 보였다. 이런 결과는 예측된 것이었다. 대부분의 학생이 삶에서 가장 충격적인 사건과 씨름하고 있었다. 노던일리노이대학교와 버지니아공과대학교 학생들이 겪은 유형의 비극은 한 사람의 세계관을 뒤흔들어놓기에 충분했다. 그런 비극이 닥치면 슬픔을 잊으려고 충격적인 기억을 되살리는 걸 회피하려는 사람이 있는 반면, 자신이 겪는 슬픔의 감정을 적극적으로 이해하려는 사람이 있다. 후자를 위한 주된 방법이 다른 사람들과 대화하는 것인데, 두 대학 학생들은 주로 그 방법을 선택했다. 실제로 89퍼센트의 학생들이 페이스북에 마련된 대화방에 가입해 당시 사건에 대한 기억을 주고받았다. 한편 78퍼센트는 온라인으로 그 사건에 대해 채팅했고, 74퍼센트는 휴대폰으로 그 사건에 관련된 내용의 문자를 주고받았다.

대부분의 학생이 채팅을 통해 위안을 얻는 방법을 찾아냈다. 채팅을 통해 그들은 자신의 생각과 감정을 유사한 충격을 겪은 다른 학생들에게 표현했다. 이 방법은 정상화를 향한 소중한 과정일 수 있다. 버지니아공과대학교 학생이 말했듯 "외로움이 밀려올 때 내가 페이스북에 접속하거나 누군가에게 문자를 보낼 수 있다면, 그것만으로도 나는 사람들과 연결되어 있다고 느낀다."[3]

이런 결과는 특별히 놀라울 것이 없다. 이미 알려진 바와 같이 우리는 내면의 목소리, 즉 채터와 씨름할 때 자연스레 다른 사람들과 생각을 공유하곤 하며, 소셜 미디어는 온라인에서 그런 연결을 제공하는 편리한 수단이다. 그러나 충격 사건이 일어난 지 두 달 후 그 연구를 끝내며 비커리와 프랠리가 얻은 결과는 매우 놀랍고 예상을 벗어난 것이었다.

버지니아공과대학교와 노던일리노이대학교 학생들은 자신의 감정을 다른 사람들에게 표현하는 게 기분을 긍정적인 방향으로 전환하는 데 도움이 된다고 생각했지만, 그들이 감정을 공유한 정도가 그들의 우울증과 외상후스트레스장애 징후에 실질적인 영향을 주지 않았다.

감정 표현, 글쓰기, 유사한 경험자와의 연결, 기억하기 등도 도움이 되지 않았다.

아리스토텔레스부터 프로이트까지

노던일리노이대학교에서 총격 사건이 일어난 해, 미국 전역에서 표본을 추출해 9·11테러 이후의 정서적 회복 탄력성emotional resilience 을 조사한 관련 연구가 발표되었다.[4] 연구자들은 전국에서 2,000명 이상을 무작위로 선택해 쌍둥이 빌딩이 무너진 후 열흘 동안 9·11테러에 대해 느끼는 감정을 다른 사람에게 표현할지 여부를 조사했고, 그 이후 2년 동안 그들의 신체 및 정신 건강을 추적했다. 연구자들이 연구 대상으로 삼은 인간 행동이라는 영역은 복잡하기 이를 데 없지만, 그들이 제기한 의문은 간단했다. '감정 공유가 시간이 지나면서 우리 감정에 어떤 영향을 미치는가?'

그들이 끌어낸 결론은 비커리와 프랠리가 찾아낸 결론과 놀랍도록 일치했다.

9·11테러 직후 그 비극에 대한 생각과 느낌을 공유한 사람들의 정서가 더 안정되지는 않았다. 오히려 개인적 감정을 터놓지 않은 사람보다 전반적으로 더 **나빠졌다**. 더 많은 채터에 시달렸고, 아픈 상처를 극복하려는 의지도 보이지 않았다. 게다가 감정을 표현하기로 한 사람 중에서도 가장 자주 공유한 경우 스트레스 지수가 가장 높았고 신체 건강도 가장 나빠졌다.

감정 공유가 도움이 되지 않는다는 또 하나의 증거였고, 이번 경우에는 오히려 백해무익이었다.

물론 대학교 총격 사건과 9·11테러는 극단적 폭력이 가해진 드문 사건이어서, 비극적 사건이 일어난 직후 타인과 감정을 공유한 것이 도움을 주지 않았을 뿐이라 생각할 수 있다. 이쯤에서 벨기에 심리학자 베르나르 리메의 연구로 돌아가보자.

리메가 인간 행동에서 찾아낸 기본적 양상을 기억해보자. 사람들은 마음이 상하면 그 감정을 다른 사람과 공유하고 싶어 한다. 정서가 제트연료처럼 작용하며, 머릿속에서 맴도는 생각과 감정에 대해 다른 사람에게 이야기하도록 재촉한다. 그러나 리메는 이런 현상만 발견한 것이 아니라, 그에 못지않게 중요하고 어쩌면 더욱더 놀라운 결과, 즉 큰 비극적 사건의 여파에 대한 여러 연구에서 비슷한 결론이 반복되어 나타난다는 점을 알아냈다.

리메는 연구를 거듭한 끝에 부정적 경험에 대해 다른 사람들에게 이야기한다고 해서 눈에 띄게 회복되는 데 도움이 되지 않는다는 사실을 알아냈다. 물론 개인적 감정을 누군가와 공유할 때 그 사람과 더 가까워지고 응원받는 듯한 기분을 느끼게 해주기는 한다. 그러나 대부분에게 감정을 서로 주고받는 방법은 채터를 줄이는 데 별로 도움이 되지 않는다. 오히려 채터를 악화시키는 경우가 더 많다.

리메의 다른 연구처럼 이러한 결론 또한 기존 통념과 철저히 충돌한다. 우리는 "속내를 털어놓으면 기분이 나아진다"는 말을 어디에서나 흔히 듣는다. 많은 자기계발서뿐 아니라 주변 사람들도 그렇게 말한다. 감정을 털어놓는 게 건강을 지키기 위한 일이고, 다른 사람을 도와야 한다는 말도 귀에 딱지가 앉을 정도로 자주 듣는다. 그 말을 지키는 게 그렇게 간단하지 않지만, 그렇게 말하는 데는 여러 이유가 있는 듯하다.

부정적 감정을 다른 사람에게 털어놓는 게 건강을 지켜준다는 이론은 최근에 대두된 것이 아니다. 적어도 서구 문화에서는 2,000년 이상의 역사를 지닌 가르침이다. 이 이론을 먼저 제기한 사람 중 하나는 아리스토텔레스다.[5] 아리스토텔레스는 비극적 사건을 목격한 후에는 가슴에 응어리진 감정을 풀어내야 한다고 말하며, 그 과정을 '카타르시스'라 칭했다. 그러나 이 주장은 약 2,000년 후에야 폭넓게 주목받았다. 1890년대 말, 유럽에서 지그문트 프로이트와 그의 멘토 요제프 브로이어 Josef Breuer (1842~1925)가 아리스토텔레스의 가르침을 받아들여, 건강한 정신을 유지하려면 내적 삶에 감춰진 고통을 밝은 곳으로 끌어내야 한다고 주장했다.[6] 끓는 주 전자에서 증기가 빠져나가듯 격한 감정도 발산해야 한다는 주장은 정서의 수리 모형hydraulic model이라 생각할 수 있다.

이런 문화적 분위기도 어릴 때부터 자신의 감정을 다른 사람에게 털어놓도록 재촉하지만, 내면의 목소리를 발산하려는 근본적 욕구는 성장의 초기 단계, 즉 침 흘리고 괴성을 지르는 젖먹이 때부터 우리 마음에 심어져 있다.[7]

감정을 조절하거나 자신을 스스로 지키지 못하는 갓난아기는 아픔을 보호자에게 호소한다. 이때 아기는 작은 밴시banshee(아일랜드 민화에서 구슬픈 울음소리로 가족의 죽음을 예고하는 요정—옮긴이)처럼 찡얼거리며 운다(적어도 내 딸들은 그렇다). 아기는 욕구가 채워지고 위험하다는 느낌이 사라지면 심리적 각성 수준이 정상을 되찾는다. 이런 과정을 통해 아기는 보호자에게 애착을 느끼고, 보호자는 아기가 말을 이해하는 연령이 되기 전에도 아기에게 말을 건다.

시간이 지남에 따라 뇌는 빠르게 발달해 언어능력을 습득하고 보호자가 조언하는 원인과 결과, 또 문제를 바로잡고 감정을 처리하는 방법을 받아들인다. 이때 우리는 감정을 조절하는 데 유용한 정보를 얻을 뿐 아니라, 경험을 다른 사람에게 전하는 데 필요한 기법까지 배운다. 여기에서 커뮤니케이션이 채터와 뒤얽히고, 채터가 다른 사람과 뒤얽히는 이유가 설명된다.

따라서 우리가 다른 사람에게 얻은 위안이 자주 역효과를 일으키지만, 다행히 그런 현상을 피하는 방법이 있다. 타인은 우리가 채터를 가라앉히는 데 도움을 주는 소중한 도구일 수 있다. 물론 우리도 다른 사람에게 그만큼 도움을 줄 수 있다. 그러나 어느 도구나 그렇듯 이득을 얻으려면 그 도구를 적절히 사용하는 방법을 알아야 한다. 위안을 주고받는 경우 모두에게 내재한 두 가지 기본적 욕구에 대한 이해가 전제되어야 한다.

공동 반추

우리는 마음이 상하고 억눌리거나 상처받았다고 느낄 때 억울한 심정을 토로하고 위로받고 싶어진다. 그렇게라도 해서 우리가 잘못되지 않았다는 것을 이해받고 싶어 한다. 실제로 그렇게 하면 즉각적으로 안전감과 연대감을 얻고, 어딘가에 소속되고 싶은 기본적 욕구가 채워진다.[8] 그래서 내면의 목소리가 부정적인 것으로 뒤덮일 때 우리가 다른 사람들에게서 주로 구하는 것은 '정서적 욕구emotional needs'의 충족이다.

투쟁이나 도피는 인간이 위협에 직면할 때 주로 보이는 방어적 반응으로 여겨진다. 우리는 스트레스를 받으면 도피하거나 몸을 웅크린 채 임박한 싸움에 대비한다. 이런 반응이 인간의 일반적 성향을 특징적으로 요약한 것이지만, 학자들의 연구에 따르면 많은 사람이 위협을 받을 때 투쟁-도피반응이 아니라 다른 스트레스 반응, 즉 '배려와 친교tend and befriend' 반응을 보인다.[9] 많은 사

람이 다른 사람의 응원과 보살핌을 바라는 것이다.[10]

진화적 관점에서 보면 이러한 반응의 이점은 두 사람이 한 사람보다 포식자를 막을 가능성이 크다는 사실에서 비롯된다. 물론 필요할 때 뭉치면 구체적인 이점이 있는 것도 사실이다. 많은 연구에서 이런 생각이 다시 한번 확인되었고, 스트레스를 받는 동안 다른 사람들과 협력하면 안전감과 연대감을 얻는다는 사실도 확인되었다. 또 자연적으로 생성되는 오피오이드(마약성 진통제—옮긴이)뿐 아니라 '포옹 호르몬'이라 일컫는 옥시토신이 분비되는 등 스트레스를 완화하는 생화학적 반응이 연쇄적으로 일어난다. 어딘가에 소속되고 싶은 기본적 욕구도 채워진다. 물론 이런 결과는 주로 '털어놓기'로 얻을 수 있다. 우리의 채터에 대해 조언하는 사람들은 적극적인 경청과 공감의 표현을 통해 이런 욕구를 처리할 수 있다. 욕구가 채워지면 그 순간에는 기분이 풀리고 어느 정도 위안을 얻을 수 있다. 그러나 이런 해결 방법은 방정식의 절반에 불과하다. '인지적' 욕구를 해소하는 문제가 여전히 남아 있기 때문이다.

우리는 채터와 씨름할 때 해결해야 할 수수께끼를 마주하게 된다. 미친 듯 날뛰는 내적 목소리에 사로잡히면 문제를 해결하고 더 큰 그림을 보며 건설적인 행동 방침을 결정하기 위해 외부의 도움이 필요할 때가 있다. 또 우리가 거리를 두고, 정상화하며, 현재 겪고 있는 경험에 대해 생각하는 관점을 바꾸는 데도 다른 사람의 도움이 필요할 때가 있다. 결론적으로 우리는 외부의 도움을 받아 감정을 가라앉히고, 막다른 반추의 늪에서 자신을 끌어내며,

머릿속에 흐르는 언어적 사고의 방향을 바꿀 수 있다.

그렇지만 바로 그런 이유에서 감정을 토로하는 것이 때로는 상당히 도움을 주지만, 역효과를 불러일으키는 경우도 비일비재하다. 우리는 채터에 흠뻑 빠지면 인지적 욕구보다 정서적 욕구를 채우려는 강력한 편향성을 보인다.[11] 우리는 혼란에 빠지면 실질적 해결책을 구하기보다 공감을 얻는 데 집중하곤 한다.

이런 딜레마는 방정식에서 도움을 주는 사람 쪽 문제로 더욱 악화된다. 우리가 도움을 구하는 사람들은 똑같은 식으로 반응하며, 우리의 인지적 욕구보다 정서적 욕구를 우선 처리한다. 그들은 우리 아픔을 보고 무엇보다 우리에게 사랑과 확신을 주려고 애쓴다. 이런 현상은 배려의 행동으로는 자연스러우며, 단기적으로는 유용하기도 하다. 그러나 우리가 인지적 지원을 더 원한다는 신호를 보이더라도 대화 상대는 그 신호를 놓치는 경향을 보인다는 점이 연구에서 밝혀졌다.[12] 한 실험에서 입증되었듯 도움을 제공하는 사람은 인지적 욕구를 해결하기 위한 조언을 해달라는 요청을 받더라도 정서적 욕구를 해결하는 것이 더 중요하다고 생각한다. 그러나 정서적 욕구를 충족시키려는 시도가 결국 상대를 더 불편하게 하는 방향으로 나아가 역효과를 낳는다는 사실이 밝혀졌다.

어떤 경우에 털어놓기가 잘못되어 역효과를 낳을까?

사람들은 정서적으로 도움을 주고 곁에 자신이 있다는 걸 입증하기 위해서라도 우리를 당혹스럽게 한 사건이 무엇인지 정확히 알고 싶어 하기 마련이다. 문제의 '누가-무엇을-언제-어디에서-왜'를 알려고 하는 것이다. 따라서 사람들은 우리에게 어떤 기분이 들고, 어떤 일이 있었는지 자세히 이야기해달라고 말한다. 우리 대답에 그들이 고개를 끄덕이며 공감을 표현하더라도, 그런 반응에 우리는 주변의 도움을 구하도록 몰아간 사건과 당시의 감정을 결국 되살리며 '공동 반추co-rumination'에 빠져든다.

공동 반추를 계기로 도와주려는 시도가 오히려 채터를 부추기는 자극제가 된다.[13] 우리에게 마음 쓰는 사람들은 우리를 짓누르는 부정적 경험에 대해 자세히 말해달라고 재촉한다. 이런 재촉에 우리는 더 곤혹스러워지고, 이런 반응에 그들은 더 많은 질문을 퍼부으며, 결국 악순환이 뒤따른다. 더구나 이런 재촉은 좋은 의도로 시작되었기 때문에 악순환에 매우 쉽게 빠져든다.

실제로 공동 반추는 활활 타오르는 내적 목소리에 바싹 마른 통나무를 던지는 것과 같다. 부정적 이야기의 반복에 불쾌한 기분이 되살아나고, 음울한 상태에서 벗어나지 못한다. 우리를 그런 방향으로 몰아가는 사람들에게 연결되고 그들에게 지원받는다는 걸 알게 되면, 새로운 계획을 세우고 당면한 문제를 창의적으로 재규정하는 데 별다른 도움이 되지 않을 것이다. 오히려 부정적 감정을 부채질하고, 생물학적으로도 위협 지향적인 반응을 자극할 것이다.

공동 반추의 해로운 결과는 바람직한 경우에는 도움이 되었을 건전한 인간관계에서 비롯된다. 프로이트와 아리스토텔레스 및 통념이 말하듯 정서와 관련된 내적 목소리가 실제로는 수리 모형으로 작동하지 않기 때문이다. 뜨거운 증기가 발산되어도 내부에

축적된 압력이 줄어들지는 않는다. 이런 이유에서 내면의 목소리를 도미노 게임에 비유하는 것이 더 적절한 듯하다.[14]

우리가 사건의 부정적 면에 초점을 맞추면 관련된 부정적 생각을 활성화하고, 그 생각이 다시 다른 부정적 생각을 활성화하는 악순환으로 이어진다. 이론적으로 도미노 패를 무한히 제공하는 게임에서는 패가 끝없이 넘어질 수 있다. 그 이유는 부정적 경험에 대한 우리 기억이 '연상주의associationism'라는 원리에 지배받기 때문이다. 여기에서 '연상주의'란 관련 개념이 머릿속에서 서로 연결된다는 뜻이다.

연상주의에 의한 악순환이란 구체적으로 무엇일까? 잠깐 시간을 내 고양이를 상상해보자. 가령 당신이 '고양이'라는 단어를 읽으면 지금까지 알았거나 본 고양이에 대해 생각하거나 그런 고양이들을 머릿속에 그릴 것이다. 고양이가 가르랑거리는 소리, 부드러운 털을 생각하거나 상상할 수도 있다. 한편 나처럼 알레르기가 있다면 재채기를 한바탕해댈 수도 있다. 이렇게 연상에 의해 신경세포에서 일어나는 도미노 현상을 우리 감정에 대해 말하는 데 적용해보자. 친구와 사랑하는 사람이 우리에게 골칫거리를 자세히 말해달라고 요구할 때, 관련된 부정적 생각과 믿음 및 경험도 덩달아 떠오르고, 그 결과 기분이 다시 나빠진다.

결국 연상을 자극하는 기억의 특성이 인지적 욕구보다 정서적 욕구를 우선시하는 편향성과 결합하기 때문에 '털어놓기'가 혼란스러운 내적 대화를 진정시키지 못하는 셈이다. 노던일리노이대학교와 버지니아공과대학교 학생들이 총격 사건에 대한 각자의 생각과 느낌을 다른 사람들과 적극적으로 공유하고도 장기적으로 별로 효과를 거두지 못한 이유도 이렇게 설명할 수 있다. 이런 이유에서 9·11테러 이후 실시한 전국적 조사에서 개인적 감정을 공유했다고 대답한 사람들이 결국 정신적으로나 신체적으로 더 많은 질병으로 고생한 것으로 해석된다. 물론 이런 추론에서 중대한 의문을 제기할 수 있다. 우리 기분을 더 울적하게 만드는 공동 반추의 해결책은 무엇일까?

커크 선장이냐 스팍 중령이냐

심리학계는 정서와 인지, 즉 우리가 느끼는 것과 생각하는 것 사이의 긴장을 요약할 때 〈스타 트렉〉에 등장하는 두 인물, 커크 선장과 스팍 중령을 흔히 인용한다. 커크 선장은 무척 친절하고 감성적인 사람이다. 반면 스팍은 인간과 벌컨 혼혈이며 뾰족한 귀가 특징인 사랑스러운 인물로, 무척 냉철하다. 스팍은 감정에 방해받지 않고 철저히 이성적으로 문제를 해결한다. 커크가 불이라면, 스팍은 얼음인 셈이다.

반추를 피하는 열쇠는 우주선 엔터프라이즈호의 두 승무원을 결합하는 것이다. 다른 사람을 도울 때는 커크의 감성과 스팍의 지성이 동시에 필요하다.

가장 효과적인 대화는 도움을 구하는 사람의 사회적 욕구와 인지적 욕구 모두를 만족시키는 것이다.[15] 이상적으로 말하면 대화 상대는 그 사람의 감정과 생각을 철저히 인정하며, 그가 상황을 균형 있게 보도록 도와야 한다. 이런 접근법은 혼란에 빠진 사람에게 그렇게 반응하는 것은 당연하며 주변에 도와주는 사람이 있다고 느끼게 해준다는 장점이 있다. 하지만 그렇게 하려면 대화 상대가 중심을 잡고 거시적 관점에서 그들에게 조언해줄 수 있어야 한다. 그러려면 그 자신이 무엇보다 개인적 채터에 빠져 허우적대지 않아야 한다. 특히 거시적 조언은 사람들이 내적 목소리를 통제하며 긍정적 방향으로 활용하도록 도울 수 있으므로 무척 중요하며, 시간이 지나면서 채터에 시달리는 경우도 줄어들게 해준다.

물론 사람들에게 시야를 넓히는 데 도움을 주려고 할 때 시간도 상당한 역할을 한다. 여러 연구에서 일관되게 확인했듯 정서와 관련된 경험이 최고조로 치달아 감정이 격해졌을 때 우리는 개인적 감정을 인지적으로 재설정하는 걸 선호하지 않고, 지적인 간섭을 나중에야 선택하는 경향이 있다.[16] 이 때문에도 다른 사람에게 말하는 기술이 필요하다. 감정에 휩싸인 사람이 정서적 욕구부터 해소하려는 반응에서 인지적 욕구를 먼저 해결하게 하는 실리적 방향으로 유도하려면 신중하게 행동해야 하기 때문이다.

이미 밝혀졌듯 이처럼 균형 감각이 필요한 행동 유형 하나가 수십 년 전에 뉴욕 경찰국 인질 협상 팀에 의해 처음 문서화되어 체계적으로 정리되었다. 인질 협상 팀은 1970년대 초에 뉴욕시뿐 아니라 세계 전역에서 파멸적 상황이 연이어 발생한 후 결성되었다. 몇몇 사건만 나열하면 1971년 뉴욕 애티카교도소 폭동, 1972년 뮌헨 올림픽 학살, 〈뜨거운 오후Dog Day Afternoon〉라는 영화로도 제작된 1972년 브루클린은행 강도 사건 등이 대표적인 예다. 경찰관이자 임상심리학자이던 하비 슐로스버그Harvey Schlossberg에게 인질 협상 팀을 위한 교본을 작성하라는 임무가 맡겨졌다. 인질 협상 팀은 '나에게 말하라'를 비공식적 신조로 삼았다. 슐로스버그는 무력 사용보다 공감의 필요성을 우선시하는 동시에 인내를 강조했다. 인질범은 즉각적인 위험이 없다는 걸 알게 되면, 자동적인 위협 대응이 줄어든다.[17] 그 결과 내적 목소리의 부정적 광기도 줄어들어, 협상가가 교착 상태를 끝내는 방향으로 대화를 끌어갈 수 있다.

뉴욕 경찰국 인질 협상 팀이 활동하기 시작하자마자, 뉴욕시에는 인질극이 나쁜 결과로 이어지는 예가 급격히 줄어들었다. 이런 약진을 보고 세계 전역에서 법 집행기관이 전례를 따랐고, 연방수사국FBI: Federal Bureau of Investigation도 예외가 아니었다. FBI는 '행동 변화를 위한 계단 모델Behavior Change Stairway Model'이라는 협상 기법을 자체 개발하기도 했다. 계단 모델은 협상가들이 사용하는 단계적 기법으로 '적극적인 경청 → 공감 → 관계 맺기 → 영향 → 행동 변화'로 이루어진다. 본질적으로 그 모델은 인질범의 인지능력을 끌어내 문제를 해결하는 쪽으로 조금씩 자극해가는 방법이며, 결국 인질범의 사회·정서적 욕구를 충족시키기 위한 로드맵, 즉 단계적 기법이다. 법 집행기관의 협상가들은 위험한 상황을 진정시키고 범인을 체포하는 데 주력하지만, 그들의 일은 우리가 관심을 두는 사람에게 문제를 이겨내는 법을 코치하는 것과 상당히 유사하다. 두 경우의 공통점은 적절한 언어적 지원이 우리에게 도움을 줄 수 있다는 것이다.

우리가 이 전략을 적용해 주변 사람들이 내적 목소리를 조절하도록 도울 수 있다면, 이 전략은 우리가 정서적으로 도움을 받을 사람을 고를 때 더 나은 선택을 하도록 해줄 수도 있다. 그렇게 선택한 조언자들이 우리에게 정상적으로 반응하고, 주변의 이해를 받고 있다는 기분을 안겨준다면 결국 실제적인 해결책으로 우리를 인도할 수 있지 않을까? 아니면 세부적인 것까지 지나치게 깊이 파고들어 "그 사람은 정말 멍청했어. 그렇게 멍청할 거라고는 생각지도 못했어!"라는 식으로 부정적 기억을 되살리지 않을까? 우리는 사후 반성을 통해 누가 우리를 어떻게 도왔는지, 즉 몰입하도록 도왔는지 거리를 두도록 도왔는지 알아낼 수 있다. 대체로 둘의 결합일 가능성이 크지만, 사후 반성은 그 사람이 다음에는 우리를 더 잘 도울 수 있는 방법에 대해 대화하는 출발점이 될수 있다. 또 그 '채터 조언자들'과 다양한 경험에 대해 의견을 교환함으로써, 누가 어떤 문제에 적합한 조언자인지 범위를 좁혀갈 수도 있다.

친구와 동료 및 사랑하는 사람이 다양한 범위의 정서적 문제 해결에 유용한 역할을 할 수 있지만, 문제가 더욱더 전문화되면 특정한 사람이 더 도움을 줄 수 있다. 가령 가족 문제에서는 당신의 형제자매가 당신에게 조언하기에 적합한 사람일 수 있다(물론 부적절한 사람일 가능성도 있다). 직업 문제로 인한 채터를 극복하는 데는 배우자나 다른 부서 동료가 완벽한 조언자일 수 있다. 지원망을 다각화해 문제에 따라 다른 관계자에게 도움을 구하는 사람

채터, 당신 안의 훼방꾼

이 가장 유리하다는 사실은 과학적 연구로도 확인되었다.[18] 여기에서 가장 중요한 점은 채터를 유발하는 사건 후 비판적으로 생각하며, 과거에 누가 우리에게 도움이 되었고 누가 도움이 되지 않았는지 돌이켜보는 것이다. 이런 식으로 우리는 '채터 조언자' 조직망을 구축할 수 있지만, 인터넷 시대를 맞아 온라인에서 전례 없는 새로운 형태의 조언자를 찾아낼 수도 있다.

언론인이자 섹스 칼럼니스트, 시민 운동가인 댄 새비지Dan Savage와 그의 반려자 테리 밀러Terry Miller의 경우가 대표적인 예다. 2010년 9월, 그들은 또 한 명의 10대 게이가 지독한 괴롭힘을 당한 후 자살했다는 소식을 듣고, 10대 게이의 자살을 방지할 방법을 찾아 나섰다. 이번에 자살한 소년은 15세의 빌리 루커스Billy Lucas였고, 인디애나 그린즈버그에 있는 할머니 집 헛간에서 목매달아 자살했다. 새비지는 자신의 블로그에 루커스의 죽음을 알렸고, 그 글을 읽은 한 독자가 루커스에게 세상이 더 좋아질 거라고 말해줄 수 있었으면 좋았겠다는 댓글을 남겼다. 이 댓글을 보고 새비지와 밀러는 자신들의 10대 시절도 무척 힘들었지만 성인이 된 뒤로는 사랑과 소속감으로 충만한 행복한 삶을 살고 있다는 사실을 세상에 알리는 동영상을 찍었다. 그들은 동영상을 블로그에 올렸고, 일주일이 지나지 않아 그 동영상은 입소문을 타고 널리 알려졌다. 이후 수천 명이 비슷한 동영상을 찍어 올렸고, 미국 전역의 10대 게이들이 그 동영상을 보고 기운을 얻었다며 새비지에게 감사 편지를 보냈다.

그로부터 10년이 지난 뒤, 정확히 말하면 이 글을 쓰는 현재,

첫 동영상이 불러일으킨 정서적 현상은 단순히 입소문의 결과를 넘어섰다. 새비지와 밀러가 온라인으로 시작한 '잇 겟츠 베터It Gets Better'는 혁신적인 비영리 조직이자 범세계적 풀뿌리 운동 조직이다.[19] 이 사이트에서 7만 명 이상이 서로 격려가 되는 이야기를 공유하고, 거의 10배 이상의 사람들이 지원을 약속했으며, 헤아릴 수 없이 많은 젊은 게이들이 위안과 용기뿐 아니라, 제대로 시작하기도 전에 삶을 끝내지 않아야 할 이유를 얻는다. '잇 겟츠 베터'는 기본적으로 거리를 두고 정상화(누구나 따돌림당하고, 우리 모두가 그 따돌림을 이겨낸다)와 정신적 시간 여행을 이끌어내는 도구 역할을 하기 때문에 정서적으로 취약한 사람들의 내적 목소리를 다독이며 진정시킨다. 특히 동영상을 시청하는 사람이 좋은 조언을 얻기 위해 동영상 속 주인공을 굳이 알아야 할 필요가 없다는 점이 무엇보다 흥미롭다. 미리 녹화한 동영상에서 낯선 사람이 채터를 이겨내도록 조언하는 형식을 취하므로, 온라인에서 사회적 지원을 목표로 하는 유사한 동영상에 적용해볼 만한 원칙이다.

우리가 누군가에게 도움을 구하고 채터를 해결하려고 할 때 어떻게 말할 것인가에 대한 논의는 자연스레 치료법과 그 효과에 대한 의문으로 이어진다. 치료 과정에서 많은 말을 주고받을 것이 분명하기 때문이다. 흔히 말하는 것처럼 대화 치료talking cure가 정말 효과가 있을까?

가장 먼저 기억해야 할 점은 무수히 많은 대화 치료법이 있고, 각 치료법이 무척 다르다는 것이다. 인지 행동 치료cognitive behavioral therapy처럼 경험론적으로 타당성을 인정받은 치료법은 이 장에서 언급한 여러 기법을 사용한다. 구체적으로 말하면 의뢰인에게 정서적 안정을 제공하는 동시에 인지적으로 문제를 해결하도록 돕는 기법을 사용한다.

하지만 여전히 몇몇 기법에서는 감정 토로가 채터를 완화하는 도구로 사용된다. 심리적 경험 보고psychological debriefing가 대표적인 예다.[20] 심리적 경험 보고는 '아무런 이득이 없다는 많은 증거에도 부정적 경험을 한 직후 정서적 부담을 덜어주는 게 필요하다고 강조하는 기법'이다. 당신이 지금 알고 있는 것을 고려할 때 채터를 해결하기 위해 친구나 사랑하는 사람과의 대화 이상이 필요하다면, 정신 건강 전문가들과 대화하며 그들의 기법에 대해 배우고, 그 기법이 경험적으로 도움이 되는지 직접 알아보는 게 최선이다.

보이지 않는 지원

지금까지 우리는 사람들이 도움을 구하는 상황에 대해 집중적으로 살펴보았다. 하지만 채터에 시달려도 도움을 구하지 않는 사람도 많다. 어떻게든 혼자 그 문제를 해결해보려 하거나, 괜스레 도움을 구하면 자신에 대한 주변 사람들의 판단에 나쁜 영향을 미치지는 않을까 걱정해서일 수 있다. 그러나 우리는 어떻게든 다른 사람들에게 도움을 주고 싶어 한다. 여하튼 어려움에 처한 사람들, 그래서 우리가 마음을 쓰는 사람들을 유심히 관찰하는 것도 신경생물학적으로는 강력한 경험이다.[21] 따라서 그런 관찰이 불러일으키는 공감은 우리에게 그들을 대신하고 싶은 동기를 부여한다.

하지만 그런 상황에서는 조심해야 할 필요가 있다. 여러 연구에서 밝혔듯 당신에게 커크와 스팍의 장점을 혼합하는 뛰어난 능력이 있더라도 청하지도 않은 조언을 해주려고 할 때는 위험이 있다. 부적절할 때 하는 조언은 오히려 역효과를 낳을 수 있다.

전형적인 예로 부모가 자식에게 어려운 수학 문제 푸는 방법을 조언하는 경우를 생각해보자. 부모는 그 문제를 진지하게 살펴보고, 아이가 그 문제를 이해하려면 명확하고 끈질긴 설명이 필요하다고 생각한다. 그래야 아이도 성취감을 느끼리라 확신하며 차분히 설명하기 시작한다. 이런 인지적 해결책은 긍정적 정서로 이어져야 마땅하지 않겠는가? 하지만 안타깝게도 상황은 부모의 생각대로 흘러가지 않는다. 부모가 설명할 때 아이는 화를 내고 버릇없이 행동한다. 명쾌해야 할 수학적 논리가 감정적으로 치닫고, 결국 말다툼이 벌어진다.

"나도 어떻게 푸는지 알아요!" 아이가 소리친다.

"그런데 제대로 못 풀었잖아. 그래서 아빠가 도와주려고 했던 거고." 아빠도 지지 않고 반박한다.

"아빠 도움은 필요 없다고요!"

아이는 이렇게 소리치고는 방을 뛰쳐나간다. 아빠는 어리둥절할 수밖에 없다. 대체 뭐가 잘못된 것일까?

(이 이야기는 자전적인 경험일 수도 있고, 그렇지 않을 수도 있다.)

상대의 욕구를 고려하지 않은 채 조언하는 행위는 그의 '자기

172

효능감_{sense of self-efficacy}'을 훼손할 수 있다. 자기 효능감은 우리가 어떤 과제를 해낼 수 있다는 믿음이다. 다른 사람들이 우리를 돕고 있지만 우리가 그들에게 도움을 청하지 않았다는 걸 의식하면, 우리가 어떤 이유로든 무능하고 비효율적이기 때문에 그들이 돕는다고 해석하게 되고, 내적 목소리가 그 해석을 끈질기게 물고 늘어질 수 있다. 자기 효능에 대한 심리학계의 오랜 연구에서 확인했듯 자기 효능은 위협을 받으면 자존심뿐 아니라 건강과 인간관계는 물론 의사결정에도 피해를 준다.[22]

1990년대 말, 컬럼비아대학교의 심리학 교수 나이얼 볼저_{Niall Bolger}와 동료 교수들은 뉴욕 변호사 시험을 이용해 다른 사람을 도우려는 시도가 언제 가장 효과적인지 연구했다.[23] 변호사와 그 연인이면 누구나 인정하겠지만 변호사 시험은 무척 힘들고, 채터를 유발한다. 볼저는 한쪽이 변호사 시험을 준비하고 있는 커플을 모집해, 시험을 앞두고 불안감과 우울감을 어느 정도 느끼고, 반려자에게 도움을 어느 정도 받는지 파악하기 위한 질문을 수험자에게 던졌다. 볼저는 반려자들에게도 수험자를 얼마나 돕는지 물었다. 특히 볼저는 사람들이 사회적 지원을 받을 때 얻는 이득이 반려자가 도우려고 애쓴다는 사실을 아느냐 모르느냐에 따라 달라지는지에도 관심을 두고 연구했다.

이 연구로 밝혀진 바에 따르면 도움을 받는 사람이 의식하지 못하게 돕는 행위, 즉 '보이지 않는 지원_{invisible support}'이라 일컫는 현상은 상대가 혼자 대처하기에는 능력이 부족하다고 낙담하지 않도록 지원하는 방법의 공식이었다. 실험 참가자들은 간접 지원을 받은 결과 상대적으로 우울감을 덜 느꼈다. 현실에서 보이지 않는 지원은 어떤 형태로든 은밀히 제공되는 실질적 지원일 수 있다. 스스로 집안일을 챙기거나 상대가 조용히 일할 공간을 마련해주는 경우를 생각해보라. 또 상대가 인식하지 못하도록 시야를 넓히는 조언을 교묘하게 제공하는 것도 보이지 않는 지원에 속한다. 조언이 필요한 친구나 사랑하는 사람에게 영향을 줄 만한 조언을 다른 사람에게 부탁하거나(일종의 보이지 않는 조언), 다른 사람들이 비슷한 상황을 어떻게 해결했는지 언급함으로써 문제의 경험을 정상화하는 시도도 보이지 않는 지원에 속한다. 이렇게 에두른 방식은 도움이 필요한 사람의 취약점과 결점을 건드리지 않으면서 필요한 정보와 지원을 제공할 수 있다.

볼저의 첫 실험이 이 분야를 개척했기 때문에, 다른 연구들도 보이지 않는 지원의 효과를 검증하는 데 집중되었다. 결혼에 관련된 연구에서는 반려자가 보이지 않는 지원을 받은 날 그들의 관계에 더 만족한다는 사실이 밝혀졌다.[24] 또 반려자가 자기계발을 위한 목표 달성에 필요한 지원을 은밀히 제공하면, 그 목표를 달성할 가능성이 커진다는 점도 다른 연구에서 확인되었다.[25]

이처럼 보이지 않는 지원이 어떤 상황에서 가장 효과적인지 분석한 연구도 있었다.[26] 예컨대 사람들이 평가를 받고 있거나 평가받을 준비를 하고 있을 때다. 구체적으로 시험을 앞두고 공부하거나 인터뷰를 준비하고 있을 때, 혹은 프레젠테이션에서 강조해야 할 논점을 연습할 때다. 실제로 이런 상황에서 많은 사람이 가장 취약하다고 느낀다. 반면 상대가 자신의 채터를 최대한 신속하고 효율적으로 억제하고 싶어 할 때는 굳이 도움을 은밀하고 미묘하게 제공할 필요가 없다. 이런 경우 커크와 스팍을 혼합한 직접적 조언이 절실하고, 성공할 가능성도 크다.

보이지 않는 지원에는 지금까지 살펴본 형태 외에 우리와 무척 가깝지만 채터에 빠진 사람을 은밀히 돕는 다른 방법도 있다. 언어를 전혀 사용하지 않는 방법으로, 애정 어린 스킨십이 대표적이다.

스킨십은 우리가 걱정하는 사람이 부정적인 내적 대화에서 벗어나도록 돕는 가장 기본적인 기법 중 하나다. 언어와 마찬가지로 스킨십도 어린 시절부터 정서를 조절하는 능력에서 떼어놓을 수 없는 요소다. 우리가 자궁을 떠나는 순간부터 보호자는 애정 어린 신체적 접촉을 통해 우리를 진정시키기 때문이다. 여러 연구에 따르면 우리는 가까운 사람의 접촉이나 포옹에서 따스한 애정을 느낄 때, 그 접촉을 안전하며 사랑받고 지원받는다는 증거로 해석한다. 잘 알고 믿는 사람의 정성스러운 신체적 접촉을 통해 우리는 생물학적 위협 대응을 낮추고, 스트레스를 해결하는 능력을 향상시킨다. 인간관계에서 얻는 만족감이 높아지고, 외로움의 수준도 낮아진다. 또 대뇌의 보상회로가 활성화되어 옥시토신과 엔도르핀처럼 스트레스를 완화하는 신경화학물질의 분비도 촉진된다.[27]

애정 어린 스킨십의 위력은 실로 대단해서 일련의 연구에서 밝혀진 바에 따르면, 어깨를 잠깐 다독거리기만 해도 자존감이 낮은 사람이 죽음에 대한 불안을 상당 부분 떨쳐내고 다른 사람들과 연결되었다는 자신감을 얻었다.[28] 심지어 곰 인형처럼 위로가 되는 무생물을 만지작대는 행동도 불안감을 낮추는 효과가 있다.[29] 이런 효과는 뇌가 인간 간의 접촉을 처리하는 방식과 유사하게 봉제 동물 인형과의 접촉을 처리한 결과일 가능성이 크다.[30] 많은 학자가 피부를 '사회적 기관social organ'으로 여기는 것도 사실이다.[31] 이런 의미에서 다른 사람과의 접촉은 비언어적으로 진행되며, 정서에 긍정적 혜택을 주는 대화의 일부라 할 수 있다.

우리가 일상에서 다른 사람과 주고받는 것은 내적 목소리에 위안을 주는 좋은 재료가 된다. 이런 기법이 작동하는 방법은 점점 명확해지고 있지만, 우리가 사랑하는 사람들에게 이 기법을 제대로 사용하려면 꾸준한 연습은 말할 것도 없고 상당한 기술이 필요하다.

결론적으로 우리가 다른 사람과 나누는 대화는 우리 자신과 나누는 대화와 크게 다르지 않다. 어떻게 대화하느냐에 따라 기분이 나아질 수도, 더 나빠질 수도 있다. 우리가 다른 사람과 어떻게 교감하느냐에 따라 채터의 강도가 달라진다는 뜻이다. 인간종이 개인적 문제를 공유하기 시작한 이후로 이 원칙은 변하지 않는 듯하다. 우리는 최근에야 이 원칙에 내재한 심리학적 메커니즘을 겨우 이해했다.

21세기에 들어서면서 우리의 인간관계는 새로운 환경에 맞닥뜨렸다. 그 환경은 노던일리노이대학교와 버지니아공과대학교 학생이 각각 비극적 사건을 겪은 후 만났던 곳과 동일한 공간, 즉 인터넷이다. 따라서 채터에도 영향을 줄 수밖에 없다. 여기에서 자연스레 의문이 생긴다. 언어를 사용한 지원이 성공하거나 실패하는 원인이 소셜 미디어 등 디지털 커뮤니케이션을 통해 '대화'하는 경우에도 그대로 적용되는가?

심리학은 이 의문을 해결하기 위한 노력을 이제야 시작했지만, 우리는 그 답의 실마리를 어렴풋이 짐작하고 있다. 예컨대 2010년대 중반쯤 나를 비롯해 많은 동료 학자는 소셜 미디어를 통한 공동 반추를 더 깊이 파악하고 싶었다.[32] 그래서 우리 연구 팀은 속상한 일과 씨름하던 사람들에게 애플리케이션을 통해 다른 사람과 채팅해보라고 요구했다. 우리 실험에 참가한 사람들은 채팅 상대가 푸념을 계속하도록 은밀히 자극하는 훈련을 받은 전문가라는 사실을 몰랐다. 그 전문가는 실험 참가자 중 절반에게는 그런 식으로 자극했고, 나머지 절반에게는 시야를 넓혀 더 큰 그림을 보라고 조심스레 격려했다.

예상대로 푸념을 계속하도록 자극받은 참가자들은 대화하는 동안 점점 더 격해졌다. 그들의 부정적 감정은 컴퓨터 앞에 앉은 순간부터 일어설 때까지 끝을 모를 정도로 치솟았다. 반면 전문가의 도움을 받아 뒤로 물러서 시야를 넓힌 참가자들은 실험실에 처음 들어올 때만큼이나 차분하고 침착한 자세를 유지했다.

우리는 온라인이나 오프라인에서 도움을 구하거나 줄 때 우리와 삶을 함께하는 사람들이 '사회적 환경social environment'을 형성한다는 것을 잘 생각하지 않는다. 지금까지 우리는 내적 목소리에서 긍정적인 결과를 최대한 끌어내기 위해 그 환경에서 살아가는 방법에 대해 살펴보았다. 우리 환경은 그곳에서 거주하는 사람들과 떼어놓고 생각할 수 없고, 다른 사람들과의 관계에서 우리에게 허용된 자원을 사용할 때 막대한 이익을 얻을 수 있다. 그러나 다른 사람은 우리가 내적 대화를 개선하기 위해 활용할 수 있는 환경의 일부분에 불과하다.

우리는 산책하거나 연주회에 가고, 일상 공간을 깔끔하게 정리할 수도 있다. 이 모든 것이 겉보기에는 작은 행동일 뿐이지만, 채터에는 놀라운 영향을 미칠 수 있다.

CHAPTER 6

밖에서
안으로

Chatter.
Chatter.
Chatter.

1963년, 시카고 주택청Chicago Housing Authority이 전통적 흑인 밀집 지역이던 사우스사이드에서 시행한 기념비적인 프로젝트 '로버트 테일러 홈스Robert Taylor Homes'가 완료되었다. 28동의 16층짜리 콘크리트 건물로 이루어진 이 프로젝트는 세계사에서 가장 큰 공공 주택단지였다.[1]

빈민화가 이웃 지역까지 확대되는 것을 막으려고 계획된 로버트 테일러 홈스는 그보다 얼마 전 사망한 저명한 흑인 공동체 지도자이자 건축가 로버트 테일러Robert Taylor(1899~1957)의 이름을 딴 것이다. 안타깝게도 최종 결과물은 그를 추념하기에 부족했다. 로버트 테일러 홈스 때문에 시카고를 짓누르던 차별의 구조가 더욱 공고해졌을 뿐만 아니라 흑인 공동체가 마주한 힘겨운 상황이 오히려 더욱 악화되었다.[2]

결국 1990년대쯤 로버트 테일러 홈스는 미국의 많은 도시를 괴롭히던 문제(범죄 조직의 폭력, 마약, 주민을 짓누르는 공포와 건강 악화 및 권리 박탈)의 집약체로 유명해졌다. 많은 화제를 뿌렸던 대규모 도시 재개발 사업이 아프리카계 미국인들에게 커다란 악영향을 미친 도시 몰락의 또 다른 예가 되고 말았다.

만약 당신이 로버트 테일러 홈스에 살았더라면 텔레비전을 켜거나 신문을 읽지 않아도 20세기 후반에 가난과 차별이 미국에 미친 파멸적 영향을 목격할 수 있었을 것이다. 단지 아파트 밖으로 나가는 것으로 충분했다. 그러나 그렇게 범죄가 활개 치던 공간에서, 로버트 테일러 홈스의 삶을 규정하던 혼란스러운 일상에서 획기적인 실험이 단행되었다.

로버트 테일러 홈스의 아파트를 신청할 때 누구도 어느 동, 몇 층에서 살겠다고 요구할 수 없었다. 학자들이 실험할 때 피험자를 무작위로 다른 집단에 배정하듯, 그들도 거주 공간을 무작위로 배정받았다. 그 결과 많은 입주자가 전망이 극단적으로 다른 아파트에 살게 되었다. 푸른 잔디와 나무로 가득한 정원을 마주한 아파트를 운 좋게 할당받은 사람도 있었지만, 잿빛 시멘트 벽을 항상 마주 보고 지내야 하는 입주민도 있었다.

1990년대 말, 이런 독특한 상황은 당시 일리노이대학교 심리학과 조교수이던 밍 쿠오Ming Kuo에게 뜻밖의 기회를 주었다.[3] 짧게 깎은 검은 머리칼에 안경을 쓰고 따뜻한 미소를 지녔지만 뛰어난 통찰력을 갖춘 밍은 물리적 환경이 마약과 범죄에 찌든 환경이 주는 스트레스를 견뎌야 하는 입주민의 역량에 영향을 미치는지 알고 싶었다. 많은 심리학자가 그랬듯, 그 또한 녹색 공간과 회복 탄력성의 상관관계를 입증하는 연구 결과에 흥미를 느꼈기 때문이다.

환경 심리학자 로저 울리히Roger Ulrich는 쓸개 수술을 받고 낙엽수가 마주 보이는 병실에 입원한 환자들이 벽돌담을 마주한 병실의 환자들보다 더 빨리 회복하고, 진통제도 덜 복용하며, 간호사들에게 정서적으로 회복력이 더 빠르다는 평가를 받는다는 걸 무척 설득력 있게 밝혀냈다.[4] 그러나 자연 풍경을 본다고 미국에서 환경이 열악한 도심 빈민 지역의 정서적 혼란을 극복하는 데 정말 도움이 되는지는 그야말로 미스터리였다.

밍은 로버트 테일러 홈스에서 아파트 배정 과정을 알고는 자연이 정신에 미치는 영향을 추적할 기회라 생각했다. 그래서 밍 연구 팀은 아파트 단지를 찾아가 알아낼 수 있는 모든 것을 알아내려 애썼다. 첫째로 로버트 테일러 홈스에서 28동 하나하나의 주변 지역을 사진에 담았고, 각 동에서 녹색 공간이 보이는지도 조사했다. 그 후에는 가가호호 찾아다니며 주로 여성 가장에게 실험에 참가하겠느냐고 물었다. 실험 참가에 동의하면 밍 연구 팀은 실험 참가자에게 삶에서 일반적으로 중요하게 여겨지는 항목, 즉 학교에 충실히 다녔는지, 가정을 안전하게 유지하는지, 자녀를 제대로 키우는지 등을 45분 동안 조사했다. 또 실험 참가자들에게 숫자를 보여주고 몇 자릿수를 정확히 기억하는지 측정해 주의력을 집중하는 능력도 아울러 측정했다.

밍 연구 팀이 수집한 자료를 분석한 결과, 삭막한 풍경을 마주 보는 아파트에 거주하는 사람들보다 녹색 공간을 앞에 둔 아파트에 거주하는 사람들의 주의 집중력이 훨씬 뛰어나다는 걸 알아냈다. 또 그들은 중요한 결정을 내릴 때도 차일피일 미루지 않았고, 자신들에게 닥친 장애도 조금씩 줄어든다고 생각했다. 달리 말하면 그들의 행동이 더 긍정적이었고, 사고방식도 더 차분하고 도전지향적이었다. 게다가 밍 연구 팀이 얻은 결과에 따르면 로버트 테일러 홈스에서 일부 주민의 행동과 사고방식이 더 긍정적이었던 이유는 주의 집중력이 더 좋았기 때문이다. 나무와 잔디가 그들에게 스트레스를 조절하는 힘을 더해주는 정신적 비타민 역할을 한 듯했다.

훗날 밝혀졌듯 밍의 실험 결과는 결코 요행이 아니었다. 밍의 연구가 발표된 이후 수년 동안, 녹색 공간의 긍정적 영향에 대한 연구가 뒤따랐다.[5] 학자들이 약 18년 동안 1만 명 이상의 영국인에게서 수집한 자료를 분석한 결과, 녹색 공간이 상대적으로 많은 도시에 거주하는 사람들의 스트레스 지수는 낮은 반면 행복 지수는 더 높았다.[6] 한편 2015년 인공위성이 캐나다 토론토를 고해상도로 찍은 위성사진을 연구한 결과에서는 한 구역에 나무가 10그루만 더 있어도 연간 소득이 1만 달러 더 많아지고, 신체 나이가 7세 더 낮아지는 정도에 비견될 만큼 주민 건강이 향상되었다.[7] 끝으로 영국에서 은퇴 연령 이전의 전 국민, 대략 4,100만 명을 상대로 한 연구에서는 녹색 공간을 접하면 가난이 건강에 미치는 해로운 영향을 상당 부분 완화한다는 사실이 밝혀졌다.[8] 약간 과장되더라도 다른 식으로 표현하면 녹색 공간은 뛰어난 치료사, 노화를 방지하는 묘약, 면역 체계를 강화하는 항산화물질을 모두 담아낸 것으로 기능하는 듯하다.

앞에 나열한 결과에서 무척 흥미로운 가능성을 찾을 수 있다. 우리가 자신과 갖는 내적 대화는 일상을 살아가는 물리적 공간의 영향을 받는다는 것이다. 따라서 주변 환경을 영리하게 선택한다면 내적 목소리를 조절하는 데도 도움받을 수 있다. 그러나 그 상관관계가 어떻게 작동하는지 정확히 이해하려면, 먼저 자연의 어떤 부분이 영향을 주는지 알아야 할 필요가 있다.

자연의 힘

보기에 따라 다르겠지만, 시카고 로버트 테일러 홈스에 대한 밍의 연구는 그가 시작한 것이 아니고, 쓸개 수술 환자의 회복력에 대한 울리히의 연구도 울리히가 시작한 것이 아니다. 엄격히 말하면 두 연구는 인간 정신과 자연계의 상호작용에 대한 부부 학자의 호기심에서 시작되었을 수 있다.

미시간대학교의 두 심리학자, 스티븐 캐플런과 레이철 캐플런 Stephen and Rachel Kaplan은 1970년대에 무척 흥미로운 이론을 개진하고 있었다. 자연이 일종의 배터리처럼 작동하며, 인간의 뇌에 내재한 한정된 주의력을 재충전한다는 이론이었고, 그들은 이 이론을 '주의력 회복 이론attention restoration theory'이라 칭했다.[9]

물론 한 폭의 그림 같은 석양과 산속 풍경을 바라보거나 숲속을 산책하고 해변에 누워 하루를 보내면 기분이 좋아지는 것은 당연하다. 하지만 그 이상의 효과가 있을까? 캐플런 부부는 현대 심리학의 창시자 중 한 명으로 여겨지는 윌리엄 제임스William James (1842~1910)가 100년 이상 전에 인간의 주의력에 대해 언급한 주장에 특별한 의미가 있다고 생각했다.[10] 제임스는 인간의 주의력을 비자발적 주의력과 자발적 주의력으로 구분했다.

우리가 무엇인가에 비자발적으로 주의를 기울이는 이유는 그것에 본질적으로 내재한 흥미로운 특성이 힘들이지 않고 우리를 끌어당기기 때문이다. 당신이 시내를 산책하고 있을 때 길모퉁이에서 뛰어난 연주자가 악기를 연주하고 있다고 상상해보라. 그러면 당신은 자기도 모르게 그 소리에 이끌려 잠시 걸음을 멈추고 연주에 귀를 기울일 것이다(그러고는 악기 상자에 약간의 돈을 던져 넣고 발길을 재촉할 것이다). 캐플런 부부가 '부드러운 매혹soft fascination'이라 칭한 과정이 당신의 주의력을 부드럽게 끌어당긴 것이다.

반면 자발적 주의력에는 처음부터 의지가 개입된다. 인간에게는 원하는 데 주의를 집중하는 놀라운 능력이 있다. 까다로운 수학 문제, 끝없는 반추를 멈추려는 딜레마에 주의를 집중할 수 있는데, 이런 주의력이 자발적 주의력이다. 따라서 자발적 주의력은 쉽게 고갈되어 끊임없는 재충전이 필요하지만, 비자발적 주의력은 뇌의 한정된 자원을 그다지 많이 소모하지 않는다.[11]

캐플런 부부는 자연이 부드러운 매혹으로 가득한 까닭에 비자발적 주의를 끈다고 생각했다. 은밀하게 자극하는 자연의 속성에 우리 마음이 무의식적으로 끌린다는 뜻이다. 자연계에 존재하는 커다란 나무, 식물의 복잡한 무늬와 모양, 작은 동물 등이 우리 주의를 묘하게 사로잡는다. 우리는 그런 것들에 시선을 주고, 더 면밀히 살펴보려고 길모퉁이에서 연주하는 연주가에게 다가가듯 가까이 다가간다. 그렇지만 연설의 핵심 요점을 암기하거나 복잡한 시내에서 운전할 때처럼 그것에 온 신경을 집중하지는 않는다. 그런 행동은 집행 기능을 담당하는 배터리를 닳게 하지만, 자연스레 눈길을 끌어당기는 자연은 전혀 그렇지 않다. 오히려 신경세포가 자발적 주의력을 재충전하도록 유도한다.

밍 연구 팀이 시카고대학교에서 시행한 일련의 연구는 캐플런 부부의 이론을 엄격히 검증하는 방향으로 설계되었다. 앞에서 살펴보았듯 밍 연구 팀은 캐플런 부부의 이론을 뒷받침하는 강력한 증거를 찾아냈다. 다른 학자들의 실험도 자연의 유사한 힘을 찾아냈다.

2007년에는 앤아버의 우리 집에서 몇 구역 떨어지지 않은 곳에서 이제는 고전이 된 연구가 시행되었다.[12] 마크 버먼Marc Berman과 그의 동료들은 실험 참가자들을 실험실로 초대해, 주의력을 기울여야 하는 까다로운 시험을 치르게 했다. 참가자들은 세 자릿수에서 아홉 자릿수까지 다양한 숫자를 들은 뒤 그 숫자를 역순으로 되풀이해야 했다. 시험을 치른 다음 참가자 중 절반에게는 근처 수목원을 한 시간 정도 산책하고, 나머지 절반에게는 앤아버의 복잡한 시내를 똑같은 시간 동안 걷게 했다. 그 뒤 그들은 실험실로 돌아와 주의력 시험을 다시 치렀다. 일주일 후, 똑같은 참가자들에게 동일한 시험을 치르게 했지만 산책하는 곳을 바꾸었다.

참가자들의 주의력 시험 성적이 숲을 산책한 뒤 크게 높아졌지만 도심을 산책한 뒤에는 그렇지 않았다. 숫자를 암기한 후 거꾸로 말하는 능력에서는 확연한 차이를 보였다. 게다가 그 결과는 참가자가 목가적인 여름에 산책하느냐 음산한 겨울에 산책하느냐에 따라 달라지지 않았다. 어떤 계절이든 자연과 함께하면 도심을 거닐 때보다 주의력을 유지하는 데 더 큰 도움이 된다는 뜻이다.

버먼과 동료들은 다른 표본에서도 동일한 결과를 얻어냈다. 우울증 진단을 받은 참가자들을 표본으로 한 연구에서도 자연을 산책하면 인지 기능이 향상되고, 기분이 한결 좋아진다는 사실을 확인했다.[13] 다른 연구 팀이 위성사진을 이용해 90만 명 이상의 참가자를 대상으로 실시한 연구에서도 녹색 공간에 최소한으로 노출되며 성장한 아이들은 성인이 되었을 때 우울증과 불안증 같은 심리적 장애를 앓을 위험이 15~55퍼센트 높다는 사실을 확인했다.[14] 밍의 연구를 비롯해 이 모든 연구에서 짐작할 수 있듯 자연의 혜택은 주의력 유지에만 국한되지 않고, 정서에까지 확대된다.

주의력을 유지하는 능력이 내적 목소리를 조절하는 데 무척 중요하다는 사실을 고려하면, 자연이 인간의 감정에 영향을 미친다는 주장은 충분히 이해가 된다. 우리가 지금까지 살펴본 많은 거리 두기 기법은 정신 집중에 기반을 둔다. 정신을 집중하지 못하면 일기를 꾸준히 쓰기 힘들고, '시간 여행'을 하거나 벽에 붙은 파리처럼 객관적인 관찰자 관점을 취하기 어렵다. 게다가 내적 대화를 우리를 괴롭히는 것과 다른 방향으로 돌리고, 스트레스가 많은 상황에 대해 생각하는 방법을 재설정하려면 집행 기능을 상실해서는 안 된다. 그러나 이상하게도 밍 쿠오를 비롯한 많은 학자

채터, 당신 안의 훼방꾼

가 '자연이 반추를 직접적으로 줄일 수 있다'는 가정을 검증한 적은 없었다. 이 가정을 검증하기 위한 실험은 2015년에야 캘리포니아 팰로앨토에 있는 스탠퍼드대학교에서 실시되었다.[15]

나무가 많고 도심에서 벗어난 팰로앨토는 혼잡하고 시끄러운 시카고와 완전히 다르지만, 이곳에서도 몇몇 도로는 상당히 붐비는 편이다. 스탠퍼드대학교 연구진은 실험 참가자들에게 혼잡한 거리나 캠퍼스 주변의 녹색 공간을 90분 동안 산책하게 했다. 연구진은 참가자들이 산책을 한 후 반추하는 정도를 비교했다. 자연을 산책한 집단에 속한 참가자들은 채터에서 조금이나마 더 많이 벗어났고, 뇌에서 반추와 관련된 영역이 활성화되는 정도도 적었다.

나는 도시에서 태어나고 자란 까닭에, 이쯤에서 잠깐 멈추고 생각을 정리할 필요가 있을 듯하다.[16] 두 세기 전부터 인간은 지방에서 도시로 대거 이동했고, 2050년쯤에는 세계 인구의 68퍼센트가 도시에서 거주할 것으로 추정된다.[17] 당신이 도시화된 삶을 살고, 자연과 녹색 공간에 접근할 기회가 줄어든 많은 도시인 중 한 명이라면, 불안감을 느끼는 게 당연하다. 나도 스탠퍼드대학교의 연구 결과를 처음 알게 되었을 때 불안하기는 마찬가지였다. 나는 미시간대학교가 있는 앤아버로 이주하기 전까지 콘크리트 건물로 둘러싸인 필라델피아와 뉴욕에서만 28년간 살았다. 그렇다면 나는 물론, 나와 비슷하게 도시에서 주로 살던 사람들은 상대적으로 건강이 나쁘고 주의력이 부족하며, 반추적 생각에 더 자주 사로잡힌다는 뜻일까?

다행스럽게도 '그렇지 않다.' 정신을 '녹화線化'하기 위해 자연에 둘러싸여 지낼 필요는 없다. 캐플런 부부의 주의력 회복 이론에 내재한 개념은 지각적으로 감지하기 힘든 자연의 특성이 뇌에 일종의 배터리 역할을 한다는 것이다. 물리적으로 자연과 가까이 있을 때만 자연의 감미롭고 부드러운 매혹을 만들어내는 시각적 특징이 효과를 발휘하는 것은 아니다. 사진과 동영상을 통해 자연을 간접적으로 접하는 경우에도 주의력을 회복하는 데 도움을 받는다. 자연 풍경을 찍은 사진이나 동영상을 보는 것만으로도 자연과 자연의 다양한 이점을 도시 환경은 물론 어떤 환경에든 옮겨 올 수 있다는 뜻이다. 믿기지 않겠지만 인간 정신에 관한 한 가상의 자연도 엄연한 자연이다.

예컨대 2016년에 발표된 한 실험은 참가자들에게 부담스러운 연설을 요구하며 스트레스를 주었다. 연설을 끝낸 뒤 참가자들은 6분짜리 동영상을 보았다. 녹음 정도가 다른 길거리를 촬영한 동영상이었다. 어떤 참가자는 거리에 가로수가 하나도 없는 지역을 찍은 동영상을 보았고, 어떤 참가자는 나무가 울창하게 우거진 동네를 촬영한 동영상을 보았다. 녹색 공간이 거의 없는 동영상을 본 참가자에 비교할 때, 녹음이 짙은 동영상을 시청한 참가자가 연설에서 받은 스트레스에서 회복하는 탄력성이 60퍼센트나 높았다.[18]

자연이 심리에 미치는 긍정적 영향에 대한 연구는 대체로 시각적 노출에 초점을 맞추고 있지만, 다른 감각에도 놀라운 효과를 발휘한다고 생각하지 않을 이유가 없다. 2019년에 발표된 한 연구에 따르면 빗소리와 귀뚜라미 소리 같은 자연의 소리를 들어도 주의

채터, 당신 안의 훼방꾼

력을 유지할 필요가 있는 과제를 수행해내는 능력이 향상된다.[19] 자연의 소리도 부드러운 매혹을 띨 수 있다는 뜻이다.

종합하면 이런 결과에서 입증되었듯 자연은 내적 목소리를 조절하는 도구를 외부에서 안쪽으로 제공하고, 자연을 접하는 시간이 길어질수록 건강도 좋아진다.[20] 또 자연은 우리에게 채터를 줄이려면 주변 환경을 어떻게 구조화해야 하는지 알려주는 표본이기도 하다. 자연의 경우에도 새로운 테크놀로지를 이용하면 혜택을 더 쉽게 누릴 수 있다. 예컨대 마크 버먼과 캐스린 셔츠Kathryn Schertz는 ReTune이란 애플리케이션을 개발했다. ReTune은 '도시 자연 경험을 통한 회복Restoring Through Urban Nature Experience'의 약어다.[21] 이 애플리케이션은 시카고대학교 주변 구역의 녹음과 소음과 범죄 발생 빈도 등을 종합해 자연화 점수를 매기는 소프트웨어다. 가령 사용자가 목적지를 입력하면, 이 애플리케이션은 그가 목적지까지 걷는 동안 건너야 할 횡단보도의 수와 총 거리 등 실질적 쟁점까지 고려해 산책으로 회복력을 극대화하는 경로를 알려준다. 이 방법이 효과를 발휘한다는 게 입증되면 다음 단계에는 애플리케이션의 적용 범위를 모든 곳으로 확대할 것이다. 물론 일상에서 자연과 함께하는 시간을 극대화하기 위해 반드시 이런 애플리케이션이 필요한 것은 아니다. 우리가 주로 접하는 다양한 환경을 신중하게 평가하고, 그 결과에 따라 선택하는 길을 수정하면 그것으로 충분하다.

앞에서 살펴보았듯 자연과 우리 마음 사이에는 밀접한 관계가 있다. 그렇다면 물리적 세계가 우리 내면에서 일어나는 심리적 과정에 영향을 미친다는 것은 분명한 사실이다. 자연에서 부드러운 매혹을 발산하는 것에서만 이런 이득을 얻을 수 있을 뿐이다. 이 도구는 자연계에만 존재하는 것이 아니다. 우리가 내면의 목소리를 통제하는 데 도움을 주는 또 다른 것이 있다. 그것은 연주회와 박물관에서, 심지어 첫걸음을 떼는 아기의 모습을 지켜보는 순간에 발견할 수 있다.

자아를 위축시키는 상황

수잰 보트Suzanne Bott는 노를 움켜잡고 고무보트에 올라탔다. 짜릿한 흥분감이 온몸에 밀려왔다.[22] 앞으로 나흘 동안 수잰은 다른 세 척의 고무보트에 탄 사람들과 함께 유타의 반짝이는 그린강을 따라 내려갈 예정이었다. 낮에는 성벽 같은 황갈색 협곡에 흠뻑 취하고, 밤에는 깜빡이는 모닥불에 둘러앉아 낮에 겪은 모험에 대해 이야기하는 시간도 일정표에 있었다.

언뜻 본 첫인상에 불과했지만, 노를 함께 젓는 사람들은 자연을 단순히 열정적으로 즐기는 사람들의 모습이 아니었다. 대부분 전투 현장을 누빈 퇴역 군인이거나 9·11테러 피해자를 목격한 전직 소방관이었다. 모두가 그린강에서 자연과 교감하는 기회를 제공하는 동시에 경비 전액이 지원되는 모험에 참가할 전문가를 모집하는 광고에 응한 사람들이었다. 하지만 한 가지 조건이 있었다. 그 여정이 연구 실험 자료로도 쓰인다는 것이었다. 그렇더라도 참가자들은 노를 열심히 젓고, 약간의 설문에 답하면 그만이었다.

수잰은 그들에 비하면 아웃라이어outlier(평균치에서 크게 벗어나 다른 사람들과 확연히 구분되는 표본—옮긴이)였다. 그는 전투를 경험한 퇴역 군인도 아니었고, 불과 싸운 적도 없었다. 콜로라도주립대학교에서 자연 자원 관리로 박사학위를 받느라 6년을 보낸 뒤인 2000년, 그녀는 꾸준히 논문을 써야 한다는 학계의 압력에 심신이 지쳐 있었다. 그래서 재개발에 관심을 갖고 소도시에 활력을 불어넣는 사업을 도왔다. 그러나 수잰의 마음 한구석에는 이라크에서 고급 정보 장교로 근무하는 오빠를 비롯해 많은 다른 미국인에 비해 자신이 특권적 삶을 누린다는 미안함이 있었다. 대체로 우리는 자신이 하는 일을 두고 반추하는 경향을 띠지만, 수잰은 자신이 하지 않는 일 때문에 반추하고 있었다. 이런 이유에서 그녀에게는 변화가 필요했다.

수잰은 몇 년 동안 미국에서 일한 뒤, 이라크 새 정부가 전국에서 통치력을 강화하는 것을 지원하던 국무부의 한 하청 기업에서 일자리를 얻었다. 2007년 1월, 바그다드에 도착한 그녀는 곧바로 라마디에 배치되어 1년을 보냈다. 〈타임〉지의 표현을 빌리면, 수잰이 도착하기 한 달 전까지도 라마디는 '이라크에서 가장 위험한 곳'이었다.[23] 수잰은 그곳에서 소규모 해병대, 육군 공병단과 긴밀히 협력하며 새로운 이라크 정부를 위한 장기적 전환 전략을 개발하는 데 대부분의 시간을 보냈다. 돌아다닐 때는 방탄복을 입고, 호송대의 보호를 받았으며, 험비(고기동성 전술 차량—옮긴이)에서 내리면 저격수의 총격을 피해 건물까지 전력 질주해야 했다. 수잰은 아늑한 콜로라도와는 완전히 다른 세계에 있었다.

이라크에서 근무하는 동안 수잰은 한동안 잊고 지내던 목적의식을 되찾았다. 또 그 시간은 그녀를 정서적 한계점까지 밀어붙였다. 전사한 동료들의 추도식에 주기적으로 참석했고, 그곳에 발을 딛기 전에는 전혀 생각하지 않았던 공포스러운 사건, 예컨대 차량 폭탄, 세력권 다툼, 암살 등을 눈앞에서 목격했다. 그곳에서는 살육이 일상이었다.

2010년, 수잰 보트는 고향으로 돌아왔다. 하지만 그녀의 머릿속에서는 채터가 끊이지 않았다. '많은 동료가 돌아오지 못했는데 나는 어떻게 살아 돌아왔을까?' 하는 의문이 끝없이 그녀를 괴롭혔다. 직접 목격한 공포스러운 현장의 기억이 끊임없이 떠올랐고, 그런 와중에 그녀가 얼마 전까지 살며 근무했던 지역에서 ISIS Islamic State of Iraq and Syria(이라크·시리아 이슬람 국가)가 기승을 부린다는 뉴스 보도가 더해졌다. 특히 시리아에서 ISIS가 제임스 폴리James Foley 기자를 참수했다는 걸 알게 된 2014년, 그녀의 채터는 최고조에 이르렀다. 폴리는 그녀가 이라크에서 긴밀히 협력하며 함께 일한 기자였기 때문이다. 그녀의 이성은 ISIS가 인터넷에 공개한 참수 동영상을 보지 말라고 말렸지만, 결국 그것을 보고 말았다. 이후 그녀는 과거의 자신이 아니었고, 때마침 모험적인 래프팅에 참가할 전문가를 모집하는 광고를 보았다.

물 위에서 첫날을 보낸 후 저녁에 수잰은 간략한 설문지를 채웠다. 래프팅하는 동안 경험한 몇몇 긍정적인 감정을 어떻게 평가

채터, 당신 안의 훼방꾼

하는지 점수를 매겨달라는 것이었다. 캘리포니아대학교 버클리 분교에서 가르치는 심리학자로, 래프팅에도 직접 참가한 크레이그 앤더슨Craig Anderson이 주도한 연구 팀은 참가자들의 대답을 기초 삼아 모두가 흔히 경험하지만 제대로 연구되지 않은 경외감awe의 영향을 파악해보려 했다.[24]

경외감은 말로 쉽게 설명할 수 없는 강력한 무엇인가를 맞닥뜨릴 때 느끼는 감정이다.[25] 더없이 아름다운 석양, 하늘 높이 치솟은 산봉우리, 경이로운 풍경을 볼 때 경외감이 밀려온다. 경외감은 우리가 원하는 것과 우리에게 필요한 것을 초월해 생각하고 느끼게 해준다는 점에서 자기 초월적 감정으로 여겨진다. 경외감을 불러일으키는 것을 경험하는 동안 뇌에서는 어떤 일이 벌어질까?[26] 자기 몰입과 관련된 신경 활동이 줄어든다. 우리가 명상하거나 자아감과 주변 세계의 경계를 모호하게 만드는 LSD 같은 환각제를 복용할 때 뇌가 보이는 반응과 유사한 셈이다.[27]

경외감은 자연과 멋진 야외 풍경에서만 얻을 수 있는 것은 아니다. 연주장에서 가수 브루스 스프링스틴Bruce Springsteen을 보고, 에밀리 디킨슨Emily Dickinson의 시를 읽고, 루브르 박물관에서 〈모나리자〉를 감상할 때 경외감을 느끼는 사람이 있을 것이다. 어떤 사람은 모두의 관심사인 스포츠 경기를 직접 관람하거나 미국 헌법 같은 전설적 유물 등 경이로운 물건을 볼 경우 혹은 아기가 첫 걸음마를 떼는 감격적 순간을 목격할 때 경외감에 흠뻑 젖어든다. 특히 진화 심리학자들의 이론에 따르면, 경외감은 사리사욕을 잊게 하며 다른 사람들과 하나가 되도록 유도하기 때문에 우리가 이 감정을 발전시킨 것이다.[28] 경외감으로 집단이 하나가 되면 위협에 더 잘 대처하고, 협력함으로써 더 높은 목표를 이룰 수 있기 때문에 생존 확률도 높아지지 않겠는가.

그러나 버클리 연구 팀이 급류를 따라 내려가는 래프팅을 함께하는 사람들이 경외감을 느끼는지에만 관심을 가진 것은 아니었다. 연구 팀은 그 가능성을 충분히 짐작한 터였기에, 참가자들이 래프팅하는 동안 경험하는 경외감이 래프팅을 끝낸 후에도 그들의 스트레스와 행복에 지속적으로 영향을 미치느냐는 점을 알고 싶어 했다.

따라서 래프팅을 시작할 때와 래프팅이 끝나고 일주일 후 앤더슨은 참가자들에게 행복감과 스트레스, 외상후스트레스장애 정도를 숫자로 측정하는 설문에 답해달라고 요구했다. 두 평가 사이에 많은 일이 있었다. 그들은 수십 킬로미터의 협곡을 따라 나흘 동안 래프팅했고, 오후에는 오랫동안 강둑을 따라 걸었으며, 수천 년 전 형성된 선사시대 암각화를 보며 먼 옛날에 그 강둑길을 걸었을 잊힌 사람들에 대해 생각하기도 했다. 래프팅 여행이 끝난 후 이런 경험의 영향이 사라질까 아니면 그 경험이 무언가 남겨놓을까?

자료 수집을 끝낸 뒤 앤더슨은 참가자들이 남긴 숫자를 분석했고, 참가자들은 여행이 끝난 뒤에도 행복과 관련된 수치에서 큰 향상을 보여주었다. 스트레스와 외상후스트레스장애의 지수는 떨어진 반면, 행복과 관련된 전반적 수준, 삶에 대한 만족감, 소속감 등은 개선되었다. 그것만으로도 흥미로운 결과였지만, 이런 결과

196

예측과 관련된 것은 더욱더 흥미로웠다. 앤더슨 연구 팀의 예상대로 그 관련성은 래프팅 참가자들이 여행하는 동안 매일 느낀 즐거움과 만족감, 고마움과 환희, 자부심 등과 함수관계에 있지 않았다. 경외감을 불러일으키고 느끼게 하는 것에 있었다. 수잔 보트는 그 영향을 절감할 수 있었다. 내적 목소리가 더 조용해졌기 때문이다. 래프팅 여행에 참가하고 2년이 지난 뒤 나와 나눈 인터뷰에서도 그녀는 "그 래프팅 여행이 제 관점을 완전히 바꿔놓았습니다"라고 말했을 정도다.

말로 표현할 수 없는 거대한 것이 당신 앞에 있다면, 당신 혹은 머릿속 목소리가 세상의 중심이라는 견해를 유지하기가 어렵다.[29] 앞에서 살펴본 거리 두기 기법처럼,[30] 그런 상황이 생각의 흐름을 바꿔놓기 때문이다.[31] 하지만 경외감의 경우 마음을 시각적인 것에 두거나 혼란스러운 감정을 재정리하려고 굳이 애쓸 필요 없다. 이런 점에서 경외감은 우리 자신의 이름을 부르는 것과 유사하다. 어떤 감정에 시달리더라도 그 상황에서 경외감을 경험하면 위안이 뒤따른다. 경외감을 불러일으키는 광경, 즉 '자아를 위축시키는 상황shrinking of the self'이라 묘사되는 현상 앞에서 우리가 더 작아진 듯 느껴질 때 문제도 더 작아지기 때문이다.

버클리 연구 팀이 실시한 그린강 급류 래프팅 연구는 경외감을 신체적이고 심리적인 이점에 연계하는 새로운 연구 방향의 일례에 불과하다. 다른 연구에서는 경외감을 느낄 때 사람들이 시간을 더 여유롭게 인식한다는 사실이 증명되었다. 따라서 새로운 시계를 구입하는 행위처럼 덜 시간 집약적이지만 보상도 적은 물질적인 행위보다 브로드웨이 공연을 관람하는 것처럼 시간 집약적이지만 보상도 큰 행위를 우선시하게 된다.[32] 한편 생리적 차원에서 경외감은 염증 감소로 이어진다.[33]

경외감이 행동에 미치는 영향도 무척 크다. 따라서 그 영향이 반드시 눈에 띈다. 이에 대한 일련의 연구에서 밝혀졌듯 경외감을 쉽게 느끼는 사람들이 친구와 동료에게 겸손하다는 인상을 준다.[34] 실제로도 그들은 지혜의 전형적 특징이라 할 수 있는 겸손한 자세와 자신의 장단점에 대해 균형 있는 견해를 보여주며,[35] 외부 자극이 개인적 성공에 미친 영향에 대해서도 정확히 판단하려 한다.

경외감이 정서적 삶에서 수행하는 역할에 대해 생각할 때 고려해야 할 중요한 한계가 있다.[36] 대부분의 연구에서 경외감은 긍정적 결과로 이어졌지만, 경외감을 유도하는 경험 중 일부는 부정적 감정을 촉발할 수 있다는 것이 여러 학자의 연구에서 입증되었다. 이런 경우는 부정적 의미에서의 경외감, 즉 '섬뜩하다'고 표현할 수 있다. 토네이도를 보거나 테러리스트의 공격을 목격한 경우, 혹은 분노하는 신을 믿는 경우를 상상해보라(여러 연구에서도 확인되듯 경외감과 관련된 사건 중 약 80퍼센트는 희망과 행복감을 주지만, 20퍼센트는 그렇지 않다). 이렇게 부정적 감정을 촉발하는 광경은 장엄한 석양처럼 말로 쉽게 설명할 수 없을 정도로 복잡하고 광대하다는 점에서 경외감을 불러일으킨다고 여겨진다. 차이가 있다면 사람들이 그 광경을 위협적으로 인식한다는 점이다. 따라서 약간의 위협을 경외감 방정식에 주입할 때, 경외감으로 생각이 채터로 바뀌더라도 전혀 놀랍지 않을 듯하다.

경외감의 힘은 우리를 작아지게 하고, 내적 목소리의 통제력을 더 큰 것에 넘기도록 자극하는 능력에 있다. 물리적 환경에는 우리가 황무지 같은 삶에 굴복하지 않고, 내적 대화를 긍정적 방향으로 끌어당기는 또 하나의 레버, 즉 잃어버린 내적 목소리의 통제력을 되찾도록 도와주는 레버가 있다.

라파엘 나달의 원칙

2018년 6월, 스페인의 테니스 선수 라파엘 나달Rafael Nadal은 프랑스 오픈에서 11번째 우승을 쟁취하기 위해 결승전이 치러지는 클레이 코트에 올라섰다. 파리의 뜨거운 여름날, 1만 5,000명의 관중이 초조하게 세계적인 경기를 지켜보려고 기다리는 가운데 나달과 그의 상대, 오스트리아의 도미니크 팀Dominic Thiem이 로커 룸에서 나와 경기를 준비하고 있었다. 나달은 경기를 앞두고 항상 하는 동작을 순서대로 반복했다. 먼저 나달은 한 손에 라켓을 쥐고 코트를 가로질러 자신의 벤치로 갔다. 그러고는 관중을 마주 보며 웜업 재킷을 벗었고, 발끝으로 힘차게 앞뒤로 움직였다. 그의 선수용 신분증은 평소처럼 얼굴이 보이도록 벤치에 올려두었다.

그리고 마침내 경기가 시작되었다.

나달이 처음부터 앞서가며 첫 세트를 따냈다. 점수가 기록될 때마다 그는 머리칼과 셔츠를 만지작거린 후에야 서브를 넣었다.

마치 그 모든 것을 제자리에 돌려놓는 듯한 모습이었다. 또 쉬는 시간에는 에너지 음료와 생수를 홀짝 마신 뒤 둘 모두를 원래 자리에 정확히 되돌려놓았다. 정확히 말하면 벤치에 앉은 그의 왼발 앞에 앞뒤로, 코트와는 대각선 방향으로 놓았다.

나달은 두 세트를 다시 따냈고, 결국 프랑스 오픈에서 다시 우승했다.

세계적인 선수들과 경쟁하면서도 긴장하지 않는 것이 프로 테니스에서 기본적인 자세라 생각하는 사람도 있겠지만, 테니스 역사상 가장 위대한 선수 중 하나로 손꼽히는 나달의 경우는 그렇지 않다. 언젠가 나달은 "테니스 경기를 할 때 머릿속 목소리를 억누르는 게 가장 힘들다"고 말했다.[37] 그가 테니스 코트에서 보여주는 별난 습관을 많은 관중이 재밌고도 이상하게 생각하지만, 그에게는 그렇게 행동하는 합리적 이유가 있는 셈이다.

항상 얼굴이 위쪽을 향하도록 선수용 신분증을 놓고, 음료병을 벤치 앞에 조금도 흐트러지지 않도록 가지런히 정돈해두고, 서브를 넣기 직전에 머리칼을 만지작대며, 이른바 '보상 통제compensatory control'라는 과정에 관여하는 것이다.[38] 이처럼 나달은 그가 내적으로 질서를 추구하도록 하는 물리적 환경에서 일종의 질서를 스스로 만들어낸다. 나달의 표현을 빌리면 "그렇게 나는 경기장의 일부가 되고, 주변 환경이 내가 머릿속에 추구하는 질서와 조화를 이루고 하나가 되도록 제어한다."[39]

이렇게 우리 주변에 있는 것들을 채터의 완충제로 사용하는 습관은 일반적으로 능력이 평가되는 범위를 넘어, 우리가 차지하는 공간 어디에서나 적용될 수 있다. 그 결과 우리는 다양한 방식으로 외적인 환경, 더 나아가 정신에 질서를 주입한다. 몇몇 방식은 라파엘 나달의 방식과 무척 유사하다. 곤도 마리에와 그가 2011년에 발표한 베스트셀러 《정리의 힘 The Life-Changing Magic of Tidying Up》(영어로는 2014년에 번역됨—옮긴이)이 세계적 영향력을 발휘한 것도 이런 관점에서 설명할 수 있다.[40] 자신에게 즐거움을 주는 물건만 남겨두고 잡동사니를 처리하라는 그의 철학은 주변 환경에 질서를 부여함으로써 기분에 영향을 주겠다는 전략과 다를 바 없다.

그러나 주변 정리가 내면에서 일어나는 현상에 어떻게 영향을 줄까? 이 질문에 대답하려면 '통제 지각 perception of control'(자신이 원하는 방향으로 세계에 영향을 주는 능력이 있다는 믿음)이 우리 삶에서 갖는 중추적 역할이 무엇인지 알아야 한다.[41]

인간에게 자신을 통제하고 싶은 욕망은 무엇보다 강한 욕구다. 스스로에게 운명을 통제할 수 있는 힘이 있다는 믿음은 목표 성취 여부에 영향을 미친다. 다시 말하면 목표 성취를 위해 노력하는 정도뿐 아니라 도전을 견뎌내는 인내에도 영향을 미친다.[42] 이 모든 것을 고려할 때, 통제감 sense of control이 늘면 신체적 건강과 정서적 행복이 향상되고,[43] 학교 성적과 업무 성과[44] 및 대인관계 만족도까지[45] 높아진다고 해도 놀라울 것은 없다. 반대로 통제력을 상실한 듯한 기분에 빠지면 채터가 최고조로 치닫는 동시에,[46] 통제력을 되찾으라는 자극을 받는다.[47] 이때 물리적 환경의 정리 정돈이 필요하다.

우리가 무엇이든 할 수 있다는 자신감을 느끼려면 의지력을 발휘해 결과에 영향을 미칠 수 있다고 믿을 뿐만 아니라, 주변 세계는 우리가 어떻게 행동하든 의도한 결과를 얻을 수 있는 질서 정연한 공간이라 믿어야 한다. 주변 세계에서 질서 정연한 모습을 보면 마음이 한결 편해지는 이유는 정돈된 세계에서는 살아가기가 더 쉽고 예측 가능하기 때문이다.[48]

한 연구에 따르면 실험 참가자들은 채터를 유발하는 사건을 다시 떠올리면 통제력 부재에 매몰되어 평범한 사진에서 복잡한 패턴을 찾아내려는 경향을 보였다.[49] 즉 반듯한 가로수 길을 질서의 상징으로 보지 않고, 그 사진에서 어떤 패턴을 찾아내려 했다. 외적 세계에 질서가 있기를 바라는 욕망이 너무 크기 때문에 그런 착각을 일으킨 것으로 추정된다. 한편 주변 소음을 통제할 수 없는 사람들을 대상으로 한 연구도 있었다. 그 연구에서는 참가자들에게 수련이 그려져 있고 검은 테두리를 둘러 정돈된 듯한 분위기를 풍기는 그림엽서와 테두리가 없는 비슷한 그림엽서 중 하나를 선택하게 했다. 참가자들은 대체로 테두리를 두른 그림엽서를 선호했고, 테두리가 없는 그림엽서는 시각적으로 질서감이 떨어진다고 평가했다.[50]

학자들은 나달처럼 우리 또한 주변을 체계적으로 정리하고, 물리적 환경을 통제할 수 있는 특정한 구조에 맞춤으로써 주변 세계에 질서감을 부여할 수 있다는 사실을 알아냈다.

한 영역(예컨대 물리적 환경)을 질서 정연하게 조직화함으로써 다른 영역(즉 우리 마음과 정신)의 무질서를 보완한다는 이론은 무척 매력적이다. 더구나 이 이론은 내적 목소리를 자극하는 특별한 쟁점과 관련될 필요조차 없다는 점에서 더더욱 매력적이다. 이런 이유에서도 환경을 반듯하게 정돈할 필요성이 더욱 커지고, 주변 환경을 정돈하는 것은 대체로 쉬운 일이다. 이런 정돈을 습관화한 결과는 무척 인상적이다. 한 실험에서 입증되었듯 세상을 질서 있는 곳으로 묘사한 글을 읽는 것만으로도 불안감이 줄어든다.[51] 또 시카고의 로버트 테일러 홈스, 수잰 보트가 근무했던 이라크처럼 상대적으로 열악한 지역에서 살아가는 사람들이 우울증에 더 많이 시달린다는 연구 결과는 그다지 놀랍지 않다. 그들은 주변에서 무질서와 폭력을 흔히 목격할 것이기 때문이다.[52]

요즘 문화에서는 많은 사람이 주변 환경을 지나치게 자주 정리하려는 태도를 병적인 징후로 간주한다. 예컨대 주변에 있는 모든 것을 반듯하게 정돈하려는 강박 장애가 있는 사람들을 생각해보라.[53] 보상 통제에 대한 연구에 따르면 주변을 통제한다는 느낌을 받으려고 질서 있게 정돈하려는 강렬한 욕망을 극단까지 밀고 가는 사람이 적지 않다. 절제가 부족해서 그렇지, 그들의 행동에는 나름 타당성이 있다.

강박 장애가 심리적 장애로 발전하며 해로워지는 이유는 질서를 바라는 욕구가 지나치게 과도해 정상적 삶을 방해하기 때문이다. 질서를 바라는 욕구가 더 큰 사회적 환경에서 통제할 수 있는 범위를 벗어나는 경우도 크게 다르지 않다. 최근 온라인에서 확산되는 음모론을 생각해보면 충분하다.[54] 그런 음모론에 따르면 혼란스럽고 파괴적인 사건 뒤에는 극악무도한 집단의 은밀하지만 치밀한 계획이 있다는 것이다. 음모론은 이야기 구조에서 논리성,

즉 질서가 있지만 다른 사람들에게 피해를 주는 경우가 많다. 어쨌든 음모론은 거짓인 경우가 비일비재하고, 뒷받침해주는 증거도 없기 때문이다.

질서를 바라는 욕망, 자연의 혜택, 경외감 등에 대한 연구에서 분명히 밝혀진 점은 물리적 환경과 마음이 밀접히 얽혀 있다는 것이다. 물리적 환경과 우리 마음이 결합되어 하나의 태피스트리가 완성되는 셈이다. 우리는 물리적 공간에서 살아가고, 그 공간의 다양한 특징이 우리에게 내재한 심리적 힘을 활성화하며, 그 힘이 어떻게 활성화되느냐에 따라 우리 생각과 감정이 영향받는다. 이제 우리는 주변 환경의 다채로운 특징에 끌리는 이유뿐 아니라, 주변 환경에서 최대한 이득을 얻어내려면 어떻게 주도적으로 선택해야 하는지도 알고 있다.

2007년, 로버트 테일러 홈스에서 마지막 건물이 철거되었다. 시 당국이 오래전부터 거주민을 그곳에서 내보낸 까닭에 한때 도시의 부끄러운 부분, 사회적 무질서와 분리를 상징하던 곳이 다양한 소득 계층을 위한 주택가와 상가가 들어선 복합 단지로 재개발될 예정이었다. 이처럼 긍정적이고 평화로운 방향으로 진행되는 변화는 그곳이 범죄와 폭력의 온상이었다는 사실을 기억하는 사람들에게 경외감을 불러일으켰을 것이다.

새로운 단지를 설계할 때 거주민에게 유리하게 녹색 공간을 할애할지는 아직 결정되지 않았지만, 원래의 주택단지가 남긴 유산은 시카고의 역사뿐 아니라 학문의 역사에도 지금까지 잊히지 않는 큰 영향을 남겼다. 로버트 테일러 홈스는 환경이 우리 생각과 감정을 형성하는 데 중추적 역할을 하고, 행동에도 영향을 미친다는 걸 보여준 좋은 예다. 우리 자신의 이익을 위해 환경을 적극적으로 관리해야 할 필요성을 깨우쳐준 예이기도 하다.

그러나 환경은 너무나 중요해서 우리가 주변 환경에서 심리적 위안만 얻는 게 아니다. 우리에게는 지배력을 행사하고 통제하고 싶어 하는 욕구가 있다. 따라서 우리가 내적 목소리를 통제하기 위해 주어진 환경에서 해낼 수 있는 특별한 것들이 있다. 라파엘 나달처럼 질서를 부여하는 행위는 시작에 불과하다. 우리가 언제라도 동원할 수 있는 방법은 이상하게 여겨지기 십상이지만 효과는 강력하기 이를 데 없어, 마법처럼 여겨질 정도다.

CHAPTER 7

마인드
매직

Chatter.
Chatter.
Chatter.

1762년 어느 날 아침, 세 살배기 소녀 마리아 테레지아 폰 파라디스Maria Theresia von Paradis(1759~1824)는 아침에 눈을 떴지만 앞이 보이지 않았다.

신성로마제국 황후 고문의 딸로 태어난 마리아 테레지아는 빈에서 자랐고, 어릴 때 시력을 잃었지만 상대적으로 행복한 삶을 살았다. 음악적 재능을 타고난 까닭에 마리아는 피아노의 전신인 건반악기, 클라비코드를 탁월하게 연주했다. 장애가 있었음에도 뛰어난 연주 능력으로 황후에게 주목받았고, 황후의 너그러운 배려 덕에 마리아는 연금과 최고의 교육을 받았다. 마리아는 10대에 저명한 연주자가 되어, 빈을 비롯한 여러 도시의 최고 특권층을 위한 살롱에서 주로 연주했다. 모차르트까지 그녀를 위한 협주곡을 작곡할 정도였다. 하지만 마리아 테레지아의 부모는 딸의 시력을 되찾아주겠다는 결심을 단념하지 않았다.

마리아 테레지아가 성장하면서 의사들은 그녀의 눈에 거머리를 넣는 방법부터 전기충격을 가하는 방법까지 온갖 치료법을 시도했다. 하지만 어떤 방법도 효과가 없었고, 시력은 되돌아오지 않았다. 오히려 검증되지 않은 치료법이 그녀에게 많은 병을 남겼다. 따라서 18세가 되었을 즈음에는 구토와 설사, 두통에 시달렸고, 때로는 기절하기도 했다.

이때 프란츠 안톤 메스머Franz Anton Mesmer(1734~1815)가 등장한다.[1] 빈에서 훈련받은 신비스러운 의사, 메스머는 이즈음 빈의 고위층 사이에서 꽤 유명했다. 그는 자력 원리만 이용해 감지되지 않지만 우주에 흐르는 힘에 변화를 줌으로써 육체적이고 정서적인 질병을 치료하는 의학적 처치법을 고안해냈다고 주장했다. 메스머는 보이지 않는 에너지의 흐름을 자석과 손으로 조절해 많은 사람의 질병을 치료했고, 이 기법을 '동물 자력animal magnetism'이라 칭했다. 이 기법은 훗날 '최면술mesmerism'이 되었다.

1777년, 당시 18세이던 마리아 테레지아는 메스머에게 치료를 받기 시작했다. 메스머는 7개월 동안 그녀의 눈과 몸을 자석으로 문지르며 동물 자력에 대해 말해주었고, 동물 자력이 어떻게 병을 낫게 해줄지도 알려주었다. 마리아의 부모가 그랬듯 마리아도 메스머의 말을 철석같이 믿었다. 아니나 다를까, 시력이 기적처럼 되돌아왔다. 그러나 한꺼번에 회복되지 않고 간헐적으로 되돌아왔다.

처음에는 흐릿한 형체만 보였다. 그러다 차츰 검은 물체와 흰 물체를 구분할 수 있게 되었고, 마침내 색을 구분하는 감각까지 돌아왔다. 깊이와 비율을 인식하는 능력은 떨어졌지만, 사람의 얼굴도 조금씩 알아보았다. 하지만 이런 변화에도 그녀의 삶은 마냥 즐거워지지 않았다. 그녀는 오히려 그런 변화가 두려웠다. 특히 그들을 몰래 지켜보던 염탐꾼들도 그런 변화를 섬뜩하게 받아들였다. 시각 세계는 그녀에게 생경한 것이었다. 그러나 믿기지 않는 변화가 있었고, 그녀는 다시 볼 수 있었다.

잠시 동안.

마리아 테레지아의 부모가 메스머와 크게 틀어졌고, 그 때문에 마리아의 치료를 중단할 수밖에 없었다. 전해지는 이야기에 따르면, 마리아가 시력을 완전히 회복하면 평생 보장된 연금을 받지 못할 수 있다고 부모가 걱정했다고 한다. 메스머와 마리아 테레지아가 불륜을 저지르는 현장이 발각되었기 때문이라는 소문도 있었다. 여하튼 그들이 함께하던 시간은 끝났고, 메스머는 시끌벅적한 소문을 남긴 채 빈을 떠났다. 동물 자력의 대가가 곁을 떠나자, 희한하게 그녀의 시력도 다시 사라졌다.

하지만 메스머의 이야기는 여기에서 끝나지 않았다.

빈을 떠나 파리에 정착한 메스머는 병원을 열었고, 다시 상류 계급의 환심을 샀다. 파리에서는 루이 16세의 아내, 마리 앙투아네트뿐 아니라 왕의 형제를 치료하기도 했다. 이후 진료를 받으려는 사람들이 줄을 잇자, 메스머는 이윤을 극대화하려고 동시에 진료할 수 있는 환자 수를 늘리는 방법을 고안해냈다. 메스머는 나무 욕조에 물을 가득 채우고, 자기를 띤 작은 철조각을 넣어두었다. 그러고는 많은 환자에게 어깨를 맞대고 욕조를 빙 둘러서거나 앉게 했다. 그들 앞에는 욕조에서 삐져나온 금속 막대가 있었다.

배경음악이 나지막이 흐르는 가운데, 환자들은 통증이 있는 부위를 금속 막대로 문질렀고, 메스머는 치료실을 돌아다니며 막대와 환자 사이에 흐르는 자기에너지의 양을 조절했다.

메스머의 치료법은 환자에 따라 다른 효과를 발휘했는데, 어떤 경우에는 확연히 달랐다. 치료 부위에 약간의 통증만 느끼는 환자가 있었던 반면, 발작을 일으키는 것처럼 경련하는 환자도 있었다. 또 깔끔하게 나았다고 생각하는 환자도 있었지만, 모든 환자가 효과를 보지는 못했다. 치료 효과를 전혀 경험하지 못한 환자도 적지 않았다.

최면술에 대한 논란이 커지자, 1784년 루이 16세는 왕립학문위원회에 메스머의 기법을 조사하라는 명령을 내렸다. 조사를 진행한 책임자는 때마침 외교관 자격으로 파리에 거주하던 벤저민 프랭클린Benjamin Franklin(1706~1790)이었다. 조사위원회는 처음부터 메스머의 주장에 회의적이었다. 그렇지만 적잖은 사람이 최면으로 효과를 얻었다는 사실을 의심하지는 않았다. 눈에 보이지 않는 자력이 효과를 발휘한다는 걸 믿지 않았을 뿐이다.

조사가 끝난 뒤에도 위원회의 의견은 별로 달라지지 않았다. 일례로 한 실험에서 최면술의 효능을 한 치도 의심하지 않는 여인을 밀폐된 방에서 칸막이 옆에 앉게 했다. 칸막이 반대편에서 최면술을 훈련받은 의사가 자기에너지를 열심히 보냈다. 의사가 반대편에 있다는 걸 몰랐을 때 그는 최면에 빠진 징후를 전혀 보이지 않았다. 하지만 의사의 존재를 알리자, 그는 갑자기 최면에 걸린 듯 몸을 비틀고 경련하기 시작했다. 그 이후로도 비슷한 현상

채터, 당신 안의 훼방꾼

이 뒤따랐다.

조사를 마무리 지은 후 프랭클린과 위원회는 메스머의 치료법을 신랄하게 비판하는 보고서를 발표했다. 그들이 유일하게 관찰하고 확인한 치유력은 인간의 마음에 내재한 힘, 즉 긍정적 결과를 낳는 방법을 기대하는 사람들의 마음이었지 '동물 자력'이 아니었다. 메스머는 존재하지도 않는 힘을 팔고 다녔지만, 그로부터 200년 넘게 지난 지금 우리는 메스머가 채터를 무찌를 수 있는 유일무이한 도구를 알려주었다는 걸 알고 있다. 과학계도 최근에야 알아낸 것으로, 그 도구는 바로 믿음이라는 마법적 힘이다. 믿음이 정신과 몸에 심원한 영향을 미친다는 뜻이다.

결국 메스머는 동물 자력을 발견한 것이 아니라, 그저 '플라세보placebo'를 투약했을 뿐이다.

걱정 인형부터 코 분무기까지

주변 사람들에게 플라세보가 무엇인지 물어보면, 대부분 아무것도 아니라고 대답할 것이다.

플라세보는 약학 연구에서 실제 약의 효능을 측정하기 위해 사용하는 물질로 이해되며, 흔히 설탕으로 만든 알약을 사용한다. 요컨대 플라세보는 '위약僞藥'이다. 하지만 플라세보는 매우 중요한 역할을 한다. 겉보기에만 알약일 뿐, 사람이고 환경이며 행운의 부적이기도 하다. 플라세보는 약리 성분을 포함하지 않지만 기분을 좋게 해줄 수 있다는 점에서 무척 흥미롭다.

플라세보는 새로운 약이나 처치가 단순히 이론적 제안을 넘어 실질적 약리 효과를 내는지 확인하기 위해 사용된다. 이런 실험의 존재 자체가 인간의 마음에 치유력이 있을 가능성을 인정하는 것이지만, 애초부터 플라세보는 그 자체로는 대단한 것으로 생각되지 않았다. 오래전부터 플라세보는 효용성이 전혀 없이 더 큰 목적을 위해 쓰이는 도구로 여겨졌다.

이런 해석은 철저히 잘못되었고 요점을 놓친 것이다.

물론 벤저민 프랭클린은 그런 잘못을 범하지 않았다.[2] 프랭클린은 동물 자력은 가짜지만 메스머가 환자들에게 준 혜택은 진짜라고 판단했다. 그러나 인간의 마음이 치유에 상당한 역할을 한다는 시대를 초월한 그의 통찰은 메스머의 떠들썩한 일화에 뒤덮이고 말았다. 이런 안타까운 상황은 20세기 중반까지, 즉 플라세보가 연구를 돋보이게 해주는 포장일 뿐이고, 따라서 본질적으로는 아무것도 아니라는 생각에 학자들이 의문을 제기할 때까지 계속되었다.[3] 이제 우리는 플라세보가 무척 중요한 역할을 한다는 사실을 알고 있다. 플라세보는 믿음과 치유가 심리적으로 밀접한 연관이 있다는 확실한 증거이자, 채터를 가라앉히는 데 은밀히 활용할 수 있는 뒷문이다.

플라세보는 예부터 물건이나 상징에 '마법력magic'을 부여하는 오랜 전통의 일부다.[4] 솔로몬의 신비로운 인장Seal of Solomon은 교차하는 두 개의 삼각형으로 이루어지고, 해로운 악령을 막아준다고 여겨졌다.[5] 나치즘과 동의어가 되기 훨씬 이전에는 만자卍字도 행운의 상징으로 여겨졌다.[6] 오늘날에도 과테말라에서는 어린아이가 무서워하면 마야의 전통 의상을 입힌 작은 조각상을 준다. 그 조각상은 '걱정 인형'이라 불리며, 아이의 걱정을 없애주는 것이 주된 역할이다.[7]

물론 자신만의 부적을 개발한 사람도 많다. 독일계 모델 하이디 클룸Heidi Klum은 비행기를 탈 때 아기 치아를 넣은 작은 가방을 갖고 다니며, 비행기가 난기류를 만나 요동치면 그 가방을 꼭 움켜쥔다(이상하게 들리겠지만, 그렇게 하면 마음을 진정시키는 데 도움이 된다고 한다).[8] 마이클 조던은 경기를 뛸 때 늘 시카고 불스 유니폼 안에 대학 시절의 반바지를 입었다.[9] 최근 크리스털을 이용한 치료는 큰 사업, 정확히 말하면 10억 달러 규모의 사업이 되었다.[10] 넓은 의미에서 플라세보는 무척 흔하다. 따라서 부적을 소중히 여기는 사람을 비합리적이라 폄하하는 것은 잘못일 수 있다. 과학적으로 말하더라도 부적은 상당히 합리적이다.[11]

많은 연구에서 입증되었듯 플라세보, 즉 부적, 치유력을 지닌 무당이나 특별히 신뢰받는 의사, 특별한 환경 등이 우리를 더 빨리 낫게 해준다고 믿는 것만으로도 실제로 그런 효과가 생긴다.[12] 과민성대장증후군IBS: Irritable Bowel Syndrome 환자의 경우 위경련이 줄어들었고,[13] 편두통 환자의 경우 두통을 느끼는 횟수가 줄었으며,[14] 천식 환자의 경우 호흡기 증상이 나아졌다.[15] 메스머의 환자들이 그랬듯 플라세보에 상대적으로 민감한 사람이 있다. 따라서 플라세보에서 얻는 안도감의 정도는 질병과 환자에 따라 크게 차이 나지만, 어떤 경우에는 그 효과가 상당히 크다.[16]

플라세보는 파킨슨병에도 효과가 있다. 한 실험에서 의사들은 진행성 파킨슨증후군 환자들의 뇌에 상당한 효과가 기대되는 새로운 약물을 주입했다.[17] 도파민이 제대로 분비되지 않는 현상이 파킨슨병의 원인이기 때문에, 그 약물로 도파민 생성을 자극하기를 바랐다. 약물을 주입한 후 의사들은 2년 동안 환자들의 증상을 관찰했다. 언뜻 보기에 결과는 상당히 고무적이었다. 약물 주입 실험에 참가한 환자들의 증상이 눈에 띄게 줄었다. 그러나 한 가지 문제가 있었다. 역시 뇌에 구멍을 뚫었지만 약물(플라세보)을 주입받지 않은 실험 참가자들도 똑같은 정도로 증상이 감소되었다. 그들도 특별한 처치를 받았다고 생각했기에 뇌와 몸이 그렇게 반응한 것이었다. 이 연구를 비롯해 많은 연구에서 얻은 결과는 분명하다. 마음과 정신이 때로는 현대 의학만큼이나 강력한 효험을 발휘한다는 것이다.

채터는 어떻게 될까? 여하튼 프란츠 안톤 메스머도 '히스테리hysteria'로 고생하는 환자들을 치료했다. 히스테리는 고조된 정서를 통제하지 못하는 사람을 가리키는 데 한때 사용하던 개념이다. 동물 자력이라는 플라세보는 히스테리 완화에도 도움을 주었다. 그렇다면 플라세보가 내적 목소리를 진정시키는 데도 도움을 줄 수 있을까? 이 의문은 내가 2006년 어느 날 신경과학자 토어 웨이저Tor Wager와 함께 커피를 마시며 상의한 것이었다. 당시 나는 대학원에 재학 중이었고, 웨이저는 컬럼비아대학교에 갓 부임한 조교수였다.

웨이저는 이렇게 말했다. "사람들에게 염분이 많은 코 분무기를 흡입하라고 하면 어떻게 되겠나? 우리가 그들에게 그런 코 분무기에 진통제가 들었다고 말하면 그들은 틀림없이 코 분무기를 흡입한 후 기분이 나아졌다고 말할 걸세. 그들의 뇌를 들여다봐도 그럴 거야."

그때 나는 웨이저가 정신 나간 소리를 한다고 생각하지 않았지만, 그 주장에 회의적이었다. 그럼에도 우리는 곧바로 그런 생각을 검증하기 위한 실험을 추진했다.

우리는 얼마 전 비통한 일을 겪은 뉴욕 시민을 실험실로 초대해 그들의 뇌를 조사하기로 했다. 우리는 실험 참가자들이 자신을 떠난 사람의 사진을 볼 때 그들의 뇌가 어떤 활동을 하는지 조사했다. 2장에서 짤막하게 언급했듯 그 결과에서 우리는 정서적 고통과 육체적 통증에 공통된 부분이 있다는 사실을 알아냈다. 그러나 그 발견은 실험의 첫 단계에 불과했다.

실험에서 이 단계를 끝낸 뒤,[18] 하얀 실험실 가운을 입은 실험자는 실험 참가자를 MRI에서 일으켜 세우고는 복도 끝 방으로 데려갔다. 실험자는 방문을 닫고 참가자 절반에게 코 분무기를 주며, 분무기에는 우리가 다음 단계에서 MRI로 촬영하려는 뇌 영상의 선명도를 높여주는 무해한 식염수가 들어 있다고 말했다. 참가자들은 양쪽 콧구멍에 각각 두 번씩 분무액을 흡입한 뒤 장치로 돌아가 뇌 영상을 찍었다. 나머지 절반도 똑같은 절차를 거쳤지만 한 가지만 달랐다. 실험자가 그들에게는 코 분무기에 일시적으로 통증을 둔화하는 아편성 진통제가 함유되어 있다고 말했다는 점이다. 우리 실험에서는 식염수 분무가 플라세보였던 것이다.

두 집단 모두 똑같은 식염수를 흡입했지만, 한쪽에 통증을 둔화하는 물질을 흡입한다는 믿음을 준 것만이 달랐다. 우리는 그효과를 측정해보았다.

진통제를 흡입했다고 믿은 참가자들은 상대에게 버림받은 상황을 되새길 때도 크게 괴로워하지 않았고, 그들의 뇌도 유사한반응을 보였다. 식염수를 흡입했을 뿐이라 생각한 참가자들에 비교했을 때 뇌에서 사회적 고통을 담당하는 영역이 확연히 덜 활성화된 것이다. 우리는 플라세보가 채터를 가라앉히는 데도 직접적인 도움을 줄 수 있다는 결론을 내렸다.[19] 화학적으로 아무 의미없는 물질을 흡입해도 내적 목소리에 진통제 역할을 했기 때문이다. 이상하면서도 흥미로운 결과, 즉 '마음이 정서적 고통의 원인이면서도 그 고통을 은밀히 줄일 수 있는 출발점'이라는 결론이었다.

우리 연구 결과는 우울증과 불안의 임상적 징후처럼 채터가주된 특징으로 나타나는 다양한 질환을 관리하는 데 플라세보가효과가 있다는 다른 연구를 보완한 것이었다.[20] 많은 사례에서 플라세보의 이점은 일시적이지 않았다. 여덟 건의 연구를 분석한 결과에 따르면, 우울 증세를 줄인다는 명목으로 플라세보를 복용한경우 수개월 동안 효과가 지속되었다.[21]

플라세보의 광범위한 효과를 보면 "플라세보가 그처럼 기적적인 효과를 발휘하는 이유는 무엇일까?"라는 의문이 자연스레 떠오른다. 지금까지 밝혀진 바에 따르면 그 이유는 결코 기적적이지않다. 그 이유는 우리 뇌가 깨어 있는 매 순간 필연적으로 만들어내는 '기대expectation'와 관계 있다.

큰 기대

2012년 8월 3일, 코미디언 티그 노타로Tig Notaro는 로스앤젤레스에 있는 클럽 라르고의 무대에 올라 공연했고, 이는 곧바로 널리 알려지며 전설이 되었다.[22] 그보다 나흘 전, 그녀는 양쪽 유방 모두에 암세포가 있다는 사실을 알았다. 그 청천벽력 같은 소식은 얼마 전부터 계속되던 불운의 클라이맥스였을 뿐이다. 그녀는 심한 폐렴을 앓았고, 끔찍한 이별을 경험했으며, 어머니까지 급작스레 잃은 터였다. 즐거울 것이 전혀 없었지만, 여하튼 그녀는 마이크를 잡고 이야기를 시작했다.

"좋은 저녁이지요? 안녕들 하신가요? 글쎄 내가 암에 걸렸다네요."

노타로의 말에 관중은 반전을 기대하며 웃었다.

그녀가 계속 말했다. "여러분은 어떠세요? 모두 즐거운 시간을 보내고 계신가요? 글쎄 내가 암에 걸렸다네요."

몇몇 사람이 다시 웃었고, 숨을 제대로 쉬지 못할 정도로 크게 웃는 사람도 있었다. 그 말은 조크, 즉 실없이 웃자고 한 말이 아니었다.

코미디가 거북한 곳에 필요한 것이라면 노타로는 코미디를 제대로 활용한 셈이었다. 암에 걸렸다는 소식은 무척 거북한 것이었다. 그러나 노타로는 웃음과 눈물 사이에서 기막히게 외줄 타기를 하며 많은 웃음을 이끌어냈다. 그녀는 온라인 연애가 앞으로 어떻게 진행될지 반복해 이야기하며 긴급한 소식을 끼워 넣었다. "글쎄 내가 암에 걸렸다네요. 정말이라네요."

그녀의 공연은 서글프면서도 재밌게, 대담하면서도 섬뜩하게 29분 동안 계속되었고, 노타로에게 새로운 차원의 명성과 성공을 안겨주었다. 고맙게도 그녀는 암까지 이겨냈다. 내가 노타로의 공연에서 특히 주목하는 점은, 그 공연에서 기대가 우리 기능을 지배할 때 어떤 역할을 했느냐 하는 것이다.

노타로는 어둡고 채터를 유발하는 화제로도 사람들을 웃게 만들 수 있다는 걸 알았다. 적절한 단어를 적절한 순서로 말하고, 적절히 말을 멈추거나 적절한 어조로 말하는 것으로 충분했다. 노타로가 그렇게 할 수 있었던 것은 자신의 기대를 정교하게 다듬은 덕분이었다. 구체적으로 말하면, 할 수 있는 것과 그 결과가 어떠하리란 기대를 정확히 계산했다. 이 생각을 확대하면 우리는 숨쉬며 살아가는 순간순간 기대에 의존한다는 사실을 깨닫게 된다.

우리는 걷는다. 움직인다. 또 말을 한다. 우리가 어떻게 그런 행동을 할 수 있는지 잠깐 생각해보라. 걸을 때 발을 어디에 내디뎌야 하는지, 공을 잡기 위해 어디로 뛰어가야 하는지 어떻게 결정하는가? 많은 사람 앞에서 말할 때 목소리를 어떻게 조절하는가? 우리가 다음에 어떤 일이 일어날지 의식적으로나 무의식적으로 끊임없이 예측하고, 뇌가 그 예측에 따라 반응할 태세를 갖추기 때문에 그 모든 것을 해낼 수 있다.

뇌는 우리가 건강하게 지내도록 도우려고 끊임없이 애쓰는 예측 기계prediction machine다.[23] 과거의 경험을 더 많이 끌어올수록 현재 우리에게 요구되는 과제를 더 잘해낼 수 있다. 이 원칙은 행동

채터, 당신 안의 훼방꾼

에만 적용되는 것이 아니다. 몸이 겪는 내적 경험에도 일반화된다. 우리 몸은 플라세보가 효과를 발휘하는 영역이고, 플라세보는 기대가 마음과 신체 건강에 미치는 영향력을 이용하기 위한 도구다.[24]

가령 의사가 당신에게 기분이 더 나아질 거라고 말하면, 시간이 지남에 따라 당신이 실제로 어떻게 될지 예측하는 데 활용할 정보를 얻은 셈이다. 특히 그 의사가 최고의 의과대학을 졸업하고 하얀 가운을 입고 권위 있게 말한다면 더더욱 그렇다. 농담이 아니다. 여러 연구에서 입증되었듯 지엽적이라고 여겨지는 특징을 통해 믿음이 잠재의식적으로 강화된다. 따라서 의사가 하얀 가운을 입느냐 입지 않느냐, 의사의 명찰에 직위가 쓰여 있느냐 그렇지 않으냐, 심지어 당신이 복용하는 알약에 '제조 회사명'이 쓰여 있느냐 그렇지 않으냐도 중요하다.[25]

살아가는 동안 우리는 어떤 물건과 사람이 건강에 영향을 미친다는 믿음을 자연스레 구축하게 된다. 파블로프의 개처럼 우리는 알약을 보면 그 약에 어떤 성분이 포함되었고 어떻게 작용하는지는 전혀 몰라도 반사적으로 '저 약을 복용하면 몸이 좋아지겠지'라고 기대하게 된다.

기대, 더 나아가 플라세보의 이런 경로는 전의식적preconscious이다. 신중한 생각의 산물이 아니라 자동적이고 반사적인 반응이다. 따라서 여러 연구에서 설치류를 비롯한 몇몇 동물이 반사적으로 플라세보에 반응하는 게 밝혀졌다고 놀랄 필요는 없을 듯하다.[26] 이런 유형의 반응은 적응 반응이며, 다양한 상황에서 어떻게 하면 신속하고 효과적으로 반응할 수 있는지 비교적 정확하게 알려준다. 하지만 우리는 뇌에서 반응을 유도하는 경로를 추가로 진화시켰다. 바로 '의식적인 생각conscious thought'이다.

예를 들어 설명해보자. 나는 머리가 아프면 진통제를 복용하며, 이 알약을 삼키면 두통이 사라지리라고 기대한다. 이 단순한 깨달음이 뇌에 소중한 정보를 전해주고, 그 정보는 두통이 사라질지 여부에 대해 품을 수 있는 모든 의혹을 잠재우는 데 도움을 준다. 나는 머릿속으로 '아무런 도움이 되지 않으면 어떻게 하지? 그럼 문제가 커지는데…. 그럴 때는 어떻게 해야 할까?'라고 생각한다. 그러나 두통약을 복용하면 두통이 줄어들 것이고, 그렇게 되면 부정적인 내적 대화도 달라지리라 기대한다. 실제로 몇몇 연구에서 확인되었듯 뇌에서 이런 의식적 평가와 내적 목소리를 담당하는 영역이 같다.

더 간단히 말하면 중요한 점은 내가 어떤 믿음을 갖고 있다는 것이다. 그 믿음을 기초로 무엇인가 기대하고, 그 결과 기분이 더 나아진다. 사람들이 지금 우리에게 말하는 것을 훗날 우리가 우리 자신에게 말하게 되고, 지금의 경험에서 교훈이나 아이디어를 얻는다. 이런 과정이 뇌에서 기대의 기본 구조를 만들어낸다. 우리가 알고 지내는 사람, 또 우리에게 일어나는 사건에 따라 믿음이 달라진다. 그런데 플라세보의 '마법'이 일어나는 뇌에서는 실제로 어떤 일이 벌어질까?

우리 믿음은 무척 다양한 정서, 심리적 반응, 경험 등과 관계가 있기 때문에 하나의 신경 경로를 통해서만 플라세보 효과가 일어나지는 않는다. 당신이 통증을 덜 느낄 것이라 믿으면 뇌와 척수에서 통증과 관련된 회로의 활성화 수준이 떨어지지만,[27] 값비싼 포도주를 마시고 있다고 생각하면 뇌에서 쾌락과 관련된 회로가 크게 활성화된다.[28] 또 당신이 건강에 그다지 바람직하지 않은 지방이 많은 밀크셰이크를 마시고 있다고 생각하면, 그런 생각만으로도 공복 호르몬 그렐린ghrelin 수치가 낮아진다.[29] 우리가 무엇인가를 믿으면 신경 기제neural machinery가 뇌와 몸에서 믿음을 형성하는 과정과 관련된 부분의 활성화를 자극하거나 둔화함으로써 그 믿음을 강화하는 셈이다.

물론 플라세보 효과에도 한계가 있다. 플라세보가 모든 질병에서 벗어나도록 하지는 않으며, 그렇게 믿어서도 안 된다. 이런 이유에서 플라세보 외에 많은 의학적 조치가 더해지는 것이다. 또 플라세보가 신체적 현상보다 심리적 현상(예를 들어 채터)에 더 효과적이라는 것도 널리 알려진 사실이다.[30] 그러나 이런 한계에도 플라세보의 힘은 강력하고 부인할 수 없다. 게다가 플라세보가 특정 약물과 처치의 이점을 더해주는 강화 물질처럼 쓰일 수 있다는 증거가 쌓여가고 있다.[31]

하지만 플라세보는 뒷문으로 접근하기 어렵다는 점이 문제다. 어떤 플라세보가 효과를 거두려면 완벽하게 속임수에 넘어가 실제로 치유력을 지닌 물질을 복용하고 있다거나, 그런 행동을 취하고 있다고 믿어야 한다. 실험에 참가하는 사람들에게는 일반적으로 플라세보를 받을 가능성에 대한 정보가 제공된다. 연구 목적이 아닌 경우 그런 거짓말을 하는 것은 비윤리적이다. 게다가 복용하는 약에 대해 우리 자신에게 어떻게 거짓말을 할 수 있겠는가! 결국 플라세보의 경우 우리는 제대로 이용할 수 없는 도구에 접근한다는 뜻이 된다. 따라서 우리는 곤경에 빠지게 된다.

어떻게 하면 그 도구를 이용할 수 있을까?

플라세보가 근본적으로 믿음을 바꾸려면, 거짓말을 하지 않고도 사람들의 기대를 바꿀 다른 방법을 알아내면 어떻게 될까? 믿을 만한 출처에서 얻은 정보는 강력한 설득력을 지닌 도구다.[32] 가령 의심을 거두도록 당신을 설득하려면, 사실과 과학적 증거가 도움이 될 것이다. 하버드대학교의 테드 캡척 Ted Kaptchuk 연구 팀은 이 가정을 기초로 연구해 2010년에 발표한 논문으로 플라세보에 대한 과학계의 생각을 뒤흔들어놓았다.[33]

먼저 그들은 플라세보에 잘 반응하는 것으로 증명된 일반적 질환, 즉 과민성대장증후군을 연구 대상으로 삼았다. 캡척 연구 팀은 과민성대장증후군이 있는 참가자들을 병원으로 데려온 뒤 그들에게 플라세보가 무엇이고, 어떻게, 어떤 이유에서 작용하는지 자세히 설명했다. 이론적으로 생각하면 플라세보 알약에 대해 아는 것만으로도 참가자의 기대가 달라져야 하고, 그 결과 증상도 줄어들어야 한다. 실험 결과는 그 예측을 조금도 벗어나지 않았다.

실험은 21일 동안 진행되었다. 플라세보 효과에 대한 과학적 배경을 교육받은 후 알약을 받지 않은 참가자들에 비교할 때, 플라세보 효과에 대해 교육을 받아 자신들이 가짜 약을 복용하고 있다는 사실을 알게 된 참가자들이 징후를 덜 보였고, 위안을 더 많이 받았다. 플라세보가 어떻게 증상을 낮게 해줄 수 있는지 알면,

효과가 더 크다는 증거였다.

속임수가 없는 플라세보의 뜻밖의 새로운 가능성에 흥미를 느껴 우리 연구실에서는 캡척의 결과가 과민성대장증후군을 넘어 마음의 문제 전반으로 일반화될 수 있는지 조사하기 위한 실험을 자체적으로 실시했다.[34] 우리 연구 팀은 캡척 팀과 비슷한 방법으로 참가자를 두 집단으로 나누었다. 한 집단에는 플라세보에 대한 과학적 배경지식을 알려주었다. 정확히 말하면 "이 물질이 여러분에게 도움이 될 거라고 생각하면 정말 도움이 될 겁니다"라고 말했다. 그러고는 그들에게 플라세보(이번에도 코 분무기)를 주며, 이 분무기를 사용해 기분이 좋아질 거라고 생각하면 정말로 좋아질 것이라고 다시 한번 말했다.

다음 단계에서 우리는 그들에게 혐오스러운 사진, 즉 피가 난무하는 폭력 장면을 보여주며 부정적 감정을 자극했다(물론 참가자들에게 그런 사진이나 영상을 보여줄 것이라고 사전에 동의를 얻었다). 예상대로 플라세보 집단에 속한 참가자들이 정서적으로 덜 고통받았다. 참혹한 장면을 보고 적어도 2초 이내에는 뇌에서 정서적 활동을 담당하는 영역이 덜 활성화되었다.

우리 팀뿐 아니라 여러 연구진이 이와 관련된 연구를 다양한 조건에서 실시했다. 속임수가 없는 플라세보로도 알레르기 질환, 요통, 주의력결핍과잉행동장애ADHD, 우울증이 개선된다는 사실이 입증되었다.[35] 속임수가 없는 플라세보가 얼마나 효과적이고, 그 효과가 얼마나 오랫동안 지속되는지 알아내려면 더 많은 연구가 필요하다. 그러나 지금까지 알아낸 결과로도 육체적 통증과 정서적 고통에 대처하는 새로운 가능성을 열어주기에 충분하고, 믿음이 내적 목소리와 신체 건강에 큰 영향을 미친다는 게 증명된 듯하다. 또 더 중요한 것, 즉 채터와 싸우는 관습의 전승에서 문화가 어떤 역할을 하는지 기존 연구에서 드러나기도 했다.

우리 믿음에는 우리가 살아가는 사회의 문화에서 영향을 받은 것이 많다. 의사에게 갖는 기대, 행운의 부적, 환경과 관련된 온갖 미신 등이 대표적이다. 이런 의미에서 가족과 공동체, 종교 등 우리에게 영향을 미치는 여러 형태의 문화도 채터를 해결하는 데 필요한 도구를 제공해준다. 그렇다고 믿음이 문화가 우리에게 전해주는 유일한 '마법적' 도구는 아니다. 문화는 우리에게 또 하나의 강력한 도구를 안겨준다. 바로 '의식儀式, ritual'이다.

상어로 낚시하는 마법

제1차 세계대전은 브로니스와프 말리노프스키Bronisław Malinowski (1884~1942)에게 그야말로 천재일우의 기회였다.[36]

당시 31세로 런던정치경제대학교에서 인류학을 전공하던 폴란드 태생의 말리노프스키는 1914년 원주민의 풍습을 현장에서 연구하려고 뉴기니로 향했다. 그런데 도착한 직후, 제1차 세계대전이 발발했다. 조국 오스트리아·헝가리제국이 영국의 적국이었기 때문에 말리노프스키는 정치적으로 불편한 상황에 맞닥뜨리고 말았다. 게다가 오스트레일리아 영토인 뉴기니는 영국의 동맹이었다. 따라서 말리노프스키는 영국으로 돌아갈 수도, 고향인 폴란드로 돌아갈 수도 없었다. 다행히 뉴기니 당국이 그에게 연구를 계속하도록 허락한 덕분에, 그는 전쟁터에서 멀리 떨어진 남반구에서 인간의 심성과 문화를 연구할 수 있었다.

말리노프스키는 뉴기니 근처 트로브리안드군도에서 2년 동안 원주민들과 함께 살며 그들의 문화를 직접 경험했다. 이때 얻은 연구 결과와 경험에서 그의 가장 중요한 연구가 잉태되었다. 살짝 벗어진 머리에 안경을 끼고 하얀 옷에 장화를 신은 그의 모습은 검은 피부에 셔츠를 입지 않는 섬사람들과 확연히 달랐다. 섬사람들은 커피 같은 흥분제인 빈랑나무 열매를 즐겨 씹었는데, 그 때문에 치아가 빨갛게 변했다.[37] 원주민들은 말리노프스키를 받아들였고, 덕분에 그는 고기잡이 관습과 관련된 '마법'을 비롯해 그들의 전통을 깊이 이해할 수 있었다.

섬사람들은 안전하고 수심이 얕은 석호로 고기잡이를 나갈 때 작살과 그물만 들고 작은 배에 올라탔다. 그러고는 섬의 해로를 따라 고기를 즐겨 잡는 곳까지 항해했다. 그러나 상어가 우글대는 위험한 지역에서 고기를 잡을 때는 다른 식으로 행동했다. 출발하기 전 조상에게 음식을 바치며 제사를 올렸고, 냄새가 짙은 풀로 배를 문지르며 마법의 주문을 웅얼거렸다. 그러고는 더 강력한 마법 주문을 외우며 외해로 향했다.

그들은 토속어인 킬리빌라어로 아무런 억양 없이 진지하게 읊조렸다. "너를 쓰러뜨릴 거다. 물속으로 숨어라, 상어야. 죽어라, 상어야, 죽어라."[38]

물론 트로브리안드 섬사람들이 실제로 마법을 쓰지는 않았다. 위험한 고기잡이를 나가기 전에 행한 정교하게 짜인 준비 과정은 무엇보다 특별했다. 완전히 정서적 차원에서 행하는 일종의 의식으로, 인간 심리와 관련된 것이었다.[39]

그들이 행한 의식은 채터를 가라앉히는 또 하나의 도구였다.

우리가 슬픔에 사로잡히면, 종교는 애도 의식을 통해 슬픔을 달래준다. 물을 이용한 정화 의식, 매장 의식, 장례식이나 추도식이 대표적인 예다. 웨스트포인트에 있는 미국 육군사관학교 학생들은 시험을 앞두고 스트레스가 몰려오면 제복을 반듯이 갖춰 입고 캠퍼스 끝자락, 남북전쟁에서 활약한 존 세지윅John Sedgwick 장군 동상의 뒤쪽에 있는 박차를 돌리면 좋은 성적을 받는다는 전설 같은 조언을 따랐다.[40] 관습적 의식은 기업에서도 증가하는 추세다.[41] 2014년 사우스웨스트 항공이 심장 모양의 새로운 로고를 항공기 양편에 부착하고 브랜드 이미지 쇄신에 나섰을 때, 조종사들은 탑승하기 전 그 로고에 손을 댔다. 이 의식은 회사 전체로 퍼져 비행에서 피할 수 없는 일상적인 위험을 맞닥뜨릴 때 위안을 주는 일종의 부적으로 여겨졌다.

지금까지 언급한 모든 사례는 문화적으로 전해지는 것이지만, 우리가 직접 만든 고유한 의식이나 다른 사람들이 따르는 독특한 의식도 있다. 예컨대 3루수로 명예의 전당에 오른 웨이드 보그스Wade Boggs는 경기를 앞두고 매번 정확히 150개의 공을 잡아 처리했고, 경기가 7시 35분에 시작하면 정확히 7시 17분에 전력으로 질주했으며, 매 경기에 앞서 닭고기를 먹었다.[42] 다른 예를 들자면, 스티브 잡스는 매일 아침 거울에 비친 자신의 모습을 바라보며 그날이 삶의 마지막 날인 것처럼 하려는 일에 정말 만족하고 있는지 자신에게 물었다고 한다.[43] 실제로 하버드대학교의 조직 심리학자 마이클 노턴Michael Norton과 프란체스카 지노Francesca Gino의 연구에서 확인되었듯 사랑하는 사람의 죽음이나 낭만적 연애의 파탄 등 큰 상실을 겪은 후 사람들이 행하는 대부분의 의식에는 독특한 점이 있다.[44]

우리가 행하는 의식이 개인적이든 집단적이든 간에 많은 사람이 채터에 시달리면 마법적인 힘을 지닌 듯한 행동에 자연스레 의지하고, 희한하게도 그 행동이 내적 목소리를 가라앉힌다는 사실이 여러 연구에서 입증되었다.[45]

2006년 레바논과 전쟁 중이던 이스라엘에서 실시된 연구에 따르면, 전쟁 지역에 거주하더라도 찬송가를 습관적으로 암송한 여성은 그렇지 않은 여성에 비해 불안감이 덜했다.[46] 가톨릭 신자의 경우 묵주를 하나하나 굴리면서 기도할 때 불안감을 가라앉히는 효과를 거두었다.[47] 그 밖에도 의식은 다양한 목표를 달성하는 데 도움을 줄 수 있는 듯하다. 한 실험에서 확인했듯 칼로리가 낮은 건강식을 추구할 때 먹는 것에 단순히 '주의'하는 여성보다, 식사 전에 일종의 의식을 치르는 여성이 더 큰 효과를 거두었다.[48]

의식은 수학 시험이나 (수학 시험보다는 훨씬 재밌지만 채터는 더 많이 유발하는) 노래방 공연처럼 압박감이 심한 상황에도 긍정적 영향을 미친다. 고전적 실험에서 참가자들에게 록 밴드 '저니Journey'의 서사적인 노래 〈믿는 걸 멈추지 마Don't Stop Believing〉를 다른 사람 앞에서 부르게 했다.[49] 노래를 부르기 전에 의식을 치른 사람이 그런 의식을 치르지 않은 사람에 비해 불안감을 덜 느꼈고 심장박동 수도 낮았으며 노래도 더 잘 불렀다. 이 실험의 교훈을 정리하면 '의식의 힘을 믿어라!'라는 것이다.

분명히 말하지만 의식은 습관이나 규칙적인 행위가 아니다.[50] 삶의 과정에서 무미건조하게 행하는 습관적 행위와 의식을 구분 짓는 몇 가지 특징이 있다.

첫째, 의식은 엄격한 순서대로 행해지는 일련의 행동으로 이루어진다. 이런 점에서 관련된 행동의 순서가 상대적으로 느슨하거나 시시때때로 변할 수 있는 습관 혹은 규칙적인 행동과 다르다. 내 경우를 예로 들어보자. 매일 아침 눈을 뜨면 나는 세 가지 행동을 한다. 갑상샘저하증이 약간 있어 약을 먹고, 이를 닦고 차를 마신다. 의사는 공복 상태에서 약을 복용하면 효과가 더 좋다며 일어나자마자 약을 복용하라고 권하지만, 내가 항상 그 권고를 따르는 것은 아니다. 어느 날은 차를 먼저 마시고, 어느 날은 일어나자마자 이를 닦는다. 그렇다고 큰 문제가 생기지는 않는다. 세 행위를 반드시 순서대로 해야 한다는 강박도 없다. 더구나 그 순서가 나에게 좋은 쪽으로든 나쁜 쪽으로든 큰 영향을 미치지 않으리라는 것도 알고 있다.

이번에는 내가 매일 아침 하는 행위와 오스트레일리아 올림픽 수영 선수 스테퍼니 라이스Stephanie Rice가 경기 전에 하는 행위를 비교해보자. 라이스는 두 팔을 여덟 번 크게 흔들고, 고글을 네 번 누르며, 수영 모자를 네 번 매만진다.[51] 라이스는 경기 전에 항상

230

이런 행동을 반복한다. 여느 개인적인 의식과 마찬가지로 이 행동은 라이스가 개인적으로 고안해낸 특별한 것이다. 개인적 의식을 이루는 하나하나의 단계는 그들이 추구하는 목표와 별로 관계가 없다. 예컨대 고글과 모자를 네 번씩 톡톡 매만진다고 라이스가 더 빨리 수영하는 데 도움이 된다는 뚜렷한 증거는 없다. 그러나 그 행위가 그에게는 의미가 있고, 여기에서 의식의 두 번째 특징을 찾을 수 있다.

둘째로 의식에는 의미가 스며들어 있다. 의식에 중대한 의미가 있는 이유는 자명하다. 망자를 기리기 위해 묘비에 작은 돌을 얹어놓든, 풍년을 기원하며 기우제에서 춤을 추든, 성찬식에 참석하든 어떤 의식에나 중대한 목적이 바탕에 깔려 있기 때문이다. 우리는 의식을 통해 일상적 근심을 초월하고, 우리보다 더 강한 존재와 이어지기 때문에 의식은 더 큰 의미를 갖는다. 또 의식은 우리가 시야를 넓히고, 다른 사람이나 존재와 이어져 있다는 연결감을 높이는 데도 도움을 준다.

내적 목소리를 통제하는 데 의식이 효과적인 이유는 의식이 여러 통로를 통해 우리에게 영향을 미치며 채터를 줄여주기 때문이다. 먼저 의식은 지금 우리를 괴롭히는 것에서 관심을 다른 데로 돌린다. 의식을 단계적으로 행하려면 작업 기억에 많은 것이 요구되기 때문에 내적 목소리의 불안과 부정적 불평에 신경을 기울일 여지가 줄어든다. 이렇게 의식이 불안으로 가득한 순간에 신경을 딴 데 쏟을 기회를 제공하기 때문에, 스포츠에서 유난히 경기 전 의식이 많은 이유가 이것으로 설명되는 듯하다.

많은 의식은 질서 의식도 심어준다. 의식은 우리가 통제할 수 있는 행동으로만 이루어지기 때문이다. 예컨대 자식이 삶에서 겪을 일을 우리가 통제할 수는 없다. 우리는 자식을 제한된 정도로 보호할 수 있을 뿐이다. 이런 현실이 많은 부모에게 채터의 원인이 된다. 그러나 자식이 태어나면 우리는 이름을 지어주고, 탄생과 관련된 이런저런 의식을 행한다. 이 과정에서 우리는 자식을 통제할 수 있으리라는 환상을 갖는다.

다음으로 의식은 개인적 걱정을 초월하는 목적이나 존재와 연결된다. 그렇기 때문에 중요한 가치 및 공동체와 이어져 있다는 기분을 안겨주며 정서적 욕구를 충족시키고, 우리가 고립되는 걸 미연에 방지하는 역할도 한다. 의식의 이런 상징적 특징에 우리는 때때로 경외감에 사로잡히고, 우리가 개인적 문제에 얼마나 집착하는지 깨닫는 동시에 시야를 넓히게 된다. 물론 의식은 플라세보 메커니즘을 예외 없이 작동시킨다. 의식이 우리에게 도움을 줄 것이라 믿으면, 정말 도움이 된다.

그런데 우리는 자신도 모르게 의식을 치르는 경우가 많다. 이것도 의식의 흥미로운 특징 중 하나다. 체코공화국에서 실시한 실험에서, 대학생들에게 극도의 불안감을 느끼도록 자극하자 자발적으로 주변을 깔끔하게 청소하는 정화淨化 의식에 가까운 행동을 했다.[52] 어린아이들에게서도 유사한 현상이 확인된다. 여섯 살배기 아이들을 대상으로 한 실험에서 또래에게 따돌림받은 아이는 그렇지 않은 아이에 비해 의식에 가까운 행동을 반복하는 경향을 보였다.[53]

232

나도 개인적으로 비슷한 의식을 치른 적이 있다. 이 책을 집필하는 동안 글을 쓰다 막히면 컴퓨터 모니터를 뚫어지게 바라보며 내가 이 책을 정말 끝낼 수 있으려나, 하는 의혹에 사로잡혔다. 그 때마다 슬그머니 의자에서 일어나 부엌에 가서 설거지를 하고 개수대를 말끔하게 닦았고, 책상 앞으로 돌아와서는 곳곳에 흩어진 종이를 정리했다. 평소 자료를 정리하지 않고 어질러놓는 내 성향을 고려하면, 아내에게 기분 나쁜 건 아니더라도 이상하고 생뚱맞은 행동으로 보였을 것이다. 이 장을 쓰기 위한 연구를 본격적으로 시작한 후에야 그 행동이 글쓰기 과정에서 겪는 좌절과 슬금슬금 다가오는 마감의 공포를 이겨내려는 나만의 의식이었다는 걸 알게 되었다.

이렇게 유기적으로 생겨나는 의식은 우리가 원하는 목표(여기에서는 극도로 부정적으로 변해가는 내적 목소리를 방지하려는 목표)를 성취하고 있는지 추적하는 뇌가 만들어낸 산물인 듯하다.[54] 영향력이 큰 여러 이론에 따르면, 뇌는 현재 상태와 우리가 궁극적으로 지향하는 상태의 차이가 드러나는 때를 감지하는 온도 조절 장치와 비슷하다. 둘의 차이가 감지되면, 뇌는 우리에게 온도를 낮추는 쪽으로 행동하라는 신호를 보낸다. 의식을 행하는 것이 그렇게 행동하는 방법 중 하나다.

분명히 말하지만, 우리가 채터에 시달릴 때 어떤 의식을 행해야 한다는 자극을 잠재의식적으로 받길 기다릴 필요가 없다. 그런 의식을 의도적으로도 행할 수 있다. 실제로 이제 나는 일하는 과정에서 벽에 부딪힐 때마다 앞에서 언급한 의식을 행한다(덕분에 우리 집 부엌과 내 책상이 요즘처럼 깨끗한 적이 없었다). 의도적으로 의식을 행하는 방법은 무수히 많다. 예컨대 스트레스를 유발하는 사건 전후에 실행하거나, 채터를 해결하는 데 도움을 주는 자기만의 의식을 만들어내는 것도 방법이다. 여러 실험에서 확인되었듯 철저히 자의적이지만 구조적으로 엄격한 행동도 의식으로서 이점이 있다. 예컨대 참가자들이 록 밴드 저니의 〈믿는 걸 멈추지 마〉를 불러야 했던 실험에서, 참가자들에게 각자의 느낌을 그림으로 그린 뒤 그 그림에 소금을 뿌리고, 다섯까지 센 후 종이를 돌돌 말아 쓰레기통에 던지라고 요구했다.[55] 그야말로 일회성 의식이었지만 노래 성적이 좋아지는 효과가 있었다.

하지만 사람들이 실험실에서 행하는 의식에는 문화적 의미가 없다. 문화적 의미가 부가적 장점을 발휘하는 이유는 경외감과 사회적 연대감 및 초월적 감정을 부여하기 때문이다. 이런 사실을 고려할 때, 문화를 통해 전해지는 것(가족과 일터 및 우리가 속한 더 큰 사회제도)에 기대는 것도 기존 의식을 이용해 채터와 싸우는 좋은 방법일 수 있다. 종교에 의지해 예배에 충실히 참석하거나, 가족만의 특이하지만 의미 깊은 의식에 의지하는 방법을 생각해볼 수 있다. 예를 들면 나는 매주 일요일 아침 헬스 센터에서 운동을 마치고 집에 돌아와 아이들에게 와플을 만들어준다. 의식이 어떤 이유에서 만들어졌고, 정확히 어떤 형태를 띠느냐는 중요하지 않다. 어떤 의식이든 도움이 된다.

마음의 마법

플라세보와 의식의 위력은 초자연적 힘에서 비롯되는 것이 아니다(물론 그러리라 믿는 사람도 있겠지만 그렇다고 두 기법의 이점이 줄어들지는 않는다). 오히려 플라세보와 의식의 장점은 우리가 항상 내면에 갖고 다니는 도구, 즉 채터와 싸우는 도구를 활성화할 수 있다는 것이다.

플라세보와 의식의 효능을 고려할 때, 많은 사람이 개인적 의식과 플라세보를 개발하지만 우리가 소속된 사회의 문화도 이런 기법을 다양한 형태로 제공한다는 사실을 주목할 필요가 있다. 문화는 우리가 호흡하는 보이지 않는 공기에 비유된다. 우리가 들이마시는 공기는 결국 우리 정신과 행동에 영향을 미치는 믿음과 관습이다. 채터와 싸우는 데 도움이 되는 도구를 전해주는 체계가 문화라고 생각할 수도 있겠지만, 이런 도구에 대한 우리의 과학적 이해는 끊임없이 발전하는 까닭에 자연스레 이런 의문을 제기하게 된다. 새로 알아낸 지식을 어떻게 널리 알리고 우리 문화에 전반적으로 통합시켜야 할까?

솔직히 말하면, 한 학생이 수업 시간에 손을 번쩍 들고 물을 때까지 나는 이 문제를 진지하게 생각해본 적이 없었다.

그 학생의 질문이 모든 것을 바꿔놓았다.

"왜 이제야 우리가 이런 것을 배우고 있나요?"

내가 진행한 세미나의 마지막 날, 아리엘이란 학생이 화가 난 듯한 말투로 이렇게 물었다. 당시 3개월 전부터 나는 미시간대학교 심리학과 건물 지하실에서 재학생 28명과 함께 내면의 목소리가 유발하는 채터를 비롯해 정서를 조절하는 인간의 능력에 관련해 과학에서 무엇을 배울 수 있는지 토론하며 화요일 오후를 보냈다. 학생들의 마지막 과제는 나에게 제기할 질문을 생각해 오는 것이었다. 학생들에게는 강의를 끝마치기 전에, 더 나아가 학교를 졸업하고 삶의 새로운 장으로 나가기 전에, 마음속에 품고 있는 의문을 마지막으로 제기할 기회였다. 나 자신도 학기마다 가장 기대하는 시간이기도 했다. 그 시간에는 흥미로운 아이디어가 번뜩였고, 몇몇 아이디어는 새로운 연구로 이어졌기 때문이다. 하지만 그날 오후 나는 강의실에 들어가면서 그 특별한 수업이 내 연구에 새로운 이정표를 더해줄 것이라고는 꿈에도 생각하지 못했다.

강의가 시작되자 아리엘이 손을 번쩍 들고는 자기를 가장 먼저 지명해달라는 듯 나를 쏘아보았다. 나는 그녀의 패기에 굴복했지만, 처음에는 아리엘의 질문을 정확히 이해하지 못했다. 그래서 다시 물었다. "더 구체적으로 말해주겠어요?"

"저희는 더 편하게 느끼고 더 성공하는 방법을 배우는 데 이번 학기를 통째로 할애했습니다. 하지만 우리 중 대부분은 이번 학기를 끝내고 학교를 졸업합니다. 우리가 이 방법을 더 일찍 배웠더라면 좋았을 텐데 왜 누구도 가르쳐주지 않았을까요?"

어떤 강의든 몇 번 해보면 학생들이 어떤 질문을 할지 대체로 예측할 수 있다. 그러나 아리엘의 질문은 예상을 벗어난 것이었다. 나는 전에 그곳에 없던 벽에 머리부터 세게 부딪친 듯한 기분이었다.

나는 아리엘의 질문이 중요한 질문이라며, 가장 뒤쪽으로 돌렸다(그렇다, 당장 대답하기 어려울 때 교수가 써먹는 전형적인 수법이다). 다시 학생들이 손을 들고 각자의 아이디어를 제시했다. 그러나 나는 듣는 둥 마는 둥 하며 머릿속으로 아리엘의 질문에 어떻게 대답해야 할지 고민했다.

솔직히 말하면 나는 그 답을 몰랐다.

마침내 수업이 끝났고, 나는 학생들에게 작별 인사를 건넸다. 학생들은 내 대답을 듣지 못한 채 각자의 미래를 향해 떠났다. 그러나 아리엘이 제기한 질문은 파편처럼 내 마음에 박혀 떨어지지 않았다.

교수 일을 시작한 이후로, 또 그 학기 내내 나는 필사적으로 내적 목소리에서 벗어나려는 사람을 숱하게 만났다. 내적 목소리가 그들을 거북하게 만든다는 게 이유이고, 충분히 이해할 수 있는 하소연이다. 대부분 알고 있듯, 채터는 생각을 더럽히고, 부정적 감정으로 마음을 채우기 때문에 시간이 지남에 따라 우리가 소중히 여기는 모든 것(건강과 소망 및 인간관계)이 피해를 입는다. 따라서 당신이 내적 목소리를 내적 고문자로 생각한다면, 그 목소리를 영원히 잠재우고 싶을 것이다. 그러나 당신의 목표가 기능적 삶을 사는 것이라면, 내적 목소리의 상실은 당신이 원하는 마지막 것이 되어야 한다. 긍정적인 내적 목소리까지 잃는 잘못을 범해서는 안 된다.

오늘날 많은 문화가 '이 순간을 살라!'고 권하지만, 인간종은 매 순간 그렇게 기능하도록 진화되지 않았다.[1] 오히려 정반대다. 인간은 내적 목소리가 부채질하는 부정적 생각과 기억, 상상으로 펄떡이는 내적 세계를 유지하는 능력을 진화시켰다. 꼬리를 물고 이어지는 내적 대화 덕분에 우리는 정보를 마음속에 보관해두고, 결정을 되돌아보며, 감정을 통제하고, 대안적 미래를 구상하고 과거를 추억하며, 목표를 이루는 과정을 꾸준히 파악하고, 현재의 우리를 만들어낸 개인적 이야기를 끊임없이 갱신할 수 있다. 우리가 정신이라는 틀에서 완전히 벗어날 수 없다는 사실이 독창성을 발휘해 무엇인가 만들어내고, 무엇인가를 이야기하며, 미래를 꿈꾸도록 자극하는 주된 동력이다.

하지만 내적 목소리가 기분을 좋게 해주는 경우에만 그것을 소중하게 생각한다면 큰 잘못이다. 마음속에서 자신과 나누는 대화가 부정적 경향을 띠는 경우에도 그런 대화 자체가 나쁜 것은 아니다. 두려움과 불안, 분노와 슬픔이 우리에게 상처를 줄 수 있지만, 적당하다면 유용할 수 있다.[2] 과도하지 않은 부정적 감정은 환경 변화를 유도하는 효과적인 자극제가 되기 때문이다. 내적 목소리는 그 때문에 야기되는 고통에도 소중한 것이 아니라, 그로 인해 야기되는 고통 때문에 소중한 것이다.

우리가 심적 고통을 겪는 데는 이유가 있다. 고통은 우리에게 위험을 경고하며, 적절한 조치를 취하라는 신호다. 덕분에 생존이라는 면에서 우리는 이득을 얻는다. 매년 소수의 사람이 고통을 느끼지 못하는 유전적 돌연변이를 안고 태어난다.[3] 그 때문에 그들은 안타깝게도 젊은 나이에 죽음을 맞는다. 감염의 불편함, 끓는 물로 인한 화끈거리는 통증, 뼈가 부러지는 극심한 고통 등을 느끼지 못하기 때문에 그들은 자신이 극단적으로 취약한 상태에 있고, 주변의 도움을 필요하다는 걸 모른다.

이런 이유에서도 내적 목소리의 가혹한 면은 불가피하다. 내적 목소리는 우리 생각을 부정적 감정으로 뒤덮을 수 있다. 그러나 우리에게 이런 비판적인 자기 성찰 능력이 없다면, 새로운 것을 배우고 변화를 도모하며 더 나아지기 어려울 것이다. 즐거운 파티에 찬물을 끼얹는 농담을 하면 당장은 거북하지만, 나중에 마음속으로 무엇이 잘못되었는지 돌이켜볼 수 있어야 다음에 똑같은 실수를 되풀이하며 나 자신과 아내를 어색하게 만들지 않을 것이 아닌가! 이런 이유에서 비판적인 내적 목소리, 즉 자기 성찰이 고마울 수 있다.

따라서 내적 목소리가 때때로 우리 마음을 어지럽게 휘젓더라도 누구도 내적 목소리가 없는 삶을 살고 싶지는 않을 것이다. 내적 목소리가 없는 삶은 방향타 없는 배를 타고 바다를 항해하는 것과 다를 바 없기 때문이다.

신경해부학자 질 볼트 테일러는 뇌졸중이 닥쳤을 때 언어적 사고의 흐름이 느려지는 걸 느꼈고, 심지어 채터도 중단되는 듯한 기분이 들었다. 또 이상하게도 마냥 행복했지만 공허하고 모든 끈이 끊어진 듯한 기분이 들기도 했다. 우리에게는 내적 대화가 불러오는 주기적 고통이 필요하다. 결국 우리 과제는 부정적 상태를 전적으로 피하는 게 아니라, 그런 감정의 포로가 되지 않는 것이다.

여기에서 나는 아리엘의 질문으로 돌아간다.

아리엘은 "왜 우리는 지독한 채터를 억제하는 방법을 더 일찍 배우지 못했을까요?"라는 뜻으로 질문했던 것이다. 물론 우리 모두 그렇듯 아리엘도 내적 목소리를 통제하는 데 필요한 여러 도구를 보유하고 있었다. 그러나 내 강의를 듣기 전까지 아리엘은 내적 목소리를 조절하는 방법을 명쾌하게 배운 적이 없었다. 따라서 아리엘의 질문에 우리가 그 방법을 널리 알리려고 충분히 노력하고 있는지 궁금했다.

그 강의가 끝나고 서너 주가 지났을 때, 당시 네 살이던 큰딸이 눈물을 글썽이며 학교에서 돌아왔다. 큰딸은 같은 반 남자아이가 장난감을 빼앗아 가서 슬프다고 말했다. 큰딸은 어떤 일이 있었는지 주절주절 늘어놓았고, 나는 딸을 달래려 애썼다. 그때 아리엘의 질문이 머릿속에 번뜩 떠올랐다. 나는 이른바 정서 조절 전문가였지만, 정작 내 딸은 정서를 조절하지 못해 감정의 늪에서 허우적대고 있었다. 물론 내 딸은 네 살에 불과했다. 정서를 조절하는 능력을 담당하는 신경 회로가 발달하고 있는 연령이었다. 그렇지만 그 생각은 계속 나를 괴롭혔다.

나는 큰딸과 그 친구들이 학교에서 무엇을 배우는지, 또 아리엘이 느낀 것처럼 내 강의를 듣기 전까지 들어본 적 없었다는 도구를 개발하는지도 알고 싶었다. 18년 후, 내 딸도 아리엘이 나에게 한 질문을 어떤 교수에게 똑같이 하지는 않을까? "무엇이 나를 점점 더 불안하게 만드는 것일까요?"라고 물을지도 몰랐다.

그 이후로 며칠, 아니 몇 달 동안 나는 거리 두는 방법, 자신에게 말하는 방법, 개인적 인간관계를 개선하는 쪽으로 영향을 주는 방법, 환경에서 이득을 얻는 방법, 플라세보와 의식을 이용해 마음을 치유하는 방법 등을 연구했다. 이 기법들은 어딘가에 숨겨진 듯 눈에 잘 띄지 않았지만, 실제로는 주변에서 쉽게 찾을 수 있었다. 만병통치약으로 쓰일 만한 특별한 기법은 없지만, 모든 기법이 내적 목소리가 마음속에서 뜨겁게 달구어질 때 온도를 낮춰줄 수는 있다. 그러나 이 기법들이 세상 곳곳에 스며들어 전해지지 않은 듯했다.

그래서 나는 곧바로 계획을 행동에 옮겼다. 비슷한 생각을 하는 학자와 교육자를 모집해, 학문적으로 정서를 조절하는 유효한 방법으로 알려진 것들을 중·고등학교 커리큘럼에 넣을 강의 자료로 만들고 싶었다.

결론

나는 미국 전역을 돌며 수백 명의 교육자와 학자를 만났다. 마침내 2017년 가을, 우리는 예비 연구를 시작했다. 내적 목소리를 통제해 이용하는 방법을 비롯해 정서 조절에 관련된 학문적 연구 성과를 교과과정으로 전환하고, 이와 관계있는 지식을 학생들에게 가르치면서 그들의 건강과 성적 및 인간관계에 어떤 영향을 미치는지 평가하는 게 연구의 목적이었다.[4] 우리는 이 과제를 '툴박스 프로젝트Toolbox Project'로 명명했다.

감사하게도 우리 노력은 조금씩 성과를 내고 있다.

예비 연구에서는 문화적으로나 사회경제학적으로 다양한 집단에 속한 450명의 공립학교 학생이 우리가 설계한 툴박스 강의에 참가했다. 결과는 흥분을 자아내기에 충분했다. 툴박스 강의를 통해 일기 쓰기, 거리 둔 자기 대화, 도전 지향적 프레이밍을 배운 아이들은 일상에서도 그 기법을 광범위하게 사용하는 모습을 보여주었다![5] 예비 연구는 시작에 불과하다. 지금 우리는 1만 2,000명에 가까운 학생을 대상으로 대대적인 연구를 실시할 계획을 세우고 있다.

'연장통'을 뜻하는 툴박스는 내가 동료들과 함께 개발한 커리큘럼만을 가리키지는 않는다. 당신이 이 책에서 얻기 바라는 교훈을 가리키기도 한다.

당신이 자신을 벽에 붙은 파리처럼 냉철한 관찰자라 생각하든, 머릿속으로 과거와 미래로 시간 여행을 하든, 마음속에서 당신 자신과 당신에게 닥친 곤경을 물리적으로 더 작게 시각화하든 간에 거리 두기는 하나의 도구, 즉 기법이다. 거리를 둔 자기 대화도 마찬가지다. 이인칭이나 삼인칭 대명사 혹은 당신의 이름을 사용해 자신에게, 또 자신에 대해 말할 수 있고, '총칭적 당신'을 사용해 당신에게 닥친 문제를 정상화할 수도 있다. 채터와 씨름하는 사람들에게 우리가 내적 목소리를 잠재우는 도구로 쓰일 수 있고, 물론 그들도 우리에게 똑같은 역할을 할 수 있다. 공동 반추를 피하고, 상대가 감정을 가라앉히며 자신의 문제를 건설적으로 재설정하도록 균형적 시각을 유지하면 된다. 또 자신의 역량을 확신하지 못하는 사람이 긴장과 스트레스를 풀도록 보이지 않는 방법으로 도와줄 수도 있다. 이렇게 채터를 완화하는 데 사용하는 기법은 우리 삶에서 점점 많은 부분을 차지하는 디지털 환경에도 적용된다. 그러나 온라인에도 피해야 할 행동이 있다. 소셜 미디어를 능동적으로 사용하지 않고 수동적으로 사용하거나, 오프라인이었으면 하지 않았을 행동, 즉 공감이 부족한 행동을 피해야 한다.

주변의 복잡한 세계에도 '연장통'에 들어갈 만한 도구가 있다. 대자연은 우리 마음에 반드시 필요한 진정한 연장통이다. 대자연에는 채터를 가라앉히고 건강을 증진하는 데 도움이 되는 도구를 효과적이고 즐겁게 회복시키는 방법이 가득하기 때문이다. 자연이 우리를 경외감으로 채워주는 것은 사실이지만, 산꼭대기에서 얻지 못하는 경외감을 공연장이나 예배당에서, 심지어 어떤 특별한 순간에는 집에서도 얻을 수 있다(내 딸들이 처음으로 '아빠'라고 말했던 순간을 기억할 때마다 가슴이 벅차다).

주변을 깔끔하게 정리하는 것도 마음에 위로가 되고, 기분이 좋아지며 명철하게 생각하는 데도 도움이 된다. 따라서 모든 일을 더 효과적으로 처리할 수 있다. 융통성 있는 믿음도 우리에게 유리하게 작용한다. 플라세보는 그냥 속임수에 불과한 가짜 약이지만 '기대'라는 신경 장치를 통해 건강에 긍정적으로 작용할 수 있다. 의식도 마찬가지다. 문화적으로 전해지는 의식이든 우리가 직접 만들어낸 의식이든 효과에서는 별 차이가 없다. 스스로 치유하는 마음의 힘이 초자연적이지는 않지만 경외감을 불러일으킨다는 점에서 마법적이다.

이제 우리는 이런 다양한 도구를 알지만, 자기만의 연장통을 만드는 게 중요하다. 어떤 도구를 갖추느냐는 결국 개개인에게 주어진 과제다. 우리가 많은 연구에서 얻은 도구를 속속들이 알면서도 채터를 가라앉히기 힘들어하는 이유가 여기에 있다.

학계는 지금까지 우리에게 많은 것을 알려주었지만 아직도 알아내야 할 것이 많다.

우리는 채터를 억제하는 다양한 전략이 어떤 상황에서 어떤 사람에게 효과가 있고,[6] 그 전략들을 교체해 사용할 때 어떤 효과를 내는지 이제야 알아가기 시작했을 뿐이다.[7] 더구나 사람마다 특별히 효과가 있는 도구가 다르다. 그렇다면 우리는 자신에게 가장 효과적인 도구가 무엇인지 찾아낼 필요가 있다.

내적 목소리를 통제하면 머리를 한층 맑게 유지할 수 있을 뿐만 아니라, 친구나 연인과 맺는 인간관계를 더욱 돈독히 할 수도 있다. 물론 우리가 소중하게 생각하는 사람들에게 더 도움을 주고, 구성원들이 스트레스를 받거나 소외되지 않는 조직과 기업을

244

만들며, 자연과 질서를 반영해 한층 깔끔한 환경을 설계하고, 관계와 공감을 촉진하는 방향으로 디지털 플랫폼을 이용할 수도 있다. 우리가 자신과 내면에서 나누는 대화에 우리 삶을 바꿀 수 있는 잠재력이 있다.

내성, 즉 자기 성찰에 대한 내 관심은 아버지에게 물려받은 것이다. 어릴 때 내가 심적인 문제에 부딪히면 아버지는 나에게 "내면에 들어가서" "그 문제를 너 자신에게 물어라"라고 독려했다. 나에게 이런 이야기를 들을 때마다 사람들은 내가 내 아이들에게도 똑같이 하는지 궁금해한다.

그 질문에 먼저 답하면 "아니다"다. 절대로 그렇게 하지 않는다. 나는 내 아버지가 아니다. 그렇다고 내가 아이들에게 개인적 채터를 극복할 방법에 대해 전혀 조언하지 않는다는 뜻은 아니다. 자식이 행복하고 건강하게 살아가며 성공하기 바라는 아버지로서, 또 이런 목표를 성취하기 위해서는 자신과 내면에서 나누는 대화를 적절히 통제할 수 있어야 한다는 사실을 너무도 잘 알고 있는 학자로서, 내적 목소리의 통제만큼 아이들에게 가르쳐야 할 더 중요한 교훈은 없다고 생각한다. 다만 그 교훈을 나름의 방식으로 가르칠 뿐이다.

아이들이 속상해하면 나는 아이들의 팔꿈치에 일회용 반창고를 붙여주면서 그 반창고가 그들을 기분 좋게 해줄 것이라 생각하면 진짜로 기분이 좋아질 것이라고 말해준다. 아이들이 울적해하면 나는 아이들을 집 근처 수목원에 데려간다. 푸른 공간을 함께

거닐며, 아이들이 운동장이나 교실에서 최근에 벌인 다툼에 대해 털어놓으면 나는 큰 그림을 보라고 조심스레 조언한다. 또 아이들이 터무니없는 이유로 비이성적으로 행동하면, 엄마와 아빠가 그들에게 뭐라고 말할지 스스로 상상해보라고 부탁한다. 이런 식으로 나는 아이들을 살금살금 쿡쿡 찌른다.

이 책을 쓰는 동안 한층 명확해진 점은 딸들이 자신과 내면에서 나누는 대화에 아내와 내가 상당한 영향을 미친다는 것이다. 아이들에게 채터를 통제하기 위한 지원이 필요할 때 그런 도움을 제공하고, 또 아이들이 집에서 마음껏 몰두할 수 있는 문화를 제공한다는 점에서, 우리는 아이들의 도구에 불과하다. 우리 부부가 아이들의 내적 목소리에 영향을 미치지만, 아이들이 우리의 내적 목소리에 미치는 영향도 점점 커져간다.

나는 두 딸에게 채터를 억제하라고 말하며, 도움이 될 만한 기법을 가르친다. 물론 내가 아버지에게 훈계를 들을 때마다 그랬듯 내 딸들도 때로는 똑같이 눈망울을 굴린다. 그리고 시간이 지남에 따라 두 딸이 여러 기법을 자체적으로 선택해 시행하며, 어떤 기법이 자기에게 효과적인지 조금씩 알아가는 것을 보았다. 이런 식으로 나는 딸들이 자기만의 삶을 살아가는 동안 자신과 나누는 대화를 적절히 통제하며 긍정적 방향으로 이용하는 걸 도울 수 있기를 바란다.

채터가 머리를 들이밀 때는 생각과 현실 사이에 거리를 두는 게 유익할 수 있지만, 즐거운 채터인 경우 정반대로 삶에서 가장 소중한 순간에 몰입해 즐기는 편이 낫다. 나는 이런 사실을 나 자신에게는 물론이고 두 딸에게도 시시때때로 떠올리게 해준다.

인간의 마음은 진화가 만들어낸 가장 위대한 산물 중 하나다. 그 마음이 존재하기 때문에 우리가 생존하고 번성할 수 있으며, 삶의 과정에서 필연적으로 겪는 고통에도 좋은 시절을 축하하고 최악의 시절에서 교훈을 끌어내는 목소리를 머릿속에 부여하기 때문이다. 따라서 우리 모두가 항상 귀 기울여야 할 것은 그 목소리지, 소음에 가까운 채터가 아니다.

마지막 수업 이후로 나는 아리엘에게 연락한 적이 없다. 그러므로 아리엘은 자신의 질문이 나에게 어떤 영감을 주었는지 모르는 게 당연하다. 하지만 그녀도 어떻게든 이 책을 읽는다면, 이 책이 그 마지막 수업에서 시작된 노력의 결실임을 알게 될 것이다. 이 책은 학문이 지금까지 밝혀냈지만 우리 문화에 아직 뿌리내리지 못한 결과를 널리 알리기 위한 시도이기도 하다. 보기에 따라 다르겠지만, 이 세상에는 헤아리기 힘들 정도로 많은 아리엘이 있다. 즉 자신의 마음에 대해 알고 싶어 하는 사람, 또 그 마음이 어떻게 채터를 유발하는지, 더 나아가 채터를 억제하는 방법을 알고 싶어 하는 사람이 무수히 많다.

나는 이런 사람들을 위해 이 책을 썼다.

물론 나 자신을 위해,

또 당신을 위해 쓴 것이기도 하다.

새벽 3시에 리틀리그용 야구방망이를 쥐고 집 안을 서성대고 싶은 사람은 없을 것이기 때문이다.

이 책에서는 꼬리를 물고 이어지는 부정적 생각에 사로잡힌 상태와 명쾌하고 건설적으로 생각하는 상태 사이의 긴장을 해소하는데 도움이 되는 다양한 도구를 살펴보았다. 이 도구들은 우리가 내면에서 자신과 나누는 대화를 통제하는 방법과 관계가 있기도하다. 그러나 이 책에서 말하려는 내용의 핵심은 내적 목소리를 통제하기 위한 전략, 즉 도구와 기법이 외부, 즉 인간관계와 물리적 환경에도 존재한다는 것이다. 학자들은 실험을 통해 이 도구들이 별개로 어떻게 기능하는지 보여주었다. 그러나 이 도구들을 어떻게 조합해야 최적의 효과를 거둘 수 있는지 알아내는 것은 순전히 당신의 몫이다.

그 과정에서 당신에게 조금이나마 도움을 주기 위해, 나는 이 책에서 다룬 기법을 세 항목으로 나누어 정리하고 요약했다. 하나는 당신이 혼자 시행할 수 있는 도구이고, 다른 하나는 다른 사람과의 관계를 이용하는 도구이며, 마지막은 환경과 관련된 도구다. 각 항목에서는 채터가 고개를 들이밀 때 당신이 가장 쉽게 활용할 수 있는 도구를 필두로, 시간과 노력이 더 많이 요구되는 도구를 차례로 소개한다.

혼자 시행할 수 있는 도구

우리 마음속 반향실에서 '한 걸음쯤 물러서는' 능력은 채터와 싸우는 데 무척 중요한 도구다. 그래야 더 넓고 차분하며 객관적인 관점을 취할 수 있기 때문이다. 이 항목에서 살펴보는 기법 중 대다수는 이렇게 한 걸음 물러서서 더 넓은 관점에서 문제를 관찰하도록 도와주지만, 의식을 행하고 미신을 받아들이는 것과 같은 몇몇 기법은 다른 경로로 거의 동일한 효과를 발휘한다.

① 거리를 둔 자기 대화를 사용하라.

우리가 채터에 시달릴 때 거리를 두는 방법 중 하나는 언어와 관련이 있다. 힘든 상황을 이겨내려고 몸부림칠 때, 자신의 이름과 이인칭 대명사 '너'를 사용해 자신을 지칭해보라. 그렇게 하면 반추와 관련된 뇌 영역의 활동이 줄어들고, 스트레스 상황에서도 더 나은 성과를 거두고, 더 지혜롭게 생각하며 부정적 정서 수준도 낮출 수 있다.

② 친구에게 조언한다고 상상하라.

거리를 둔 객관적 관점에서 당신 문제를 생각하는 또 다른 방법으로는, 당신과 똑같은 문제로 힘들어하는 친구가 있다면 그 친구에게 무엇이라 조언하겠는지 상상해보는 것이다. 당신이라면 그 친구에게 무엇이라 조언하겠는가. 그 내용을 당신 자신에게 적용해보라.

③ 시야를 넓혀라.

채터는 자신에게 닥친 문제를 편협하게 보는 경향에서 비롯된다. 따라서 그 문제를 자연스레 해결하는 해법은 시야를 넓히는 것이다. 어떻게 하면 시야를 넓힐 수 있을까? 당신과 다른 사람들이 지금까지 참고 이겨낸 역경에 지금 걱정하는 문제를 비교해보고, 그 문제를 더 큰 인생관과 세계관에 비추어보고, 당신이 존경하는 사람이라면 똑같은 상황에 어떻게 대응했을지 생각해보라.

④ 현재의 문제를 도전으로 재규정하라.

이 책 곳곳에서 말했듯 우리에게는 자신에게 닥친 문제를 다른 방향에서 생각할 수 있는 능력이 있다. 우리가 어떤 상황을 위협으로 해석할 때, 다시 말해 우리가 통제할 수 없는 것으로 해석할 때 채터가 시작된다. 이때 내적 목소리를 지원하려면, 그 상황을 통제할 수 있는 도전으로 재해석해야 한다. 당신이 과거에 유사한 상황을 어떻게 이겨냈는지 기억을 되살리거나, 거리를 둔 자기 대화를 이용하면, 도전으로 재해석하기가 한결 쉬워진다.

채터, 당신 안의 훼방꾼

⑤ 몸으로 나타나는 채터의 반응을 재해석하라.

몸에 나타나는 스트레스 징후(데이트나 프레젠테이션을 앞두고 나타나는 배탈) 자체가 다시 스트레스의 원인이 되는 경우가 비일비재하다. 채터가 복통을 일으키면, 그 복통이 다시 채터를 유발하고, 그 채터가 다시 복통의 원인이 되는 악순환이 계속된다. 이런 사태가 발생하면 몸에 나타나는 스트레스 징후가 적응을 위한 진화적 반응, 즉 스트레스 압박이 더 심한 상황에도 견디는 힘을 높여가려는 적응 과정이라 생각하라. 예컨대 호흡이 갑자기 빨라지고 심장이 쿵쾅대며 손바닥에 땀이 나는 증상은 당신을 파멸시키려는 것이 아니라, 당신이 도전적인 상황에 대응하는 걸 도와주기 위한 증상이라 생각하라.

⑥ 당신에게 닥친 문제를 정상화하라.

당신이 경험하는 사건이 당신에게만 국한되지 않는다는 점을 깨닫는 것도 채터를 잠재우는 효과적인 방법일 수 있다. 우리가 이 기법을 사용할 수 있도록 돕는 언어적 도구가 있다. 당신이 부정적 경험을 생각하거나 이야기할 때 일반적인 사람을 가리키는 '총칭적 당신'을 사용하는 방법이다. 이렇게 하면 건강한 거리를 두고 문제의 사건을 돌이켜보고, 그 사건이 우리에게만 국한된 것이 아니며 인간에게 일어나는 사건의 보편적 특징이라는 사실을 깨닫는 데 도움이 된다.

⑦ 마음속으로 시간 여행을 하라.

지금으로부터 한 달이나 1년 후, 혹은 그보다 훨씬 나중에 지금 상황을 어떻게 생각할지 상상해보는 것도 거리를 두고 시야를 넓히는 좋은 방법이다. 지금 당신을 괴롭히는 사건을 먼 미래에 되돌아보겠다고 다짐하면, 곤혹스러운 심경이 크게 편안해질 것이다. 그렇게 하면 현재의 감정 상태가 영원히 지속되지 않는다는 사실도 깨달을 것이다.

⑧ 관점을 바꿔라.

부정적 경험을 생각할 때, 벽에 붙은 파리의 관점에서 냉정하게 그 사건을 마음속으로 시각화해보라. 그렇게 '거리를 둔 자아distant self'가 사건을 다른 식으로 본다면, 그 이유를 이해하려고 해보라. 이런 관점을 택할 때 우리는 감정적으로 사건에 접근하지 않고, 객관적으로 통찰하고 사건을 종결짓는 방향으로 재해석하게 된다. 문제의 장면이 우표 크기로 축소될 때까지 카메라를 좌우로 돌리듯, 마음의 눈이 그 곤혹스러운 장면에서 멀어지는 모습을 상상해보라. 그렇게 하면 결국 시각화를 통한 거리 두기를 하는 셈이다.

⑨ 당신의 생각과 느낌을 자세히 글을 써보라.

부정적인 경험과 관련된 생각과 느낌을 하루에 15~20분씩, 사흘 연속으로 자세히 써보라. 조금도 꾸미지 말고 생각의 흐름을 그대로 써보라. 문법이나 철자를 걱정할 필요도 없다. 이렇게 화자 관점으로 본 당신의 경험에 초점을 맞추면 문제의 경험에서 거리 두게 되고, 그 결과 당신의 감정을 긍정적인 방향으로 바꿔나가는 데 도움을 얻을 수 있다.

⑩ 중립적인 제3자의 관점을 취하라.

다른 사람 혹은 다른 집단과 가졌던 부정적 상호작용 때문에 채터에 시달린다면 중립적인 제3자의 관점을 취하며 모든 관련 당사자를 위해 최선의 결과를 찾아내겠다고 다짐해보라. 그렇게 하면 부정적 감정이 줄어들고, 내적 목소리의 불안을 가라앉힐 수 있다. 또 연대 상대와는 물론이고, 부정적 상호작용을 가졌던 사람과 함께하는 관계의 질도 향상될 것이다.

⑪ 행운의 부적을 꼭 쥐거나 미신을 받아들여라.

미신에 기반한 행동이나 어떤 물건이 채터를 완화하는 데 도움이 된다는 믿음의 효과는 우리 뇌에 내재한 기대감에서 비롯된다. 부적과 미신에서 이런 효과를 얻겠다고 초자연적 힘의 존재를 믿을 필요는 없다. 부적과 미신이 우리 뇌의 치유력을 어떻게 이용하는지 이해하면, 그것으로 충분하다.

⑫ 의식을 행하라.

의식을 행하면, 다시 말해서 의미를 지닌 행동을 일정한 순서대로 행하면, 채터를 완화하는 데 도움이 되는 질서감과 통제감을 되찾을 수 있다. 일상적으로 행하는 많은 의식, 예컨대 묵언 기도와 명상이 가족과 문화를 통해 우리에게 전해지지만, 개인적으로 만들어낸 의식을 행하더라도 채터를 완화하는 데는 비슷한 효과를 발휘할 수 있다.

다른 사람과 관련된 도구

채터를 극복하기 위해 다른 사람들과 어떻게 도움을 주고받을 수 있는지 생각할 때는 두 방향에서 접근해야 한다. 하나는 '다른 사람이 채터를 이겨내도록 어떻게 지원해줄 수 있는가?'이고, 다른 하나는 '우리는 채터를 이겨내기 위해 다른 사람으로부터 어떤 지원을 받을 수 있는가?'다.

채터에 시달리는 다른 사람을 지원하기 위한 도구

① 상대의 정서적 욕구뿐 아니라 인지적 욕구에도 주목하라.

채터에 시달리는 사람이 다른 사람에게 도움을 청할 때는 일반적으로 두 가지 욕구를 채우려 한다. 하나는 배려와 지원을 바라는 정서적 욕구이고, 다른 하나는 문제를 종결하기 위한 구체적 방법에 관련된 조언을 구하는 인지적 욕구다. 그의 채터를 완화하려면 두 욕구 모두를 채워줘야 한다. 구체적으로 말하면, 상대가 현재 겪는 상황을 정서적으로 공감하는 수준을 넘어, 그의 시야를 넓혀주고 희망을 주는 동시에 그만이 그런 상황을 겪는 것은 아니라는 사실을 깨닫게 해주어야 한다. 이런 지원이 직접 만나 행해질 수도 있지만, 문자메시지와 소셜 미디어 등 다양한 형태의 디지털 커뮤니케이션을 통해서도 이루어질 수 있다.

② 보이지 않는 지원을 제공하라.

도움을 청하지 않는 사람에게 채터를 완화하는 방법에 대해 조언하면 역효과를 불러일으킬 수 있다. 또 그런 조언은 상대의 자기 효능감과 자율성을 위협한다. 그렇다고 채터에 시달리면서도 도움을 구하지 않는 사람을 도울 방법이 없다는 뜻은 아니다. 그런 상황에서는 '보이지 않게' 지원을 제공할 필요가 있다. 물론 이때 당신이 돕는다는 걸 그가 눈치채지 못해야 한다. 그런 방법은 많다. 부탁받지도 않았는데 집 안을 깨끗이 청소해보라. 실질적 지원을 은밀히 제공하는 대표적인 예일 수 있다. 유사한 사건을 경험한 적이 있는 사람들에 대해 일반론적으로 이야기하거나("놀랍게도 모두가 양육을 어렵다고 생각한다"), 누군가에게 조언을 청하면서도 상대를 도우려고 그 조언을 부탁했다는 낌새를 보이지 않음으로써 상대의 시야를 간접적으로 넓혀주는 것도 좋은 예다. 내 경우를 예로 들어 설명해보자. 동료 교수들이 대학생들을 지도하는데 어려움을 겪고, 우리가 다른 교수들과 한 울타리에 있다면, 나는 그들 모두에게 학생들을 지도하는 데 곤란을 겪은 적이 있는지, 그런 경우 그 상황을 어떻게 해결했는지 편하게 물어 동료 교수들에게 간접적으로 도움을 줄 수 있을 것이다.

③ 아이들에게 자신을 슈퍼히어로라 생각하라고 말하라.

미디어에서 '배트맨 효과'라며 대중화한 이 전략은, 격렬한 감정에 휩싸인 아이들에게 특히 유용한 거리 두기 전략이다. 그런 아이들에게는 자신을 슈퍼히어로로, 혹은 좋아하는 만화영화 등장인물이라 생각하고 감정적으로 어려운 상황에 부딪히면 그 등장인물의 이름으로 자신을 불러보라고 가르쳤다. 이 기법은 아이들이 당면한 상황에서 거리를 두는 걸 돕는다.

④ 다정하게 (그러나 정중하게) 스킨십하라.

사랑하는 사람의 손을 잡든 포옹하든 간에 신체 접촉에서 따뜻함을 느끼면, 우리가 의지할 수 있는 사람이 있다는 걸 의식적인 차원에서 인식한다. 그런 따뜻함은 채터를 가라앉혀주는 심리적 위안이기도 하다. 다정한 스킨십은 무의식적으로 엔도르핀뿐 아니라, 스트레스 수치를 낮추는 옥시토신 같은 화학물질의 분비를 촉진한다. 물론 다정한 스킨십이 효과를 발휘하려면 반발을 불러일으키지 않아야 한다.

⑤ 다른 사람의 플라세보가 되라.

다른 사람이 우리 믿음에 큰 영향을 줄 수 있다. 채터를 얼마나 효과적으로 처리하고, 그 효과가 얼마나 오랫동안 지속될지에 대한 우리의 기대에도 다른 사람의 영향이 클 수 있다. 이렇게 인간관계를 통한 치유의 힘을 활용하는 방법도 있다. 요컨대 상황이 앞으로 나아지리라는 낙관적인 관점을 심어주는 쪽으로 상대에게 조언하면, 그를 괴롭히는 채터가 어떻게 진전하리라는 예측과 기대까지 바꿔갈 수 있을 것이다.

다른 사람들에게 채터 극복을 지원받기 위한 도구

① 다양한 조언자를 구하라.

속내를 털어놓기에 적합한 사람, 정서적 욕구뿐 아니라 인지적 욕구도 채워줄 수 있는 유능한 사람을 찾아내는 게 다른 사람의 힘을 이용하는 첫걸음이다. 당신이 어떤 영역에서 채터에 시달리느냐에 따라 적절히 조언해줄 수 있는 사람이 달라진다. 일과 관련된 문제에서는 동료가 전문적인 조언을 해줄 수 있을 것이고, 난관에 부딪힌 인간관계에 대한 조언은 배우자가 더 적합할 수 있다. 영역에 따라 도움을 구할 사람을 선택하는 게 좋다. 다양한 사람으로 구성된 당신만의 조언자 위원회를 구축하라. 당신의 삶에서 내적 목소리가 미친 듯이 뛰는 영역별로 적합한 조언자를 믿을 만한 사람들로 찾아보라.

② 신체 접촉을 꾀하라.

다른 사람이 당신에게 애정 어린 스킨십이나 격려가 담긴 신체 접촉을 먼저 해주기를 기다릴 필요가 없다. 다른 사람의 다정한 신체 접촉에서 갈팡질팡한 마음을 진정하는 데 도움받은 적이 있다면, 그런 신체 접촉을 적극적으로 구하라. 예컨대 신뢰할 수 있는 사람에게 껴안아달라고 요구하거나, 간단히 손을 꼭 잡아달라고 해보라. 이런 이점을 누리겠다고 굳이 사람을 신체적으로 접촉할 필요는 없다. 무생물이어도 마음을 편하게 해주는 것, 예컨대 곰 인형이나 안심 담요를 껴안는 것도 도움이 된다.

③ 사랑하는 사람의 사진을 보아라.

당신을 좋아하는 사람을 생각하면 정서적으로 괴로울 때 도움을 구할 사람이 세상에 있다는 확신이 생긴다. 이런 이유로 채터에 사로잡힐 때 사랑하는 사람의 사진을 보면 내적 목소리를 누그러 뜨리는 데 도움이 될 수 있다.

④ 다른 사람과 함께 의식을 행하라.

많은 의식을 혼자 행할 수 있지만, 다른 사람들 앞에서 의식을 행하면 부가적 효과를 얻을 수 있다. 집단 명상이나 합심 기도, 경기 전에 팀원들과 함께하는 의식, 항상 똑같이 말하며 똑같이 행동하는 친구들과의 간단한 건배에서도 든든한 응원군이 있다는 확신을 얻고, 자기 초월적self-transcendence 상태에 도달함으로써 혼자라는 외로움을 줄일 수 있다.

⑤ 소극적인passive 소셜 미디어 사용을 최소화하라.

페이스북, 인스타그램 등 소셜 미디어 플랫폼에서 다른 사람들의 잘 꾸민 소식을 훔쳐보다 보면, 자기 패배적이고 시샘을 야기하는 생각이 꼬리를 물고 이어질 수 있다. 이런 결과를 완화하는 방법 중 하나는 소극적인 소셜 미디어 사용을 억제하는 것이다. 오히려 소셜 미디어를 활용해, 기회가 닿을 때마다 다른 사람들과 접촉하는 기회를 적극적으로_{actively} 갖는 편이 낫다.

⑥ 소셜 미디어를 이용할 때도 거리 두기에 유념하라.

소셜 미디어가 채터를 부추길 수 있지만, 한편으로는 채터를 극복하는 데 필요한 지원망의 규모와 범위를 확대하는 뜻밖의 기회를 제공할 수도 있다. 하지만 소셜 미디어를 이용해 지원을 구하려고 할 때, 당신의 부정적인 생각을 충동적으로 드러내지 않도록 조심해야 한다. 그렇게 하면 나중에 당신이 후회할지도 모를 생각이나 다른 사람을 곤경에 빠뜨리는 의견을 털어놓는 오류를 범하기 십상이다.

환경과 관련된 도구

① 주변 환경을 정리 정돈하라.

채터에 시달리면 통제력까지 상실한 듯한 기분에 빠진다. 우리가 생각을 지배하지 못하고, 거꾸로 생각이 우리를 지배한다. 이런 상황이 닥칠 때 주변을 깔끔하게 정리함으로써 통제감을 되살릴 수 있다. 주변을 깨끗이 정리하는 방법은 다양하다. 업무 공간이나 집 안을 깔끔하게 청소하거나, 목록을 만들어 주변에 어수선하게 널브러진 물건을 정리해보라. 이렇게 생활공간을 정리하는 당신만의 방식을 찾아내면 뒤숭숭한 마음에서도 질서감을 되찾는 데 큰 도움이 될 것이다.

② 녹색 공간을 접촉할 기회를 늘려라.

녹색 공간에서 시간을 보내면 뇌의 주의력이 유지되는 시간이 보충되고, 그 결과 채터와 싸우는 데 도움이 된다. 채터가 밀려오면 가로수가 늘어선 인도를 걷거나 공원을 산책해보라. 그런 여유가 없다면 자연 풍광을 담은 동영상을 컴퓨터로 시청하거나, 녹음이 우거진 숲을 찍은 사진을 보거나, 자연의 소리를 담은 녹음을 들어보라. 당신이 거주하고 일하는 공간을 녹색 식물로 채우면 내적 목소리를 잠재우는 환경을 만들 수 있을 것이다.

③ 무엇에 경외감을 느끼는지 찾아보라.

경외감에 사로잡히면 당면한 문제에 균형 있게 접근하며, 현재의 걱정거리를 초월할 수 있다. 물론 경외감을 주는 것은 무척 다양하고, 사람마다 다를 수 있다. 숨 막히게 아름다운 풍경에서 경외감을 느끼는 사람이 있는 반면, 어린아이의 놀라운 기억력에 경외감을 느끼는 사람도 있다. 물론 뛰어난 미술품을 감상할 때 경외감에 사로잡히는 사람도 있다. 당신은 무엇에 경외감을 느끼는가? 그것을 찾아내 내적 대화가 부정적인 방향으로 걷잡을 수 없이 흘러갈 때 보면서 경외감을 인위적으로 끌어내보라. 이처럼 눈길을 줄 때마다 경외감이 느껴지는 것을 주변에 놓아두는 것도 좋은 생각일 수 있다.

감사의 글

이 책의 씨앗은 37년 전, 아버지가 "내면으로 들어가라"고 나를 독려하기 시작한 때부터 뿌려졌다. 그 때문에 이 책을 쓰는 내내 아버지의 목소리가 내 곁을 떠나지 않았다.

내 학생들, 공동 연구자와 동료들에게 감사하고 싶다. 그들의 이름을 일일이 열거하기에는 너무도 많다. 그들이 없었다면 이 책은 결코 탄생하지 못했을 것이다. 그들과 함께하는 작업은 나에게 일종의 특권이었다. 내가 그랬듯 이 책의 독자들도 그들의 지혜에서 많은 것을 얻길 바란다.

가족의 지원이 없었다면 내가 이 프로젝트를 끝낼 수 있었을까 의문이다. 아내 라라는 수년 동안 하루도 빠짐없이 채터에 대한 내 이야기를 끈기 있게 들어주었다. 라라는 내 원고를 읽고 응원과 격려를 아끼지 않았다. 아빠 때문에 엄마를 잃었던 아이들의 상황을 생각하면 지금도 온몸이 떨린다. 후줄근한 옷을 입고 굶

주림에 시달리며, 왜 엄마나 아빠가 자기들을 데리러 오지 않는지 궁금해하며 학교에서 오도 가도 못했을 것이다. 나도 제정신이 아니었다. 그 때문에 장인 배질이 나에게 원하면 언제라도 조언해주겠다고 제안했지만, 내가 어떤 상황에 처했는지 전혀 몰랐을 것이다. 여하튼 내가 장인의 제안을 받아들였다는 정도로만 말해두자. 그래도 가족 모두의 한없는 사랑과 지원에 감사할 따름이다. 어머니, 어마와 카렌, 이언과 릴라, 오언 등 모두에게 고맙다는 말을 전하고 싶다. 방학 중에도 그들과 함께하지 않고 일에 푹 빠져 지낸 나를 (지나치게) 호되게 나무라지 않았다. 그들 모두에게 사랑한다는 말을 전하고 싶다.

내 저작권 대리인, 더그 에이브럼스는 영리하고 요령 있는 지능의 소유자일 뿐 아니라 남다른 가슴도 지니고 있다. 세상을 더 나은 곳으로 만들려는 그의 열정은 실로 대단하다. 더그는 나보다 앞서 이 책의 성공 가능성을 보았고, 이 프로젝트에 생명을 불어넣으려고 끝없이 노력했다. 따라서 이 프로젝트를 진행하는 동안 그의 목소리는 항상 반가운 동반자였다. 에런 설면은 내 글쓰기 코치로 시작했지만, 이 책을 끝낼 즈음 우리는 서로에게 둘도 없는 친구가 되었다. 그는 나에게 광범위한 독자를 상대로 글 쓰는 법을 가르쳐주었고, 멋진 이야기를 찾아내는 비결을 알려주었으며, 무미건조한 내 글에 재미를 불어넣었다. 덕분에 나는 최종 원고를 마무리할 때까지 지치지 않고 즐겁게 글을 쓸 수 있었다. 에런은 나에게 더할 나위 없이 완벽한 글쓰기 안내자였다. 라라 러브는 각 장에 대해 예리한 피드백을 주었고, 출판 사업이 어떻게 움직이는지 끈기 있게 설명해주는 등 온갖 잡다한 주제를 두고 이런저런 이야기를 나누며 많은 시간을 보냈다. 그녀의 따뜻한 마음과 지혜 덕분에 이 책을 쓰는 과정이 더욱 재밌었다. 펭귄 랜덤 하우스 출판사의 편집자로, 이 책 편집을 맡은 팀 더건은 함께 일하고 싶은 최고의 전문가였다. 통찰력뿐 아니라 인내심과 공감 능력까지 겸비한 팀은 처음부터 내 작업에 적극적으로 협력했고, 조금도 속도를 늦추지 않았다. 그의 예리한 편집과 부드러운 격려에 원고에 많은 변화가 있었다. 우리가 함께 일한 순간을 영원히 고마워할 것이고, 기회가 닿으면 다시 그와 함께 일하고 싶다.

이 책을 쓰는 데 기여한 모든 사람을 생각하면 가슴이 뭉클해진다. 영국 쪽 편집자 조엘 리케트는 내 원고를 읽고 날카로운 피드백을 꾸준히 제시해주었다. 내가 이 책을 작업하는 동안 그의 제안은 나에게 방향을 제시해주는 주문과도 같았고, 채터가 꿈에서는 어떻게 나타나는지 연구해보라는 재촉은 지금도 나에게는 풀어야 할 흥미로운 숙제 중 하나다. 윌 울프슬라우는 내 원고를 빠짐없이 읽고 무수히 많은 제안을 해주었다. 덕분에 처음보다 훨씬 나은 책이 탄생할 수 있었다. 오브리 마틴슨은 윌 울프슬라우와 함께 출판 과정 내내 원고를 능숙하게 다루며, 진행 과정을 자세히 알려주었다. 몰리 스턴은 이 책의 제안서를 본 순간부터 적극적으로 지원했다. 특히 레이첼 클레이먼과 에마 베리, 질리언 블레이크가 몇몇 장에서 제시한 조언은 깊이와 폭에서 이 책에 가치를 더해주었고, 그에 대해 감사하지 않을 도리가 없다. 끝으로 에번 네스테라크는 확인의 신이다. 그가 이 책에서 언급한 모든 이야기를 꼼꼼하게 확인해준 덕분에 나는 잠을 편하게 잘 수 있었다.

아이디어 아키텍트는 자신들이 하는 일에 혼신을 다하는 뛰어난 인재로 가득한 저작권 회사다. 레이철 뉴먼, 타이 러브, 코디 러브, 재닐 줄리언, 부 프린스, 마리아 샌퍼드, 캐서린 바즈, 켈시 셰로나스, 에스미 슈월 와건드 및 모든 팀원에게 감사의 말을 전하고 싶다. 펭귄 랜덤 하우스의 직원들, 스티브 메시나, 잉그리드 스터너, 로버트 시크, 리니 놀밀러, 샐리 프랭클린, 엘리자베스 렌드플라이슈, 크리스 브랜드, 줄리 세플러, 다이애나 메시나, 레이철 올드리치에게도 감사하고 싶다. 영국 펭귄 랜덤 하우스의 계열사 에버리 출판사의 리어 펠덤와 세리나 내저러스에게도 감사한다. 애브너와 마시 에이전시는 전 세계에 이 책을 알리는 데 큰 역할을 해냈다. 아이디어 아키텍트와 마시 에이전시 외에도 캐스피언 데니스, 샌디 바이올렛, 펠리시티 애머, 세라 맥패든, 샐리안 세인트 클레어, 커밀라 페리어, 제마 맥도나, 모니카 칼라냐노가 이 프로젝트에 쏟은 열정과 노력에 나는 큰 빚을 진 듯한 기분이다.

이 책이 출간되기 전에 월터 미셸은 안타깝게도 세상을 떠났다. 그러나 그의 영향은 이 책 곳곳에 스며들어 있다. 외즐렘 아이두크와 나는 대학원에 입학한 첫날부터 절친한 친구이자 연구 동반자였다. 이 프로젝트를 진행하는 동안 외즐렘이 보여준 변치 않은 우정과 지원은 큰 힘이 되었다. 당연한 말이겠지만, 이 책에는 그녀의 지혜로 가득하다.

앤절라 더크워스는 내가 알고 지내는 가장 바쁜 학자다. 그런

채터, 당신 안의 훼방꾼

데도 그녀는 항상 내 전화에 회신해주었고, 지혜로운 조언과 진심 어린 격려를 아끼지 않았다. 데이비드 메이어는 매주 한 번 만날 때마다 끝없이 이어지는 이야기를 묵묵히 들어주었고, 제이슨 모저는 난상 토론하기에 더없이 좋은 상대로, 내가 이 책을 쓰려고 고심하던 몇몇 쟁점에 대해 임상적 의견을 제시해주었다. 나는 대학원에서 자밀 자키를 만났다는 사실을 전혀 몰랐지만, 우리는 거의 같은 시기에 비슷한 책을 발표하게 되었다. 그는 이 책의 완성에서 빼놓을 수 없는 조언자다.

애덤 그랜트, 수전 케인, 댄 핑크, 댄 히스, 제인 맥고니걸, 마리아 코니코바, 애덤 올터, 엘리사 에펠, 소냐 류모머스키, 데이브 에번스, 톰 보이스, 제임스 도티, 존 바, 스콧 소넨셰인, 앤디 몰린스키는 이 프로젝트를 처음부터 적극적으로 지원했다. 그들의 따뜻하고 친절한 응원에 고맙다는 말을 전하고 싶다.

이 밖에도 많은 사람이 개인적 이야기를 너그럽게 알려주었다. 고맙습니다! 그들이 없었다면 이 책은 결코 지금 같은 모습으로 완성되지 못했을 것이다.

운 좋게도 나는 똑똑한 만큼이나 시간을 할애하는 데도 너그러운 동료들과 함께 일할 수 있었다. 존 조니데스, 수전 겔먼, 오스카 이바라, 루크 하이드, 재신타 비허, 갤 셰퍼스, 대니얼 윌링햄, 데이비드 더닝, 스티브 콜, 아리아나 오벨, 마크 버먼, 루디 멘도저 덴튼, 앤드루 어빙, 밍 쿠오, 에이미 고든, 마크 시리, 스콧 페이지, 루 페너, 닉 호프먼, 딕 니스벳, 시부노 가타야마, 스테파니 칼슨, 레이첼 화이트, 크레이그 앤더슨, 재닛 김, 버나드 리메, 월터 소든, 필리페 페르다윈, 토어 웨이저 등 모두가 유익한 피드백을 아끼지 않았다. 물론 교수진에게 중대한 문제에 의문을 품고 연구하라고 독려하는 남다른 교육기관, 미시간대학교에도 감사하고 싶다. 미시간대학교의 지원이 없었다면, 내가 이 책에서 언급한 많은 연구가 가능하지 않았을 것이다. 국립보건원, 국립과학재단, 리버데일 컨트리 예비학교, 캐릭터 연구실, 페이스북, 존 템플턴 재단 등의 지원에도 감사하다. 물론 이 책에서 제시한 관점은 순전히 내 관점일 뿐, 이 조직들의 관점이 반영되지는 않았다.

끝으로 사랑하는 마야와 대니에게 고맙다는 말을 전하고 싶다. 이 책을 쓰면서 두 아이와 함께하는 소중한 시간을 빼앗길 수밖에 없었다. 두 녀석의 인내와 사랑이 고마울 따름이다. 이제 아빠가 돌아왔다!

제사

1 Cathleen Falsani, "Transcript: Barack Obama and the God Factor Interview", *Sojourners*, 2012년 3월 27일, sojo.net/articles/transcript-barack-obama-and-god-factor-interview.

2 Dan Harris, *10% Happier: How I Tamed the Voice in My Head, Reduced Stress Without Losing My Edge, and Found Self-Help That Actually Works-a True Story* (New York: It Books, 2014).

서문

1 "Pain of Rejection: Real Pain for the Brain", CBS News, 2011년 3월 29일, www.cbsnews.com/news/pain-of-rejection-real-pain-for-the-brain/. 여기에서 언급한 내용은 selfcontrol.psych.lsa.umich.edu/wp-content/uploads/2017/08/Why-does-a-broken-heart-physically-hurt.mp4에서 확인할 수 있다.

2 Janet Metcalfe and Hedy Kober, "Self-Reflective Consciousness and the Projectable Self", in *The Missing Link in Cognition: Origins of Self-Reflective Consciousness*, ed. H. S. Terrace and J. Metcalfe (Oxford: Oxford University Press, 2005), 57~83.

3 이 구절에서 언급하는 사항들은 뒤에서 빠짐없이 자세히 다루고, 그때마다 관련된 참고문헌도 제시한다. 예컨대 '채터'가 세포의 노화에 기여한다는 주장에 대해서는 2장에서 다루는 '질병과 감염'을 참조할 것.

4 Matthew A. Killingsworth and Daniel T. Gilbert, "A Wandering Mind Is an Unhappy Mind", *Science* 330 (2010): 932; Peter Felsman et al., "Being Present: Focusing on the Present Predicts Improvements in Life

Satisfaction but Not Happiness", *Emotion* 17 (2007): 1047~1051; Michael J. Kane et al., "For Whom the Mind Wanders, and When, Varies Across Laboratory and Daily-Life Settings", *Psychological Science* 28 (2017): 1271~1289. Kane 등이 논문에서 분명히 말하듯 정신을 집중하지 못하는 정도는 개인에 따라 다르다. 내가 이 장에서 언급하는 수치는 평균치를 가리킨다. 뒤에서 언급하는 통계자료도 마찬가지다.

5   2001년에 발표된 한 논문을 계기로 '초기 상태default state'에 대한 연구가 폭발적으로 증가했다. Marcus E. Raichle et al., "A Default Mode of Brain Function", *Proceedings of the National Academy of Sciences of the United States of America* 98 (2001): 676~682. 그 이후의 연구는 초기 상태를 '딴생각mind wandering'과 관련지었다. Malia F. Mason et al., "Wandering Minds: The Default Network and Stimulus-Independent Thought", *Science* 315 (2007): 393~395. Kalina Christoff et al., "Experience Sampling During fMRI Reveals Default Network and Executive System Contributions to Mind Wandering", *Proceedings of the National Academy of Sciences of the United States of America* 106 (2009): 8719~8724도 참조하기 바란다.

6   1장에서 설명하겠지만, 초기 상태는 언어적 추리verbal reasoning에 국한되지 않는다. 예컨대 마음이 방황할 때 시공간적 추리도 이루어진다. 하지만 언어적 추리는 '딴생각'에서 핵심적인 역할을 한다. 이 문제를 초기에 무척 엄밀하게 다룬 연구에서 에릭 클링거Eric Klinger와 W. 마일스 콕스W. Miles Cox는 "대체로 생각의 내용에는 어느 정도까지 내적 독백이 수반된다"라고 결론지었다. 이때 그들은 "내적 독백"을 "생각하는 내내 나 자신에게 말하는 행위"로 정의했고, "내적 독백은 생각의 흐름에서 시각적 심상만큼이나 일반적인 특징"이라고 덧붙였다. Eric Klinger and W. Miles Cox, "Dimensions of Thought Flow in Everyday Life", *Imagination, Cognition, and Personality* 7 (1987): 105~128. Christopher L. Heavey and Russell T. Hurlburt, "The Phenomena of Inner Experience", *Consciousness and Cognition* 17 (2008): 798~810; and David Stawarczyk, Helena Cassol, and Arnaud D'Argembeau, "Phenomenology of Future-Oriented Mind-Wandering Episodes", *Frontiers in Psychology* 4 (2013): 1~12도 참조하기 바란다.

7   Halvor Eifring, "Spontaneous Thought in Contemplative Traditions", in *The Oxford Handbook of Spontaneous Thought: Mind-Wandering,*

Creativity, and Dreaming, ed. K. Christoff and K. C. R. Fox (New York: Oxford University Press, 2018), 529~538. Eifring은 '자연 발생적 생각spontaneous thought'을 일종의 딴생각으로 개념화했다. 위에서 지적했듯 딴생각에는 내적 독백이 수반되는 경우가 많다. 더 일반화해서 말하면, 인류의 역사, 특히 종교에서 속내 말inner speech이 주된 역할을 한다는 이론은 여러 학자에 의해 다루어졌다. 예컨대 크리스토퍼 쿡Christopher C. H. Cook은 "종교적인 경험에서 목소리에 신성을 부여하려는 경향은 부인할 수 없다"라고 말했다. Christopher C. H. Cook, *Hearing Voices, Demonic and Divine* (London: Routledge, 2019). 더 깊이 알고 싶으면 Daniel B. Smith, Muses, Madmen and Prophets: Hearing Voices and the Borders of Sanity (New York: Penguin Books, 2007); T. M. Luhrmann, Howard Nusbaum, and Ronald Thisted, "The Absorption Hypothesis: Learning to Hear God in Evangelical Christianity", *American Anthropologist* 112 (2010): 66~78; Charles Fernyhough, *The Voices Within: The History and Science of How We Talk to Ourselves* (New York: Basic Books, 2016); and Douglas J. Davies, "Inner Speech and Religious Traditions", in *Theorizing Religion: Classical and Contemporary Debates*, ed. James A. Beckford and John Walliss (Aldershot, England: Ashgate Publishing, 2006), 211~223을 참조하기 바란다.

8 K. Maijer et al., "Auditory Hallucinations Across the Lifespan: A Systematic Review and Meta-Analysis", *Psychological Medicine* 48 (2018): 879~888.

9 Ron Netsell and Klaas Bakker, "Fluent and Dysfluent Inner Speech of Persons Who Stutter: Self-Report", Missouri State University Unpublished Manuscript (2017). 더 깊이 알고 싶으면 M. Perrone-Bertolotti et al., "What Is That Little Voice Inside My Head? Inner Speech Phenomenology, Its Role in Cognitive Performance, and Its Relation to Self-Monitoring", *Behavioural Brain Research* 261 (2014): 220~239와 Charles Fernyhough, *The Voices Within: The History and Science of How We Talk to Ourselves* 를 참조하기 바란다. 하지만 말을 더듬는 사람은 발음하기 힘든 어구를 소리 내어 말할 때 실수하듯 속내 말을 하는 동안에도 실수한다는 증거가 있다. "Investigating the Inner Speech of People Who Stutter: Evidence for (and Against) the Covert Repair Hypothesis", *Journal of Communication Disorders* 44 (2011): 246~260.

10 수어를 사용하는 청각장애인들도 '자신에게 말을 걸지만', 일반인과 비교할 때 그들의 속내 말이 표현되는 방법에는 유사점과 차이점이 공존한다. Margaret Wilson and Karen Emmorey, "Working Memory for Sign Language: A Window into the Architecture of the Working Memory System", *Journal of Deaf Studies and Deaf Education* 2 (1997): 121~130; Perrone-Bertolotti et al., "What Is That Little Voice Inside My Head?"; and Helene Loevenbruck et al., "A Cognitive Neuroscience View of Inner Language: To Predict and to Hear, See, Feel", in *Inner Speech: New Voices*, ed. P. Langland-Hassan and Agustin Vicente (New York: Oxford University Press, 2019), 131~167. 예컨대 뇌 영상 연구에 따르면, 청각장애인에게 내적 수어로 어떤 문장을 속내 말로 완성해보라고 요구하면 정상인의 경우 좌뇌 전두엽 피질에서 속내 말을 담당하는 영역이 똑같이 활성화된다. Philip K. McGuire et al., "Neural Correlates of Thinking in Sign Language", *NeuroReport* 8 (1997): 695~698. 일반인이 음성언어를 사용할 때와 청각장애인이 수어를 사용할 때를 비교한 뇌 영상 연구에서도 유사한 결과가 일관되게 확인되었다. 수어와 음성언어가 공통된 신경 영역을 공유하는 이유를 이해하려면, 두 언어가 동일한 조직 원리(예컨대 형태론, 통사론, 의미론, 음운론)를 사용한다는 사실을 고려할 필요가 있다. Laura Ann Petitto et al., "Speech-Like Cerebral Activity in Profoundly Deaf People Processing Signed Languages: Implications for the Neural Basis of Human Language", *Proceedings of the National Academy of Sciences of the United States of America* 97 (2000): 13961~13966.

11 Rodney J. Korba, "The Rate of Inner Speech", *Perceptual and Motor Skills* 71 (1990): 1043~1052는 실험 참가자들에게 말로 표현하려고 할 때 부딪치는 단어 문제를 해결하기 위해 사용하는 '속내 말'을 기록한 후 그 해결책을 완전한 문장으로 소리 내어 말해보라고 요구했다. 참가자들은 '외적으로 표현되는 말expressive speech'로 해법을 표현할 때보다 대략 11배나 빠른 속도로 속으로는 해법을 표현했다. 이 연구에서 입증되듯 우리는 마음속에서 완전한 문장으로 생각할 수 있지만 속내 말은 한층 압축된 형태를 띠고, 그런 압축이 우리가 소리 내 말할 때보다 더 빠른 속도로 이루어진다. 더 깊이 알고 싶으면 Simon McCarthy Jones and Charles Fernyhough, "The Varieties of Inner Speech: Links Between Quality of Inner Speech and

Psychopathological Variables in a Sample of Young Adults", *Consciousness and Cognition* 20 (2011): 1586~1593을 참조하기 바란다.

12 '요즘 미국 대통령들의 국정 연설'은 2001년부터 2020년까지 이루어진 모든 연설을 가리킨다. Gerhard Peters, "Length of State of the Union Address in Minutes (from 1966)", in The American Presidency Project, ed. John T. Woolley and Gerhard Peters (Santa Monica, CA: University of California, 1999~2020). https://www.presidency.ucsb.edu/node/324136/에서 찾아 읽을 수 있다.

13 심리학자들은 채터와 관련된 외적으로 유사한 과정을 지칭하는 데 다른 용어들('rumination' 'post-event processing' 'habitual negative self-thinking' 'chronic stress' 'Worry')을 사용해왔다. '반추rumination'는 과거에 초점을 맞추는 반면, '걱정worry'은 미래 지향적이란 점에서, 부정적 사고의 반복을 뜻하면서도 미묘한 차이가 있지만, 대부분의 과학자는 그 용어들을 '집요하게 이어지는 인지perseverative cognition'나 '반복되는 부정적 생각negative repetitive thought'을 뜻하는 것으로 사용한다. 이 책에서 나는 그 개념을 대신하는 것으로 '채터chatter'라는 표현을 사용하려 한다. 이 쟁점에 대해 더 깊이 알고 싶으면 Jos F. Brosschot, William Gerin, and Julian F. Thayer, "The Perseverative Cognition Hypothesis: A Review of Worry, Prolonged Stress-Related Physiological Activation, and Health", *Journal of Psychosomatic Research* 60 (2006): 113~124; and Edward R. Watkins, "Constructive and Unconstructive Repetitive Thought", *Psychological Bulletin* 134 (2008): 163~206을 참조하기 바란다.

1장. 왜 우리는 혼잣말을 할까

1 이 프로젝트가 시행된 기간에 대해서는 맨체스터대학교에 등록된 어빙의 웹페이지를 참조하기 바란다. www.research.manchester.ac.uk/portal/en/researchers/andrew-irving(109e5208-716e-42e8-8d4f-578c9f556cd9)/projects.html?period=finished.

2 "Interview: Dr. Andrew Irving & 'New York Stories,'" 2013년 6월 10일, Wenner-Gren Foundation, blog.wennergren.org/2013/06/interview-dr-andrew-irving-new-york-stories/와 Andrew Irving, *The Art of Life and*

Death: Radical Aesthetics and Ethnographic Practice (New York: Hau Books, 2017).

3 앤드루 어빙이 아프리카에서 시행한 현장 연구에 대해서는 Andrew Irving, "Strange Distance: Towards an Anthropology of Interior Dialogue", *Medical Anthropology Quarterly* 25 (2011): 22~44; and Sydney Brownstone, "For 'New York Stories', Anthropologist Tracked 100 New Yorkers' Inner Monologues Across the City", *Village Voice*, May 1, 2013을 참조하기 바란다.

4 Thomas Suddendorf and Michael C. Corballis, "The Evolution of Foresight: What Is Mental Time Travel, and Is It Unique to Humans?", *Behavioral and Brain Sciences* 30 (2007): 299~351.

5 어빙이 지적하듯이, 실험 참가자들이 머릿속에 떠올린 생각의 내용은 다양했지만 많은 참가자가 공통적으로 경제적 불안정과 테러 등과 같은 부정적 주제를 생각하는 경향을 보였다. Brownstone, "For 'New York Stories', Anthropologist Tracked 100 New Yorkers' Inner Monologues Across the City"를 참조하기 바란다.

6 Eric Klinger, Ernst H. W. Koster, and Igor Marchetti, "Spontaneous Thought and Goal Pursuit: From Functions Such as Planning to Dysfunctions Such as Rumination", in Christoff and Fox, *Oxford Handbook of Spontaneous Thought*, 215~232; Arnaud D'Argembeau, "Mind-Wandering and Self-Referential Thought", in ibid., 181~192; and A. Morin, B. Uttl, and B. Hamper, "Self-Reported Frequency, Content, and Functions of Inner Speech", *Procedia: Social and Behavioral Journal* 30 (2011): 1714~1718.

7 서문의 주6을 참조하기 바란다.

8 Michael L. Anderson, "Neural Reuse: A Fundamental Principle of the Brain", *Behavioral and Brain Sciences* 33 (2010): 245~313.

9 Alan Baddeley, "Working Memory", *Science* 255 (1992): 556~559. Alan Baddeley and Vivien Lewis, "Inner Active Processes in Reading: The Inner Voice, the Inner Ear, and the Inner Eye", in *Interactive Processes in Reading*, ed. A. M. Lesgold and C. A. Perfetti (Hillsdale, NJ: Lawrence Erlbaum, 1981), 107~129; Alan D. Baddeley and Graham J. Hitch, "The Phonological

Loop as a Buffer Store: An Update", *Cortex* 112 (2019): 91~106; and Antonio Chella and Arianna Pipitone, "A Cognitive Architecture for Inner Speech", *Cognitive Systems Research* 59 (2020): 287~292도 참조하기 바란다.

10 Nivedita Mani and Kim Plunkett, "In the Infant's Mind's Ear: Evidence for Implicit Naming in 18-Month-Olds", *Psychological Science* 21 (2010): 908~913. 이에 대해 더 깊이 알고 싶으면 Ben Alderson-Day and Charles Fernyhough, "Inner Speech: Development, Cognitive Functions, Phenomenology, and Neurobiology", *Psychological Bulletin* 141 (2015); and Perrone-Bertolotti et al., "What Is That Little Voice Inside My Head?" 를 참조하기 바란다.

11 Lev Vygotsky, *Thinking and Speech: The Collected Works of Lev Vygotsky*, vol. 1 (1934; New York: Plenum Press, 1987). Alderson-Day and Fernyhough, "Inner Speech"; and Perrone-Bertolotti et al., "What Is That Little Voice Inside My Head?"를 참조하기 바란다.

12 사회화 과정에 부모가 차지하는 역할의 복잡성을 강조한 연구에 대해서는 W. Andrew Collins et al., "Contemporary Research on Parenting: The Case for Nature and Nurture", *American Psychologist* 55 (2000): 218~232를 참조하기 바란다. 자녀의 정서적 삶에서 부모가 차지하는 역할에 대한 최근의 분석에 따르면, 부모의 행동이 자녀의 감정 조절에 통계적으로 유의미한 긍정적 영향을 미친다는 사실이 확인되었다. Michael M. Barger et al., "The Relation Between Parents' Involvement in Children's Schooling and Children's Adjustment: A Meta-analysis", *Psychological Bulletin* 145 (2019): 855~890을 참조하기 바란다.

13 문화적 개념 전달에서 언어가 차지하는 역할에 대한 폭넓은 연구를 보고 싶으면 Susan A. Gelman and Steven O. Roberts, "How Language Shapes the Cultural Inheritance of Categories", *Proceedings of the National Academy of Sciences of the United States of America* 114 (2017): 7900~7907; and Roy Baumeister and E. J. C. Masicampo, "Conscious Thought Is for Facilitating Social and Cultural Interactions", *Psychological Review* 117 (2010): 945~971을 참조하기 바란다.

14 Hazel R. Markus and Shinobu Kitayama, "Culture and the Self: Implications for Cognition, Emotion, and Motivation", *Psychological Review* 98 (1991): 224~253.

15 Adam B. Cohen, "Many Forms of Culture", *American Psychologist* 64 (2009): 194~204.

16 Laura E. Berk and Ruth A. Garvin, "Development of Private Speech Among Low-Income Appalachian Children", *Developmental Psychology* 20 (1984): 271~286; Laura E. Berk, "Children's Private Speech: An Overview of Theory and the Status of Research", in *Private Speech: From Social Interaction to Self-Regulation*, eds. Rafael M. Diaz and Laura E. Berk (New York: Psychology Press, 1992), 17~54.

17 Paige E. Davis, Elizabeth Meins, and Charles Fernyhough, "Individual Differences in Children's Private Speech: The Role of Imaginary Companions", *Journal of Experimental Child Psychology* 116 (2013): 561~571.

18 Amanda Grenell and Stephanie M. Carlson, "Pretense", in *The Sage Encyclopedia of Contemporary Early Childhood Education*, ed. D. Couchenour and J. K. Chrisman (New York: Sage, 2016), 1075~1077.

19 실증적 연구로는 Arnaud D'Argembeau, Olivier Renaud, and Martial Van der Linden, "Frequency, Characteristics, and Functions of Future-Oriented Thoughts in Daily Life", *Applied Cognitive Psychology* 25 (2011): 96~103; Alain Morin, Christina Duhnych, and Famira Racy, "SelfReported Inner Speech Use in University Students", *Applied Cognitive Psychology* 32 (2018): 376~382; and Akira Miyake et al., "Inner Speech as a Retrieval Aid for Task Goals: The Effects of Cue Type in the Random Task Cuing Paradigm", *Acta Psychologica* 115 (2004): 123~142를 참조하기 바란다. Adam Winsler, "Still Talking to Ourselves After All These Years: A Review of Current Research on Private Speech", in *Private Speech, Executive Functioning, and the Development of Verbal Self-Regulation*, ed. A. Winsler, C. Fernyhough, and I. Montero (New York: Cambridge University Press, 2009), 3~41도 읽을 만하다.

20 D'Argembeau, Renaud, and Van der Linden, "Frequency, Characteristics, and Functions of Future-Oriented Thoughts in Daily Life"; D'Argembeau,

"Mind-Wandering and Self-Referential Thought"; and Morin, Duhnych, and Racy, "Self-Reported Inner Speech Use in University Students."

21 Erin J. Wamsley, "Dreaming and Waking Thought as a Reflection of Memory Consolidation", in Christoff and Fox, *Oxford Handbook of Spontaneous Thought*, 457~468은 꿈에 대한 연구를 설득력 있게 정리하고 요약한 논문이다.

22 Kieran C. R. Fox et al., "Dreaming as Mind Wandering: Evidence from Functional Neuroimaging and First-Person Content Reports", *Frontiers in Human Neuroscience* 7 (2013): 1~18; Tracey L. Kahan and Stephen P. LaBerge, "Dreaming and Waking: Similarities and Differences Revisited", *Consciousness and Cognition* 20 (2011): 494~514; Lampros Perogamvros et al., "The Phenomenal Contents and Neural Correlates of Spontaneous Thoughts Across Wakefulness, NREM Sleep, and REM Sleep", *Journal of Cognitive Neuroscience* 29 (2017): 1766~1777; and Erin J. Wamsley, "Dreaming and Waking Thought as a Reflection of Memory Consolidation."

23 위험의 시뮬레이션에서 꿈이 차지하는 역할에 대해서는 Katja Valli and Antti Revonsuo, "The Threat Simulation Theory in Light of Recent Empirical Evidence: A Review", *American Journal of Psychology* 122 (2009): 17~38; and Antti Revonsuo, "The Reinterpretation of Dreams: An Evolutionary Hypothesis of the Function of Dreaming", *Behavioral and Brain Sciences* 23 (2001): 877~901을 참조하기 바란다. J. Allan Hobson, "REM Sleep and Dreaming: Towards a Theory of Protoconsciousness", *Nature Reviews Neuroscience* 10 (2009): 803~813도 참조할 만하다.

24 Arnaud D'Argembeau et al., "Brains Creating Stories of Selves: The Neural Basis of Autobiographical Reasoning", *Social Cognitive Affective Neuroscience* 9 (2014): 646~652; Raymond A. Mar, "The Neuropsychology of Narrative: Story Comprehension, Story Production, and Their Inter-relation", *Neuropsychologia* 42 (2004): 1414~1434; and Baumeister and Masicampo, "Conscious Thought Is for Facilitating Social and Cultural Interactions"; Kate C. McLean et al., "Selves Creating Stories Creating Selves: A Process Model of Self-Development", *Personality and Social Psychology Review* 11 (2007): 262~278. 자서전적 추론에서 언어의 역

할에 대해 폭넓게 알고 싶으면, Robyn Fivus, "The Stories We Tell: How Language Shapes Autobiography", *Applied Cognitive Psychology* 12 (1998): 483~487을 참조하기 바란다.

25 질 볼트 테일러에 대한 이야기는 그녀가 직접 쓴 책 *My Stroke of Insight: A Brain Scientist's Personal Journey* (New York: Penguin Books, 2008)와 테드 강연, "My Stroke of Insight", www.ted.com/talks/jill_bolte_taylor_s_powerful_stroke_of_insight?language=en에서 많은 도움을 받았다. 개인적인 대화를 통해 질 볼트 테일러의 사례를 알려주고, 그 사례를 분석한 논문을 쓴 알랭 모랭 Alain Morin에게도 깊이 감사하고 싶다. Alain Morin, "Self-Awareness Deficits Following Loss of Inner Speech: Dr. Jill Bolte Taylor's Case Study", *Consciousness and Cognition* 18 (2009): 524~529.

26 Killingsworth and Gilbert, "Wandering Mind Is an Unhappy Mind."

2장. 언제 혼잣말이 역효과를 불러오는가

1 릭 앤킬의 이야기는 *Rick Ankiel, The Phenomenon: Pressure, the Yips, and the Pitch That Changed My Life* (New York: PublicAffairs, 2017)를 기초로 했다. Gary Waleik, "Former MLB Hurler Remembers 5 Pitches That Derailed His Career", *Only a Game*, WBUR, 2017년 5월 19일, www.wbur.org/onlyagame/2017/05/19/rick-ankiel-baseball과 Rick Ankiel, "Letter to My Younger Self", *The Players' Tribune*, 2017년 9월 18일, https://www.theplayerstribune.com/en-us/articles/rick-ankiel-letter-to-my-younger-self-cardinals도 참조했다.

2 Waleik, "Former MLB Hurler Remembers 5 Pitches That Derailed His Career."

3 MLB.com. YouTube: https://www.youtube.com/watch?time_continue=5&v=KDZX525CSvw&feature=emb_title.

4 Baseball-reference.com: https://www.baseball-reference.com/players/a/ankieri01.shtml.

5 시안 베일록 Sian Beilock은 심리적 압박을 받을 때의 숨 막힘을 연구한 세계 최고의 전문가 중 한 명이다. 나는 이 부분을 쓸 때 Sian L. Beilock and Rob Gray, "Why Do Athletes Choke Under Pressure?", in *Handbook of Sport*

Psychology, 3rd ed., ed. G. Tenenbaum and R. C. Eklund (Hoboken, NJ: John Wiley and Sons, 2007), 425~444에서 많은 도움을 받았다.

6 Michael I. Posner and Mary K. Rothbart, "Research on Attention Networks as a Model for the Integration of Psychological Science", *Annual Review of Psychology* 58 (2007): 1~23.

7 Amanda Prahl, "Simone Biles Made History with Her Triple Double—Here's What That Term Actually Means", *PopSugar*, 2019년 8월 15일, www.popsugar.com/fitness/What-Is-Triple-Double-in-Gymnastics-46501483. Charlotte Caroll, "Simone Biles Is First-Ever Woman to Land Triple Double in Competition on Floor", *Sports Illustrated*, 2019년 8월 11일, https://www.si.com/olympics/2019/08/12/simone-biles-first-ever-woman-land-triple-double-competition-video도 참조하기 바란다.

8 Beilock and Gray, "Why Do Athletes Choke Under Pressure?" 내가 '연결되지 않음unlinked'이라 칭한 과정이 이 논문에서는 주로 '해체됨dechunked'이라는 단어로 표현했다.

9 Sian Beilock, Choke (New York: Little, Brown, 2011).

10 Adele Diamond, "Executive Functions", *Annual Review of Psychology* 64 (2013): 135~168.

11 Amitai Shenhav et al., "Toward a Rational and Mechanistic Account of Mental Effort", *Annual Review of Neuroscience* 40 (2017): 99~124.

12 Nelson Cowan, "The Magical Mystery Four: How Is Working Memory Capacity Limited, and Why?", *Current Directions in Psychological Science* 19 (2010): 51~57.

13 반복적 인지perseverative cognition가 집행 기능을 위협한다는 생각은 여러 관점에서 연구되었다. Michael W. Eysenck et al., "Anxiety and Cognitive Performance: Attentional Control Theory", *Emotion* 7 (2007): 336~353; Hannah R. Snyder, "Major Depressive Disorder Is Associated with Broad Impairments on Neuropsychological Measures of Executive Function: A Meta-analysis and Review", *Psychological Bulletin* 139 (2013): 81~132; and Tim P. Moran, "Anxiety and Working Memory Capacity: A Meta-analysis and Narrative Review", *Psychological Bulletin* 142 (2016): 831~864를 참조하기 바란다.

14 Nathaniel von der Embse et al., "Test Anxiety Effects, Predictors, and Correlates: A 30-Year Meta-analytic Review", *Journal of Affective Disorders* 227 (2018): 483~493.

15 Dianna T. Kenny, "A Systematic Review of Treatments for Music Performance Anxiety", *Anxiety, Stress, and Coping* 18 (2005): 183~208.

16 Alison Wood Brooks and Maurice E. Schweitzer, "Can Nervous Nelly Negotiate? How Anxiety Causes Negotiators to Make Low First Offers, Exit Early, and Earn Less Profit", *Organizational Behavior and Human Decision Processes* 115 (2011): 43~54.

17 Bernard Rimé, "Emotion Elicits the Social Sharing of Emotion: Theory and Empirical Review", *Emotion Review* 1 (2009): 60~85. 나는 다음 유튜브 강연에서 많은 도움을 받았다. Bernard Rimé, "The Social Sharing of Emotion" (lecture delivered at Collective Emotions in Cyberspace Consortium), YouTube, 2013년 5월 20일 공개, www.youtube.com/watch?v=JdCksLisfUQ.

18 리메의 연구에서는 부정적인 감정을 털어놓고 싶은 욕구가 문화의 차이를 초월하는 현상이라 말하지만, 감정을 공유하는 정도는 문화권마다 차이가 있다. Archana Singh-Manoux and Catrin Finkenauer, "Cultural Variations in Social Sharing of Emotions: An Intercultural Perspective on a Universal Phenomenon", *Journal of Cross-Cultural Psychology* 32 (2001): 647~661. Heejung S. Kim, "Social Sharing of Emotion in Words and Otherwise", *Emotion Review* 1 (2009): 92~93도 참조하기 바란다.

19 이를 간략히 다룬 논문으로는 Susan Nolen-Hoeksema, Blair E. Wisco, and Sonja Lyubomirsky, "Rethinking Rumination", *Perspectives on Psychological Science* 3 (2008): 400~424를 참조하기 바란다. Thomas E. Joiner et al., "Depression and Excessive Reassurance-Seeking", *Psychological Inquiry* 10 (1999): 269~278; Michael B. Gurtman, "Depressive Affect and Disclosures as Factors in Interpersonal Rejection", *Cognitive Therapy Research* 11 (1987): 87~99; and Jennifer L. Schwartz and Amanda McCombs Thomas, "Perceptions of Coping Responses Exhibited in Depressed Males and Females", *Journal of Social Behavior and Personality* 10 (1995): 849~860도 읽을 만하다.

20 이 부분에 대해서는 Nolen-Hoeksema, Wisco, and Lyubomirsky,

"Rethinking Rumination"; and Lyubomirsky et al., "Thinking About Rumination", *Annual Review of Clinical Psychology* 11 (2015): 1~22를 참조하기 바란다.

21 뒤틀린 사회적 관계에서 비롯되는 소외와 외로움에 대해서는 Julianne Holt-Lunstad, "Why Social Relationships Are Important for Physical Health: A Systems Approach to Understanding and Modifying Risk and Perception", *Annual Review of Psychology* 69 (2018): 437~458; and Julianne Holt-Lunstad, Timothy B. Smith, Mark Baker, Tyler Harris, and David Stephenson, "Loneliness and Social Isolation as Risk Factors for Mortality: A Meta-analytic Review", *Perspectives on Psychological Science* 10 (2015): 227~237을 참조하기 바란다. 외로움와 사회적 소외의 부정적 영향을 다룬 연구로는 John T. Cacioppo and Stephanie Cacioppo, "The Growing Problem of Loneliness", *The Lancet* 391 (2018): 426; Greg Miller, "Why Loneliness Is Hazardous to Your Health", *Science* 14 (2011): 138~140; and Aparna Shankar, Anne McMunn, James Banks, and Andrew Steptoe, "Loneliness, Social Isolation, and Behavioral and Biological Health Indicators in Older Adults", *Health Psychology* 30 (2011): 377~385가 있다.

22 Katie A. McLaughlin and Susan Nolen-Hoeksema, "Interpersonal Stress Generation as a Mechanism Linking Rumination to Internalizing Symptoms in Early Adolescents", *Journal of Clinical Child and Adolescent Psychology* 41 (2012): 584~597. 존 카시오포John T.Cacioppo와 동료들의 연구에서는 외로움과 자기초점적 주의self-focused attention 사이의 상호적 관련성이 확인되었다. John T. Cacioppo, Hsi Yuan Chen, and Stephanie Cacioppo, "Reciprocal Influences Between Loneliness and Self-Centeredness: A Cross-Lagged Panel Analysis in a Population-Based Sample of African American, Hispanic, and Caucasian Adults", *Personality and Social Psychology Bulletin* 43 (2017): 1125~1135.

23 Susan Nolen-Hoeksema and Christopher G. Davis, "'Thanks for Sharing That': Ruminators and Their Social Support Networks", *Journal of Personality and Social Psychology* 77 (1999): 801~814.

24 Thomas F. Denson et al., "Understanding Impulsive Aggression: Angry Rumination and Reduced Self-Control Capacity Are Mechanisms

Underlying the Provocation-Aggression Relationships", *Personality and Social Psychology Bulletin* 37 (2011): 850~862; and Brad J. Bushman, "Does Venting Anger Feed or Extinguish the Flame? Catharsis, Rumination, Distraction, Anger, and Aggressive Responding", *Personality and Social Psychology Bulletin* 28 (2002): 724~731.

25 Brad J. Bushman et al., "Chewing on It Can Chew You Up: Effects of Rumination on Triggered Displaced Aggression", *Journal of Personality and Social Psychology* 88 (2005): 969~983.

26 Facebook Newsroom, Facebook, newsroom.fb.com/company-info/; and J. Clement, "Number of Monthly Active Twitter Users Worldwide from 1st Quarter 2010 to 1st Quarter 2019 (in Millions)", Statista, www.statista.com/statistics/282087/number-of-monthly-active-twitter-users.

27 Mina Choi and Catalina L. Toma, "Social Sharing Through Interpersonal Media: Patterns and Effects on Emotional Well-Being", *Computers in Human Behavior* 36 (2014): 530~541; and Adriana M. Manago, Tamara Taylor, and Patricia M. Greenfield, "Me and My 400 Friends: The Anatomy of College Students' Facebook Networks, Their Communication Patterns, and Well-Being", *Developmental Psychology* 48 (2012): 369~380.

28 이 원칙의 예로, 내가 동료들의 도움을 받아 페이스북을 소극적으로 사용하면(즉 다른 사람에 대한 정보를 소비하려고 페이스북을 사용하면) 정서적 행복감이 떨어지는 반면에 적극적으로 사용하면(즉 페이스북에 정보를 제공하면) 그렇지 않다는 걸 입증하려고 실시한 연구를 참조하기 바란다. Philippe Verduyn et al., "Passive Facebook Usage Undermines Affective Well-Being: Experimental and Longitudinal Evidence", *Journal of Experimental Psychology: General* 144 (2015): 480~488을 참조하기 바란다. 전반적인 검토로는 Philippe Verduyn et al., "Do Social Network Sites Enhance or Undermine Subjective Well-Being? A Critical Review", *Social Issues and Policy Review* 11 (2017): 274~302를 읽어보기 바란다.

29 Jamil Zaki, *The War for Kindness: Building Empathy in a Fractured World* (New York: Crown, 2019); and Frans B. M. de Waal and Stephanie Preston, "Mammalian Empathy: Behavioural Manifestations and Neural Basis", *Nature Reviews Neuroscience* 18 (2017): 498~509.

30 Rimé, "Emotion Elicits the Social Sharing of Emotion."

31 John Suler, "The Online Disinhibition Effect", *Cyberpsychology and Behavior* 3 (2004): 321~326; Noam Lapidot-Lefler and Azy Barak, "Effects of Anonymity, Invisibility, and Lack of Eye-Contact on Toxic Online Disinhibition", *Computers in Human Behavior* 28 (2012): 434~443; and Christopher Terry and Jeff Cain, "The Emerging Issue of Digital Empathy", *American Journal of Pharmaceutical Education* 80 (2016): 58.

32 Committee on the Biological and Psychosocial Effects of Peer Victimization: Lessons for Bullying Prevention, National Academy of Sciences Report; Michele P. Hamm et al., "Prevalence and Effect of Cyberbullying on Children and Young People", *JAMA Pediatrics*, Aug. 2015; Robin M. Kowalski et al., "Bullying in the Digital Age: A Critical Review and Meta-analysis of Cyberbullying Research Among Youth", *Psychological Bulletin* 140 (2014): 1073~1137; and Robert Tokunaga, "Following You Home from School: A Critical Review and Synthesis of Research on Cyberbullying Victimization", *Computers in Human Behavior* 26 (2010): 277~287.

33 감정은 대체로 최고조에 이른 후에는 가라앉는 경향을 띤다. Philippe Verduyn, Iven Van Mechelen, and Francis Tuerlinckx, "The Relation Between Event Processing and the Duration of Emotional Experience", *Emotion* 11 (2011): 20~28; and Philippe Verduyn et al., "Predicting the Duration of Emotional Experience: Two Experience Sampling Studies", *Emotion* 9 (2009): 83~91.

34 Caitlin McLaughlin and Jessica Vitak, "Norm Evolution and Violation on Facebook", *New Media and Society* 14 (2012): 299~315; and Emily M. Buehler, "'You Shouldn't Use Facebook for That': Navigating Norm Violations While Seeking Emotional Support on Facebook", *Social Media and Society* 3 (2017): 1~11.

35 Jiyoung Park et al., "When Perceptions Defy Reality: The Relationships Between Depression and Actual and Perceived Facebook Social Support", *Journal of Affective Disorders* 200 (2016): 37~44.

36 자기표현이 일상의 삶에 차지하는 역할을 다룬 두 고전적 연구로는 Erving

Goffman, *The Presentation of Self in Everyday Life* (Garden City, NY: Doubleday, 1959)와 Mark R. Leary and Robin M. Kowalski, "Impression Management: A Literature Review and Two-Component Model", *Psychological Bulletin* 107 (1990): 34~47이 있다.

37 랜디 저커버그Randi Zuckerberg는 〈뉴욕 타임스〉와의 인터뷰에서 페이스북의 이런 면을 적절히 지적했다. 기자가 "당신이 페이스북에서 저지른 가장 큰 잘못이 무엇인가?"라고 물었을 때 그녀는 "나는 마케팅 전문가다. 내 개인적 삶에서 페이스북을 떼어놓고 생각할 수 없는 경우가 적지 않다. 친구들이 나에게 전화해서 '정말 멋진 삶을 사는 것 같아!'라고 말할 때마다, '나는 마케팅 전문가야. 그래서 가장 멋진 순간만을 포스팅할 뿐이야'라고 말한다'라고 대답했다. Susan Dominus, "Randi Zuckerberg: 'I Really Put Myself Out There'", *New York Times*, 2013년 11월 1일, www.nytimes.com/2013/11/03/magazine/randi-zuckerberg-i-really-put-myself-out-there.html.

38 Amy L. Gonzales and Jeffrey T. Hancock, "Mirror, Mirror on My Facebook Wall: Effects of Exposure to Facebook on Self-Esteem", *Cyberpsychology, Behavior, and Social Networking* 14 (2011): 79~83.

39 Leon Festinger, "A Theory of Social Comparison Processes", Human Relations 7 (1954): 117~140; and Katja Corcoran, Jan Crusius, and Thomas Mussweiler, "Social Comparison: Motives, Standards, and Mechanisms", in *Theories in Social Psychology*, ed. D. Chadee (Oxford: Wiley-Blackwell, 2011), 119~139. 때때로 우리는 특정 영역에서 자신의 위치를 가늠해보려고 다른 사람들과 비교하기도 한다. 또 표면적으로 우리보다 '아래'에 있는 사람과 비교함으로써 흐뭇한 기분을 만끽하거나, 표면적으로 우리보다 '위'에 있는 사람과 비교함으로써 우리 삶에서 어떤 면을 어떻게 개선해야 하는가를 파악하는 시간을 갖기도 한다. 다른 사람과의 비교가 자신에 대한 정보를 평가하고 얻는 효과적인 방법이라는 증거도 있다.

40 Verduyn et al., "Passive Facebook Usage Undermines Affective Well-Being." 우리 삶이 다른 사람에 비해 턱없이 부족하다고 마음을 졸일수록 그 결과는 더욱 비참해진다. 268명의 성인을 장기간 추적한 사례 연구 결과에 따르면, 페이스북에서 다른 사람과 비교하며 자신을 부정적으로 평가하는 사람은 더 많이 반추하는 성향을 띠고 우울을 느끼는 경우도 많았다. Feinstein et al., "Negative Social Comparison on Facebook and Depressive

Symptoms", *Psychology of Popular Media Culture* 2 (2013): 161~170.
Melissa G. Hunt et al., "No More FOMO: Limiting Social Media Decreases
Loneliness and Depression", *Journal of Social and Clinical Psychology* 37
(2018): 751~768; Morten Tromholt, "The Facebook Experiment: Quitting
Facebook Leads to Higher Levels of Well-Being", *Cyberpsychology,
Behavior, and Social Networking* 19 (2016): 661~666; R. Mosquera et al.,
"The Economic Effects of Facebook", *Experimental Economics* (2019);
Holly B. Shakya and Nicholas A. Christakis, "Association of Facebook Use
with Compromised Well-Being: A Longitudinal Study", *American Journal
of Epidemiology* 185 (2017): 203~211; and Cesar G. Escobar-Viera et al.,
"Passive and Active Social Media Use and Depressive Symptoms Among
United States Adults", *Cyberpsychology, Behavior, and Social Networking*
21 (2018): 437~443도 참조하기 바란다.
이런 결과가 인스타그램 같은 다른 소셜 미디어에 어느 정도까지 일반
화되는가를 살펴보기 위한 연구도 시작되었다. Eline Frison and Steven
Eggermont, "Browsing, Posting, and Liking on Instagram: The Reciprocal
Relationships Between Different Types of Instagram Use and Adolescents'
Depressed Mood", *Cyberpsychology, Behavior, and Social Networking* 20
(2017): 603~609.

41 시샘에서 부정적 결과가 비롯되는 것은 분명하다. 하지만 시샘이 항상 나
쁜 것은 아니다. 적절한 시샘은 자기 개선을 독촉하며 기능적으로 작용할
수 있다. Jens Lange, Aaron Weidman, and Jan Crusius, "The Painful Duality
of Envy: Evidence for an Integrative Theory and a Meta-analysis on the
Relation of Envy and Schadenfreude", *Journal of Personality and Social
Psychology* 114 (2018): 572~598.

42 부정적인 영향에도 우리가 소셜 미디어를 계속하는 이유를 덧붙이면 (a) 어
느 때나 자부심을 느끼려는 욕망이 꺾이더라도 공동체의 흐름에 뒤처지지
않으려는 욕심, (b) 다른 사람들에게 피드백을 받으려는 욕심, (c) 페이스
북 사용이 사람들에게 미치는 영향에 대해 잘못 판단했을 가능성이 있을 수
있다(다시 말하면, 소셜 미디어가 우리에게 해를 입힐 가능성에는 눈을 감고, 궁극적으
로 우리에게 안겨줄 긍정적인 면을 강조한다). 더 깊이 알고 싶으면 Ethan Kross
and Susannah Cazaubon, "How Does Social Media Influence People's

Emotional Lives?", in *Applications of Social Psychology: How Social Psychology Can Contribute to the Solution of Real-World Problems*, eds. J. Forgas, William D. Crano, and Klaus Fiedler (New York: Routledge-Psychology Press, 2020), 250~264를 참조하기 바란다.

43 Diana I. Tamir and Jason P. Mitchell, "Disclosing Information About the Self Is Intrinsically Rewarding", *Proceedings of the National Academy of Sciences of the United States of America* 109 (2012): 8038~8043.

44 Geoff MacDonald and Mark R. Leary, "Why Does Social Exclusion Hurt? The Relationship Between Social and Physical Pain", *Psychological Bulletin* 131 (2005): 202~223; Naomi I. Eisenberger, Matthew D. Lieberman, and Kipling D. Williams, "Does Rejection Hurt? An fMRI Study of Social Exclusion", *Science* 302 (2003): 290~292.

45 Ethan Kross et al., "Social Rejection Shares Somatosensory Representations with Physical Pain", *Proceedings of the National Academy of Sciences of the United States of America* 108 (2011): 6270~6275.

46 https://www.health.ny.gov/statistics/vital_statistics/2007/table02.htm.

47 Naomi I. Eisenberger and Steve W. Cole, "Social Neuroscience and Health: Neurophysiological Mechanisms Linking Social Ties with Physical Health", *Nature Neuroscience* 15 (2012): 669~674; and Gregory Miller, Edith Chen, and Steve W. Cole, "Health Psychology: Developing Biologically Plausible Models Linking the Social World and Physical Health", *Annual Review of Psychology* 60 (2009): 501~524.

48 Michele Hellebuyck et al., "Workplace Health Survey", Mental Health America, www.mhanational.org/sites/default/files/Mind%20the%20 Workplace%20-%20MHA%20Workplace%20Health%20Survey%20 2017%20FINAL.pdf.

49 흔히 반추와 걱정의 형태를 띠는 반복적 인지에 의해 스트레스 반응이 어떻게 연장되는가에 대한 설명으로는 Brosschot, Gerin, and Thayer, "Perseverative Cognition Hypothesis"; Jos F. Brosschot, "Markers of Chronic Stress: Prolonged Physiological Activation and (Un)conscious Perseverative Cognition", *Neuroscience and Biobehavioral Reviews* 35 (2010): 46~50; and Cristina Ottaviani et al., "Physiological Concomitants of Perseverative

284

Cognition: A Systematic Review and Meta-analysis", *Psychological Bulletin* 142 (2016): 231~259를 참조하기 바란다.

50 Andrew Steptoe and Mika Kivimaki, "Stress and Cardiovascular Disease", *Nature Reviews Cardiology* 9 (2012): 360~370; Suzanne C. Segerstrom and Gregory E. Miller, "Psychological Stress and the Human Immune System: A Metaanalytic Study of 30 Years of Inquiry", *Psychological Bulletin* 130 (2004): 601~630; Bruce S. McEwen, "Brain on Stress: How the Social Environment Gets Under the Skin", *Proceedings of the National Academy of Sciences of the United States of America* 109 (2012): 17180~17185; Ronald Glaser and Janice Kiecolt-Glaser, "Stress-Induced Immune Dysfunction: Implications for Health", *Nature Reviews Immunology* 5 (2005): 243~251; Edna Maria Vissoci Reiche, Sandra Odebrecht Vargas Nunes, and Helena Kaminami Morimoto, "Stress, Depression, the Immune System, and Cancer", *Lancet Oncology* 5 (2004): 617~625; A. Janet Tomiyama, "Stress and Obesity", *Annual Review of Psychology* 70 (2019): 703~718; and Gregory E. Miller et al., "A Functional Genomic Fingerprint of Chronic Stress in Humans: Blunted Glucocorticoid and Increased NF-κB Signaling", *Biological Psychiatry* 15 (2008): 266~272.

51 Julianne Holt-Lunstad, Timothy B. Smith, and J. Bradley Layton, "Social Relationships and Mortality Risk: A Meta-analytic Review", *PLOS Medicine* 7 (2010): e1000316.

52 Susan Nolen-Hoeksema and Edward R. Watkins, "A Heuristic for Developing Transdiagnostic Models of Psychopathology: Explaining Multifinality and Divergent Trajectories", *Perspectives on Psychological Science* 6 (2011): 589~609; Katie A. McLaughlin et al., "Rumination as a Transdiagnostic Factor Underlying Transitions Between Internalizing Symptoms and Aggressive Behavior in Early Adolescents", *Journal of Abnormal Psychology* 123 (2014): 13~23; Edward R. Watkins, "Depressive Rumination and Co-morbidity: Evidence for Brooding as a Transdiagnostic Process", *Journal of Rational-Emotive and Cognitive-Behavior Therapy* 27 (2009): 160~175; Douglas S. Mennin and David M. Fresco, "What, Me Worry and Ruminate About DSM-5 and RDoC? The Importance of Targeting Negative Self-Referential Processing", *Clinical Psychology: Science and Practice* 20 (2013): 258~267; and Brosschot, "Markers of Chronic Stress."

53 유전자 발현과 악기 연주를 비교해서 설명한 출처로는 Jane Qiu, "Unfinished Symphony", *Nature* 441 (2006): 143~145; and University of Texas Health Science Center at San Antonio, "Study Gives Clue as to How Notes Are Played on the Genetic Piano", *EurekAlert!*, 2011년 5월 12일, www.eurekalert.org/pub_releases/2011-05/uoth-sgc051011.php가 있다.

54 Steven W. Cole, "Social Regulation of Human Gene Expression", *American Journal of Public Health* 103 (2013): S84~S92. 나는 스티브의 스탠퍼드 강연도 참조했다. "Meng-Wu Lecture" (lecture delivered at the Center for Compassion and Altruism Research and Education, Nov. 12, 2013), ccare.stanford.edu/videos/meng-wu-lecture-steve-cole-ph-d.

55 George M. Slavich and Michael R. Irwin, "From Stress to Inflammation and Major Depressive Disorder: A Social Signal Transduction Theory of Depression", *Psychological Bulletin* 140 (2014): 774~815; Steve W. Cole et al., "Social Regulation of Gene Expression in Human Leukocytes", *Genome Biology* 8 (2007): R189; and Gregory E. Miller, Edith Chen, and Karen J. Parker, "Psychological Stress in Childhood and Susceptibility to the Chronic Diseases of Aging: Moving Towards a Model of Behavioral and Biological Mechanisms", *Psychological Bulletin* 137 (2011): 959~997.

56 채터는 다른 식으로, 예컨대 말단 소체telomere를 통해서도 우리 DNA에 촉수를 뻗는다. 말단 소체는 염색체 끝부분에 있는 작은 덮개로, DNA가 풀어지지 않도록 보호하며 우리 건강과 수명에 영향을 미친다. 짧은 말단 소체는 연령과 관련된 여러 질병과 관계가 있다. 다행히 우리 몸에는 말단 소체의 길이를 보존하게 해주는 텔로머레이스telomerase라는 화학물질이 존재한다. 문제는 코르티솔 같은 스트레스 호르몬 때문에 이 화학물질이 몸에서 줄어들어 말단 소체가 짧아지는 속도가 빨라진다는 것이다.

2004년 엘리사 에펠Elissa Epel과 노벨 의학상을 수상한 엘리자베스 블랙번Elizabeth Blackburn이 동료들에게 도움을 받아, 10개월 동안 크고 작은 스트레스를 받은 여성과 말단 소체 길이 사이의 상관관계를 조사한 기념적인 연구를 공동으로 발표했다. 예상대로 스트레스를 심하게 받은 여성일수록 말단 소체 길이가 더 짧아졌다(물론 스트레스도 채터를 촉발하지만, 채터가 만성적인 스트레스의 원인이기도 하다). 스트레스를 가장 덜 받은 여성에 비할 때, 스트레스를 가장 심하게 받은 여성의 말단 소체는 거의 10년에 해당하는 기간만큼 길이가 짧아졌다. Elissa S. Epel et al., "Accelerated Telomere Shortening in Response to Life Stress", *Proceedings of the National Academy of Sciences* 101 (2004): 17312~17315.

자세한 내용에 대해서는 Elizabeth H. Blackburn and Elissa S. Epel, *The Telomere Effect* (New York: Grand Central Publishing, 2017)를 참조하기 바란다. Elizabeth Blackburn, Elissa S. Epel, and Jue Lin, "Human Telomere Biology: A Contributory and Interactive Factor in Aging, Disease Risks, and Protection", *Science* 350 (2015): 1193~1198; and Kelly E. Rentscher et al., "Psychosocial Stressors and Telomere Length: A Current Review of the Science", *Annual Review of Public Health* 41 (2020): 223~245도 추천하고 싶다.

57 Matt Kelly, "This Thirty-Nine-Year-Old Is Attempting a Comeback", MLB.com, 2018년 8월 2일, https://www.mlb.com/news/rick-ankiel-to-attempt-comeback-c288544452 (2020년 2월 9일 검색).

3장. 줌아웃

1 옛 제자의 신분을 밝히지 않기 위해 이 이야기에서 가명을 사용했고, 몇몇 세부적인 내용에 변화를 주었다. 그 밖의 내용은 모두 사실이다. 그녀에 대해 공개된 약력을 참조했지만, 이 부분도 그녀의 익명성을 보장하기 위해 여기에서는 인용하지 않았다.

2 Ethan Kross et al., "Coping with Emotions Past: The Neural Bases of Regulating Affect Associated with Negative Autobiographical Memories", *Biological Psychiatry* 65 (2009): 361~366; and Ayna Baladi Nejad, Philippe Fossati, and Cedric Lemogne, "Self-Referential Processing, Rumination, and Cortical Midline Structures in Major Depression", *Frontiers in Human Neuroscience* 7 (2013): 666.

3 Ethan Kross and Özlem Ayduk, "Self-Distancing: Theory, Research, and Current Directions", in *Advances in Experimental Social Psychology*,

eds. J. Olson and M. Zanna (Amsterdam: Elsevier, 2017), 81~136; and John
P. Powers and Kevin S. LaBar, "Regulating Emotion Through Distancing:
A Taxonomy, Neurocognitive Model, and Supporting Meta-analysis",
Neuroscience and Biobehavioral Reviews 96 (2019): 155~173.

4   심리적 면역 체계라는 개념에 대해서는 Daniel T. Gilbert et al., "Immune
Neglect: A Source of Durability Bias in Affective Forecasting", *Journal of
Personality and Social Psychology* 75 (1998): 617~638을 참조하기 바란다.

5   Walter Mischel, *The Marshmallow Test: Mastering Self-Control* (New
York: Little, Brown, 2014); and Walter Mischel, Yuichi Shoda, and Monica
Rodriguez, "Delay of Gratification in Children", Science 244 (1989):
933~938.

6   Özlem Ayduk, Walter Mischel, and Geraldine Downey, "Attentional
Mechanisms Linking Rejection to Hostile Reactivity: The Role of 'Hot'
Versus 'Cool' Focus", *Psychological Science* 13 (2002): 443~448. Cheryl
L. Rusting and Susan Nolen-Hoeksema, "Regulating Responses to Anger:
Effects of Rumination and Distraction on Angry Mood", *Journal of
Personality and Social Psychology* 74 (1998): 790~803도 참조하기 바란다.

7   Ethan Kross and Özlem Ayduk, "Facilitating Adaptive Emotional Analysis:
Distinguishing Distanced-Analysis of Depressive Experiences from
Immersed-Analysis and Distraction", *Personality and Social Psychology
Bulletin* 34 (2008): 924~938.

8   Aaron T. Beck, "Cognitive Therapy: Nature and Relation to Behavior
Therapy", *Behavior Therapy* 1 (1970): 184~200. Rick E. Ingram and Steven
Hollon, "Cognitive Therapy for Depression from an Information Processing
Perspective", in *Personality, Psychopathology, and Psychotherapy Series:
Information Processing Approaches to Clinical Psychology*, ed. R. E.
Ingram (San Diego: Academic Press, 1986), 259~281도 참조하기 바란다.

9   회피의 악영향을 지적한 고전적 연구로는 Edna B. Foa and Michael J.
Kozak, "Emotional Processing of Fear: Exposure to Corrective Informa-
tion", *Psychological Bulletin* 99 (1986): 20~35를 참조하기 바란다. 내가 본
문에서 언급했듯 사람들은 여러 목적(개인적 감정을 피하기 위해, 개인적 감정을
의식적으로 받아들이기 위해, 감정에 접근해 분석하기 위해)에서 거리 두기를 할 수

있다. 벽에 못을 박거나, 벽에 박힌 못을 빼내기 위해 사용되는 망치처럼, 거리 두기도 다양한 부문에 적용될 수 있다. 모든 도구가 그렇듯 거리 두기가 유익하느냐 해로우냐는 우리가 거리 두기를 어떻게, 어떤 이유에서 사용하느냐에 따라 달라진다. 이 장의 이 부분에서, 나는 거리 두기의 유익성을 강조한 연구에 초점을 맞추었다. 부정적 경험을 적극적으로 되짚어보며 이해하려는 사람들에게 도움을 주기 위해서다. 이 쟁점에 대해 더 깊이 알고 싶으면 이 책의 결론과 Ethan Kross and Özlem Ayduk, "Self-Distancing: Theory, Research, and Current Directions"를 참조하기 바란다.

10 Georgia Nigro and Ulric Neisser, "Point of View in Personal Memories", *Cognitive Psychology* 15 (1983): 467~482; John A. Robinson and Karen L. Swanson, "Field and Observer Modes of Remembering", *Memory* 1 (1993): 169~184. 사람들은 자기중심적인 일인칭 관점에서 부정적 경험을 기억하는 경향을 띤다. Arnaud D'Argembau, "Phenomenal Characteristics of Autobiographical Memories for Positive, Negative, and Neutral Events", *Applied Cognitive Psychology* 17 (2003): 281~294; and Heather K. McIsaac and Eric Eich, "Vantage Point in Episodic Memory", *Psychonomic Bulletin and Review* 9 (2002): 146~150. 하지만 트라우마와 남의 시선을 의식할 수밖에 없는 경험은 거리를 두고 관찰자적 관점에서 기억을 되살리는 듯하다. Lucy M. Kenny et al., "Distant Memories: A Prospective Study of Vantage Point of Trauma Memories", *Psychological Science* 20 (2009): 1049~1052; and Meredith E. Coles et al., "Effects of Varying Levels of Anxiety Within Social Situations: Relationship to Memory Perspective and Attributions in Social Phobia", *Behaviour Research and Therapy* 39 (2001): 651~665. 정서 조절에서 이런 차이에 내포된 의미를 더 깊이 알고 싶으면, Ethan Kross and Özlem Ayduk, "Self-Distancing: Theory, Research, and Current Directions"를 참조하기 바란다.

11 Ethan Kross, Özlem Ayduk, and Walter Mischel, "When Asking 'Why' Does Not Hurt: Distinguishing Rumination from Reflective Processing of Negative Emotions", *Psychological Science* 16 (2005): 709~715.

12 내가 여기에서 예로 인용한 언어적 사고의 흐름은 Ethan Kross and Özlem Ayduk, "Making Meaning out of Negative Experiences by Self-Distancing", *Current Directions in Psychological Science* 20 (2011): 187~191에서 끌어

온 것이다.

13 Özlem Ayduk and Ethan Kross, "Enhancing the Pace of Recovery: Self-Distanced Analysis of Negative Experiences Reduces Blood Pressure Reactivity", *Psychological Science* 19 (2008): 229~231. Rebecca F. Ray, Frank H. Wilhelm, and James J. Gross, "All in the Mind's Eye? Anger Rumination and Reappraisal", *Journal of Personality and Social Psychology* 94 (2008): 133~145도 참조하기 바란다.

14 Brittany M. Christian et al., "When Imagining Yourself in Pain, Visual Perspective Matters: The Neural and Behavioral Correlates of Simulated Sensory Experiences", *Journal of Cognitive Neuroscience* 27 (2015): 866~875.

15 Dominik Mischkowski, Ethan Kross, and Brad Bushman, "Flies on the Wall Are Less Aggressive: Self-Distancing 'in the Heat of the Moment' Reduces Aggressive Thoughts, Angry Feelings, and Aggressive Behavior", *Journal of Experimental Social Psychology* 48 (2012): 1187~1191. Tamara M. Pfeiler et al., "Adaptive Modes of Rumination: The Role of Subjective Anger", *Cognition and Emotion* 31 (2017): 580~589도 참조하기 바란다.

16 Ethan Kross et al., "'Asking Why' from a Distance: Its Cognitive and Emotional Consequences for People with Major Depressive Disorder", *Journal of Abnormal Psychology* 121 (2012): 559~569; Ethan Kross and Özlem Ayduk, "Boundary Conditions and Buffering Effects: Does Depressive Symptomology Moderate the Effectiveness of Distanced-Analysis for Facilitating Adaptive Self-Reflection?", *Journal of Research in Personality* 43 (2009): 923~927; Emma Travers-Hill et al., "Beneficial Effects of Training in SelfDistancing and Perspective Broadening for People with a History of Recurrent Depression", *Behaviour Research and Therapy* 95 (2017): 19~28. 거리 두기가 임상적으로 어떤 효과를 거두었고, 다양한 조건에서 어떻게 운영되는지에 대한 연구로는 Ethan Kross and Özlem Ayduk, "Self-Distancing: Theory, Research, and Current Directions"를 참조하기 바란다.

17 Louis A. Penner et al., "Self-Distancing Buffers High Trait Anxious Pediatric Cancer Caregivers Against Short- and Longer-Term Distress",

Clinical Psychological Science 4 (2016): 629~640.

18 Philippe Verduyn et al., "The Relationship Between Self-Distancing and the Duration of Negative and Positive Emotional Experiences in Daily Life", *Emotion* 12 (2012): 1248~1263. 거리 두기가 긍정적 영향도 줄인다는 걸 입증하는 연구 결과를 뒷받침하는 자료에 대해서는 June Gruber, Allison G. Harvey, and Sheri L. Johnson, "Reflective and Ruminative Processing of Positive Emotional Memories in Bipolar Disorder and Healthy Controls", *Behaviour Research and Therapy* 47 (2009): 697~704를 참조하기 바란다. 거리 두기의 장기적 이익을 뒷받침하는 실험 자료에 대해서는 Kross and Ayduk, "Facilitating Adaptive Emotional Analysis"를 참조하기 바란다.

19 Özlem Ayduk and Ethan Kross, "From a Distance: Implications of Spontaneous Self-Distancing for Adaptive Self-Reflection", *Journal of Personality and Social Psychology* 98 (2010): 809~829.

20 Ray, Wilhelm, and Gross, "All in the Mind's Eye?"

21 Patricia E. Schartau, Tim Dalgleish, and Barnaby D. Dunn, "Seeing the Bigger Picture: Training in Perspective Broadening Reduces Self-Reported Affect and Psychophysiological Response to Distressing Films and Autobiographical Memories", *Journal of Abnormal Psychology* 118 (2009): 15~27.

22 Joshua Ian Davis, James J. Gross, and Kevin N. Ochsner, "Psychological Distance and Emotional Experience: What You See Is What You Get", *Emotion* 11 (2011): 438~444.

23 David S. Yeager et al., "Boring but Important: A Self-Transcendent Purpose for Learning Fosters Academic Self-Regulation", *Journal of Personality and Social Psychology* 107 (2014): 558~580.

24 John S. Knox, "Solomon", *Ancient History Encyclopedia*, 2017년 1월 25일, www.ancient.eu/solomon.

25 Robert Alter, *The Hebrew Bible: A Translation with Commentary* (New York: W. W. Norton, 2018).

26 Igor Grossmann and Ethan Kross, "Exploring Solomon's Paradox: Self-Distancing Eliminates the Self-Other Asymmetry in Wise Reasoning About Close Relationships in Younger and Older Adults", *Psychological Science*

25 (2014): 1571~1580.

27 Doris Kearns Goodwin, Team of Rivals (New York: Simon & Schuster, 2005).

28 Igor Grossmann, "Wisdom in Context", *Perspectives on Psychological Science* 12 (2017): 233~257.

29 Igor Grossmann et al., "Reasoning About Social Conflicts Improves into Old Age", *PNAS* 107 (2010): 7246~7250. Darrell A. Worthy et al., "With Age Comes Wisdom: Decision Making in Younger and Older Adults", *Psychological Science* 22 (2011): 1375~1380도 참조하기 바란다.

30 Grossmann and Kross, "Exploring Solomon's Paradox"; and Alex C. Huynh et al., "The Wisdom in Virtue: Pursuit of Virtue Predicts Wise Reasoning About Personal Conflicts", *Psychological Science* 28 (2017): 1848~1856.

31 이런 성향은 '부작위 편향omission bias'이라 일컬어진다. Ilana Ritov and Jonathan Baron, "Reluctance to Vaccinate: Omission Bias and Ambiguity", *Journal of Behavioral Decision Making* 3 (1990): 263~277.

32 이 연구에는 실험 참가자들에게 세 가지 조건을 제시하며, 자신보다 타인을 대신해 의학적 결정을 내리게 했다. 참가자들에게는 환자를 대신해 결정을 내리는 의사, 모든 환자를 대신해 치료 정책을 정해야 하는 의료 행정가, 아이를 대신해 결정을 내려야 하는 부모 역할이 무작위로 배정되었다. '타인을 대신한 의사결정'은 세 경우 모두에서 엇비슷했지만, 자신을 위한 결정에 비교하면 훨씬 더 합리적이었다. 본문에서 제시한 숫자는 응답률을 평균한 값이다. Brian J. Zikmund-Fisher et al., "A Matter of Perspective: Choosing for Others Differs from Choosing for Yourself in Making Treatment Decisions", *Journal of General Internal Medicine* 21 (2006): 618~622.

33 Global Cancer Observatory, "Globocan 2018", International Agency for Research on Cancer, World Health Organization, 1, gco.iarc.fr/today/data/factsheets/cancers/39-All-cancers-fact-sheet.pdf.

34 Daniel Kahneman, *Thinking, Fast and Slow* (New York: Farrar, Straus and Giroux, 2011).

35 Qingzhou Sun et al., "Self-Distancing Reduces Probability-Weighting Biases", *Frontiers in Psychology* 9 (2018): 611.

36 Jun Fukukura, Melissa J. Ferguson, and Kentaro Fujita, "Psychological Distance Can Improve Decision Making Under Information Overload via

Gist Memory", *Journal of Experimental Psychology: General* 142 (2013): 658~665.

37 Evan Polman, "Self-Other Decision Making and Loss Aversion", *Organizational Behavior and Human Decision Processes* 119 (2012): 141~150; Flavia Mengarelli et al., "Economic Decisions for Others: An Exception to Loss Aversion Law", *PLoS One* 9 (2014): e85042; and Ola Andersson et al., "Deciding for Others Reduces Loss Aversion", *Management Science* 62 (2014): 29~36.

38 Ethan Kross and Igor Grossmann, "Boosting Wisdom: Distance from the Self Enhances Wise Reason ing, Attitudes, and Behavior", *Journal of Experimental Psychology: General* 141 (2012): 43~48.

39 Özlem Ayduk and Ethan Kross, "From a Distance: Implications of Spontaneous Self-Distancing for Adaptive Self-Reflection."

40 Eli J. Finkel et al., "A Brief Intervention to Promote Conflict Reappraisal Preserves Marital Quality over Time", *Psychological Science* 24 (2013): 1595~1601.

41 전반적인 재검토로는 Dan P. McAdams and Kate C. McLean, "Narrative Identity", *Current Directions in Psychological Science* 22 (2013): 233~238 을 참조하기 바란다.

42 Emma Bruehlman-Senecal and Özlem Ayduk, "This Too Shall Pass: Temporal Distance and the Regulation of Emotional Distress", *Journal of Personality and Social Psychology* 108 (2015): 356~375. Emma Bruehlman-Senecal, Özlem Ayduk, and Oliver P. John, "Taking the Long View: Implications of Individual Differences in Temporal Distancing for Affect, Stress Reactivity, and Well-Being", *Journal of Personality and Social Psychology* 111 (2016): 610~635; S. P. Ahmed, "Using Temporal Distancing to Regulate Emotion in Adolescence: Modulation by Reactive Aggression", *Cognition and Emotion* 32 (2018): 812~826; and Alex C. Huynh, Daniel Y. J. Yang, and Igor Grossmann, "The Value of Prospective Reasoning for Close Relationships", *Social Psychological and Personality Science* 7 (2016): 893~902도 참조하기 바란다.

43 전반적인 재검토를 위해서는 James W. Pennebaker, "Writing About

Emotional Experiences as a Therapeutic Process", *Psychological Science* 8 (1997): 162~166; James W. Pennebaker and Cindy K. Chung, "Expressive Writing: Connections to Physical and Mental Health", in *The Oxford Handbook of Health Psychology*, ed. H. S. Friedman (Oxford: Oxford University Press, 2011), 417~437을 참조하기 바란다. Eva-Maria Gortner, Stephanie S. Rude, and James W. Pennebaker, "Benefits of Expressive Writing in Lowering Rumination and Depressive Symptoms", *Behavior Therapy* 37 (2006): 292~303; Denise M. Sloan et al., "Expressive Writing Buffers Against Maladaptive Rumination", *Emotion* 8 (2008): 302~306; and Katherine M. Krpan et al., "An Everyday Activity as a Treatment for Depression: The Benefits of Expressive Writing for People Diagnosed with Major Depressive Disorder", *Journal of Affective Disorders* 150 (2013): 1148~1151도 참조하기 바란다.

44 Jiyoung Park, Özlem Ayduk, and Ethan Kross, "Stepping Back to Move Forward: Expressive Writing Promotes Self-Distancing", *Emotion* 16 (2016): 349~364. 이 논문의 저자들이 말하듯이, 거리 두기가 글쓰기가 유익한 이유를 설명하는 유일한 요인은 아니다.

4장. 내가 '너'가 될 때

1 '바더 마인호프 현상Baader-Meinhof phenomenon'이라고도 일컬어진다. Baader-Meinhof, *Oxford English Dictionary*, 2020년 4월 6일 접속, https://www.oed.com/view/Entry/250279.

2 마이클 윌본Michael Wilbon과의 인터뷰. Henry Abbott, "LeBron James' Post-decision Interviews", ESPN, 2010년 7월 9일, https://www.espn.com/blog/truehoop/post/_/id/17856/lebron-james-post-decision-interviews와 Jim Gray, "LeBron James 'The Decision'", ESPN, 2010년 7월 8일, https://www.youtube.com/watch?v=bHSLw8DLm20.

3 말랄라 유사프자이Malala Yousafzai, 존 스튜어트Jon Stewart와의 인터뷰, *The Daily Show with Jon Stewart*, 2013년 10월 8일.

4 Brooks Barnes, "Jennifer Lawrence Has No Appetite for Playing Fame Games", *New York Times*, 2015년 9월 9일.

5 Julius Caesar, *Caesar's Gallic War: With an Introduction, Notes, and Vocabulary by Francis W. Kelsey*, 7th ed. (Boston: Allyn and Bacon, 1895).

6 Henry Adams, *The Education of Henry Adams: An Autobiography* (Cambridge, MA: Massachusetts Historical Society, 1918).

7 Sally Dickerson and Margaret E. Kemeny, "Acute Stressors and Cortisol Responses: A Theoretical Integration and Synthesis of Laboratory Research", *Psychological Bulletin* 130 (2004): 355~391.

8 Ethan Kross et al., "Self-Talk as a Regulatory Mechanism: How You Do It Matters", *Journal of Personality and Social Psychology* 106 (2014): 304~324.

9 역사적인 검토와 메타 분석에 대해서는 Allison M. Tackman et al., "Depression, Negative Emotionality, and Self-Referential Language: A Multi-lab, Multi-measure, and Multi-language-task Research Synthesis", *Journal of Personality and Social Psychology* 116 (2019): 817~834; and To'Meisha Edwards and Nicholas S. Holtzman, "A Meta-Analysis of Correlations Between Depression and First-Person Singular Pronoun Use", *Journal of Research in Personality* 68 (2017): 63~68.

10 내가 여기에서 언급한 두 연구는 자기 대화에 대한 우리 연구 이후에 발표된 것이다. 하지만 주 9에서 언급한 논문이 입증하듯 수십 년 전까지 거슬러 올라가는 연구에서도 일인칭 단수 대명사 사용과 부정적 영향 사이에 밀접한 관계가 있다는 사실이 밝혀졌다. 이 관계를 설득력 있게 뒷받침하는 분명한 증거로 최근의 연구들을 제시하면 다음과 같다. Tackman et al., "Depression, Negative Emotionality, and Self-Referential Language: A Multi-lab, Multi-measure, and Multi-language-task Research Synthesis"; and Johannes C. Eichstaedt et al., "Facebook Language Predicts Depression in Medical Records", *Proceedings of the National Academy of Sciences of the United States of America* 115 (2018): 11203~11208.

11 전반적인 검토로는 Ethan Kross and Özlem Ayduk, "Self-Distancing: Theory, Research, and Current Directions"; and Ariana Orvell et al., "Linguistic Shifts: A Relatively Effortless Route to Emotion Regulation?", *Current Directions in Psychological Science* 28 (2019): 567~573을 참조하기 바란다.

12 남녀로 양분하지 않고 '그들they'을 사용해도 유사한 결과를 얻을 수 있을까? 우리가 이 가능성을 직접적으로 실험하지는 않았지만, 이론적으로 생각하면 이 대명사에서도 똑같은 거리 두기 효과를 거두며, 감정을 조절하는 기능을 수행하리라고 예상된다.

13 Kross et al., "Self-Talk as a Regulatory Mechanism"; Sanda Dolcos and Dolores Albarracin, "The Inner Speech of Behavioral Regulation: Intentions and Task Performance Strengthen When You Talk to Yourself as a You", *European Journal of Social Psychology* 44 (2014): 636~642; and Grossmann and Kross, "Exploring Solomon's Paradox." 거리를 둔 자기 대화는 다른 영역에도 유익하다는 게 밝혀졌다. 이에 대해서는 Celina Furman, Ethan Kross, and Ashley Gearhardt, "Distanced Self-Talk Enhances Goal Pursuit to Eat Healthier", *Clinical Psychological Science* 8 (2020): 366~373; Ariana Orvell et al., "Does Distanced Self-Talk Facilitate Emotion Regulation Across a Range of Emotionally Intense Experiences?", *Clinical Psychological Science* (in press); and Jordan B. Leitner et al., "Self-Distancing Improves Interpersonal Perceptions and Behavior by Decreasing Medial Prefrontal Cortex Activity During the Provision of Criticism", *Social Cognitive and Affective Neuroscience* 12 (2017): 534~543을 참조하기 바란다.

14 Ethan Kross et al., "Third-Person Self-Talk Reduces Ebola Worry and Risk Perception by Enhancing Rational Thinking", *Applied Psychology: Health and Well-Being* 9 (2017): 387~409.

15 Aaron C. Weidman et al., "Punish or Protect: How Close Relationships Shape Responses to Moral Violations", *Personality and Social Psychology Bulletin* 46 (2019).

16 Orvell et al., "Linguistic Shifts"; and Roman Jakobson, *Shifters, Verbal Categories, and the Russian Verb* (Cambridge, MA: Harvard University, Russian Language Project, Department of Slavic Languages and Literatures, 1957). 더 깊이 알고 싶으면, Orvell et al., "Linguistic Shifts"를 참조하기 바란다.

17 더 깊이 알고 싶으면 Orvell et al., "Linguistic Shifts"를 참조하기 바란다.

18 Jason S. Moser et al., "Third-Person Self-Talk Facilitates Emotion Regulation Without Engaging Cognitive Control: Converging Evidence from

ERP and fMRI", *Scientific Reports* 7 (2017): 1~9.

19 앞의 논문.

20 Orvell et al., "Linguistic Shifts."

21 Robert Ito, "Fred Rogers's Life in 5 Artifacts", *New York Times*, 2018년 6월 5일.

22 Jim Blascovich and Joe Tomaka, "The Bio-psychosocial Model of Arousal Regulation", *Advances in Experimental Social Psychology* 28 (1996): 1~51; and Richard S. Lazarus and Susan Folkman, Stress, Appraisal, and Coping (New York: Springer, 1984).

23 전반적인 검토를 위해서는 Jeremy P. Jamieson, Wendy Berry Mendes, and Matthew K. Nock, "Improving Acute Stress Responses: The Power of Reappraisal", *Current Directions in Psychological Science* 22 (2013): 51~56을 참조하기 바란다. Adam L. Alter et al., "Rising to the Threat: Reducing Stereotype Threat by Reframing the Threat as a Challenge", *Journal of Experimental Social Psychology* 46 (2010): 155~171; and Alison Wood Brooks, "Get Excited: Reappraising Preperformance Anxiety as Excitement", *Journal of Experimental Psychology: General* 143 (2014): 1144~1158도 참조할 만하다.

24 Kross et al., "Self-Talk as a Regulatory Mechanism."

25 Jim Blascovich and Joe Tomaka, "The Biopsychosocial Model of Arousal Regulation"; Mark D. Seery, "Challenge or Threat? Cardiovascular Indexes of Resilience and Vulnerability to Potential Stress in Humans", *Neuroscience and Biobehavioral Reviews* 35 (2011): 1603~1610.

26 Lindsey Streamer et al., "Not I, but She: The Beneficial Effects of Self-Distancing on Challenge/Threat Cardiovascular Responses", *Journal of Experimental Social Psychology* 70 (2017): 235~241.

27 Rachel E. White et al., "The 'Batman Effect': Improving Perseverance in Young Children", *Child Development* 88 (2017): 1563~1571. 스테파니와 그녀의 동료들은 다른 맥락에서도 배트맨 효과를 연구했다. 한 연구에서 그들은 이 기법이 다섯 살배기의 집행 기능을 향상시킬 수 있다는 걸 보여주었다. Rachel E. White and Stephanie M. Carlson, "What Would Batman Do? Self-Distancing Improves Executive Function in Young Children",

Developmental Science 19 (2016): 419~426. 다른 연구에서는 특별한 해법이 없어 실망을 거듭할 때 감정을 제대로 통제하지 못하는 어린아이들에게 이 기법이 특히 효과적이라는 걸 보여주었다. Amanda Grenell et al., "Individual Differences in the Effectiveness of Self-Distancing for Young Children's Emotion Regulation", *British Journal of Developmental Psychology* 37 (2019): 84~100.

28 Julie B. Kaplow et al., "Out of the Mouths of Babes: Links Between Linguistic Structure of Loss Narratives and Psychosocial Functioning in Parentally Bereaved Children", *Journal of Traumatic Stress* 31 (2018): 342~351.

29 Robert L. Leahy, "Emotional Schema Therapy: A Bridge over Troubled Waters", in *Acceptance and Mindfulness in Cognitive Behavior Therapy: Understanding and Applying New Therapies*, ed. J. D. Herbert and E. M. Forman (Hoboken, NJ: John Wiley & Sons, 2011), 109~131; and Blake E. Ashforth and Glen E. Kreiner, "Normalizing Emotion in Organizations: Making the Extraordinary Seem Ordinary", *Human Resource Management Review* 12 (2002): 215~235.

30 셰릴 샌드버그Sheryl Sandberg가 남편의 죽음에 대해 페이스북에 올린 글, 2015년 6월 3일, www.facebook.com/sheryl/posts/10155617891025177:0. 셰릴 샌드버그가 오프라 윈프리Oprah Winfrey와 나눈 대화도 참조하기 바란다. *Super Soul Sunday*, 2017년 6월 25일, http://www.oprah.com/own-super-soul-sunday/the-daily-habit-the-helped-sheryl-sandberg-heal-after-tragedy-video.

31 Park, Ayduk, and Kross, "Stepping Back to Move Forward."

32 Ariana Orvell, Ethan Kross, and Susan Gelman, "How 'You' Makes Meaning", *Science* 355 (2017): 1299~1302. Ariana Orvell, Ethan Kross, and Susan Gelman, "Lessons Learned: Young Children's Use of Generic-You to Make Meaning from Negative Experiences", *Journal of Experimental Psychology: General* 148 (2019): 184~191도 참조하기 바란다.

33 Orvell et al., "Linguistic Shifts."

34 Orvell, Kross, and Gelman, "How 'You' Makes Meaning."

5장. 타인이라는 존재의 이점과 폐해

1 Steven Gray, "How the NIU Massacre Happened", *Time*, 2008년 2월 16일, content.time.com/time/nation/article/0,8599,1714069,00.html.

2 Amanda M. Vicary and R. Chris Fraley, "Student Reactions to the Shootings at Virginia Tech and Northern Illinois University: Does Sharing Grief and Support over the Internet Affect Recovery?", *Personality and Social Psychology Bulletin* 36 (2010): 1555~1563. 2008년 2월 14일, 노던일리노이대학교에서 일어난 총격 사건에 대한 보도로는 https://www.niu.edu/forward/_pdfs/archives/feb14report.pdf; Susan Saulny and Monica Davey, "Gunman Kills at Least 5 at U.S. College", *New York Times*, 2008년 2월 15일; and Cheryl Corley and Scott Simon, "NIU Students Grieve at Vigil", *NPR*, 2008년 2월 16일, https://www.npr.org/templates/story/story.php?storyId=19·115808&t=1586343329323을 참조하기 바란다.

3 Vicary and Fraley, "Student Reactions to the Shootings at Virginia Tech and Northern Illinois University."

4 Mark D. Seery et al., "Expressing Thoughts and Feelings Following a Collective Trauma: Immediate Responses to 9·11 Predict Negative Outcomes in a National Sample", *Journal of Consulting and Clinical Psychology* 76 (2008): 657~667. 9·11테러에 따른 감정의 표현 여부를 물을 때 사용된 방법은 실험 참가자들에게 9·11테러에 대한 생각을 공유하라고 요구하는 비강제적 조언으로 이루어졌다. 저자들은 그 조언을 사람들이 감정을 다른 사람과 공유하는 성향을 평가하는 대용물로 사용했다(663, 665). 연구 결과에 따르면, 비강제적 조언을 받아들인 사람들은 9·11테러 이후 다른 사람에게 속내를 토로하며 정서적 지원을 바라는 성향을 보여주었다(p. 664). 감정 표현이 항상 이롭지는 않다는 걸 추가적으로 보여주는 자료는 Richard McNally, Richard J. Bryant, and Anke Ehlers, "Does Early Psychological Intervention Promote Recovery from Posttraumatic Stress?", *Psychological Science in the Public Interest* 4 (2003): 45~79; Arnold A. P. van Emmerik et al., "Single Session Debriefing After Psychological Trauma: A Meta-analysis", *Lancet* 360 (2002): 766~771; George A. Bonanno, "Loss, Trauma, and Human Resilience: Have We Underestimated the Human Capacity to Thrive After Extremely Aversive Events?", *American*

Psychologist 59 (2004): 20~28; Bushman, "Does Venting Anger Feed or Extinguish the Flame?"; Bushman et al., "Chewing on It Can Chew You Up"; and Rimé, "Emotion Elicits the Social Sharing of Emotion"을 참조하기 바란다.

5   Aristotle, *Poetics* (Newburyport, MA: Pullins, 2006). Also see, Brad J. Bushman, "Catharsis of Aggression", in *Encyclopedia of Social Psychology*, ed. Roy F. Baumeister and Kathleen D. Vohs (Thousand Oaks, CA: Sage, 2007), 135~137; and The Editors of Encyclopaedia Britannica, "Catharsis", *Encyclopaedia Britannica*.

6   Josef Breuer and Sigmund Freud, *Studies on Hysteria*, 1893~1895 (London: Hogarth Press, 1955).

7   이 부분을 쓰는 데는 발달 과정이 감정 조절에서 맡는 역할을 대인 과정에 접목한 베르나르 리메의 뛰어난 논문에서 많은 도움을 받았다. Rimé, "Emotion Elicits the Social Sharing of Emotion."

8   Roy F. Baumeister and Mark R. Leary, "The Need to Belong: Desire for Interpersonal Attachments as a Fundamental Human Motivation", *Psychological Bulletin* 117 (1995): 497~529.

9   Shelley E. Taylor, "Tend and Befriend: Biobehavioral Bases of Affiliation Under Stress", *Current Directions in Psychological Science* 15 (2006): 273~277.

10   다른 사람을 돌보겠다고 생각하고, 다른 사람의 모습을 머릿속으로 활성화하는 것만으로도 머릿속의 대본처럼 내면의 코치를 충분히 활성화할 수 있다. 애착 연구의 두 선구자인 심리학자 마리오 미쿨린서Mario Mikulincer와 필립 셰이버Phillip Shaver의 주장에 따르면, 언어로 표현되지 않은 머릿속의 대본은 대략 다음과 같다. "내가 어떤 장애를 만나거나 깊은 슬픔에 빠지면 다른 사람에게 다가가 도움을 구할 수 있어. 그런 사람은 틀림없이 구할 수 있을 것이고 도움도 될 거야. 그 사람과 함께하면 위안과 편안을 얻을 것이고, 그럼 나는 정상적인 상황으로 돌아갈 수 있을 거야." Mario Mikulincer et al., "What's Inside the Minds of Securely and Insecurely Attached People? The Secure-Base Script and Its Associations with Attachment-Style Dimensions", *Journal of Personality and Social Psychology* 97 (2002): 615~633. 이런 머릿속 대본은 내가 코넬대학교의 심리학 교수 비비안 자야즈Vivian Zayas

채터, 당신 안의 훼방꾼

와 학생들의 도움을 받아, 애착하는 인물의 사진을 보는 것만으로도 채터를 조절하는 데 영향을 미치는지를 조사하려고, 2015년에 실시한 일련의 연구에서도 한몫을 했다. 구체적으로 말하면, 우리 연구 팀은 실험 참가자들에게 채터를 유발했던 부정적인 경험에 대해 생각해보고, 그 뒤에 자신의 어머니 사진이나 다른 사람의 어머니 사진을 보라고 요구했다. 미쿨린서와 셰이버였다면, 어머니 사진을 보는 것만으로도 그들의 감정적 고통이 줄어들었으리라고 예측했을 것이다. 그들의 예측대로 실험 참가자들은 기분이 더 나아졌다고 말했다. Emre Selcuk et al., "Mental Representations of Attachment Figures Facilitate Recovery Following Upsetting Autobiographical Memory Recall", *Journal of Personality and Social Psychology* 103 (2012): 362~378.

11 Christelle Duprez et al., "Motives for the Social Sharing of an Emotional Experience", *Journal of Social and Personal Relationships* 32 (2014): 757~787. Lisanne S. Pauw et al., "Sense or Sensibility? Social Sharers' Evaluations of Socio-affective vs. Cognitive Support in Response to Negative Emotions", *Cognition and Emotion* 32 (2018): 1247~1264도 참조하기 바란다.

12 Lisanne S. Pauw et al., "I Hear You (Not): Sharers' Expressions and Listeners' Inferences of the Need for Support in Response to Negative Emotions", *Cognition and Emotion* 33 (2019): 1129~1243.

13 Amanda J. Rose, "Co-rumination in the Friendships of Girls and Boys", *Child Development* 73 (2002): 1830~1843; Jason S. Spendelow, Laura M. Simonds, and Rachel E. Avery, "The Relationship Between Co-rumination and Internalizing Problems: A Systematic Review and Meta-analysis", *Clinical Psychology and Psychotherapy* 24 (2017): 512~527; Lindsey B. Stone et al., "Co-rumination Predicts the Onset of Depressive Disorders During Adolescence", *Journal of Abnormal Psychology* 120 (2011): 752~757; and Benjamin L. Hankin, Lindsey Stone, and Patricia Ann Wright, "Co-rumination, Interpersonal Stress Generation, and Internalizing Symptoms: Accumulating Effects and Transactional Influences in a Multi-wave Study of Adolescents", *Developmental Psychopathology* 22 (2010): 217~235. Rimé, "Emotion Elicits the Social Sharing of Emotion"도 참조하기 바란다.

14 활성화 확산 이론이 반추에서 맡는 역할에 대해서는 Rusting and Nolen-

Hoeksema, "Regulating Responses to Anger"를 참조하기 바란다.

15 Andrew C. High and James Price Dillard, "A Review and Meta-analysis of Person-Centered Messages and Social Support Outcomes", *Communication Studies* 63 (2012): 99~118; Frederic Nils and Bernard Rimé, "Beyond the Myth of Venting: Social Sharing Modes Determine Emotional and Social Benefits from Distress Disclosure", *European Journal of Social Psychology* 42 (2012): 672~681; Stephen J. Lepore et al., "It's Not That Bad: Social Challenges to Emotional Disclosure Enhance Adjustment to Stress", *Anxiety, Stress, and Coping* 17 (2004): 341~361; Anika Batenburg and Enny Das, "An Experimental Study on the Effectiveness of Disclosing Stressful Life Events and Support Messages: When Cognitive Reappraisal Support Decreases Emotional Distress, and Emotional Support Is Like Saying Nothing at All", *PLoS One* 9 (2014): e114169; and Stephanie Tremmel and Sabine Sonnentag, "A Sorrow Halved? A Daily Diary Study on Talking About Experienced Workplace Incivility and Next-Morning Negative Affect", *Journal of Occupational Health Psychology* 23 (2018): 568~583.

16 Gal Sheppes, "Transcending the 'Good and Bad' and 'Here and Now' in Emotion Regulation: Costs and Benefits of Strategies Across Regulatory Stages", *Advances in Experimental Social Psychology* 61 (2020). 시간이 사회적 교환에서 갖는 역할에 대해서는 Rimé, "Emotion Elicits the Social Sharing of Emotion"을 참조하기 바란다.

17 Christopher S. Wren, "2 Give Up After Holding 42 Hostages in a Harlem Bank", *New York Times*, April 19, 1973; Barbara Gelb, "A Cool-Headed Cop Who Saves Hostages", *New York Times*, April 17, 1977; Gregory M. Vecchi et al., "Crisis (Hostage) Negotiation: Current Strategies and Issues in High-Risk Conflict Resolution", *Aggression and Violent Behavior* 10 (2005): 533~551; Gary Noesner, *Stalling for Time* (New York: Random House, 2010); "Police Negotiation Techniques from the NYPD Crisis Negotiations Team", Harvard Law School, 2019년 11월 11일, https://www.pon.harvard. edu/daily/crisis-negotiations/crisis-negotiations-and-negotiation-skills-insights-from-the-new-york-city-police-department-hostagenegotiations-team/.

18 Elaine O. Cheung, Wendi L. Gardner, and Jason F. Anderson, "Emotionships: Examining People's Emotion-Regulation Relationships and Their Consequences for Well-Being", *Social Psychological and Personality Science* 6 (2015): 407~414.

19 It Gets Better Project, itgetsbetter.org/; "How It All Got Started", https:// itgetsbetter.org/blog/initiatives/how-it-all-got-started/; Brian Stelter, "Campaign Offers Help to Gay Youths", *New York Times*, 2010년 10월 18일; and Dan Savage, "Give 'Em Hope", *The Stranger*, 2010년 9월 23일.

20 McNally, Bryant, and Ehlers, "Does Early Psychological Intervention Promote Recovery from Posttraumatic Stress?"; and van Emmerik et al., "Single Session Debriefing After Psychological Trauma."

21 공감을 다룬 문헌에 대한 전반적인 검토로는 Zaki, *War for Kindness*; de Waal and Preston, "Mammalian Empathy"; and Erika Weisz and Jamil Zaki, "Motivated Empathy: A Social Neuroscience Perspective", *Current Opinion in Psychology* 24 (2018): 67~71을 참조하기 바란다.

22 인간관계 전문가, 에시콜 라파엘리Eshkol Rafaeli와 마르시 글리슨Marci Gleason 은 사회적 지원을 연구한 문헌을 치밀하게 검토했다. Eshkol Rafaeli and Marci Gleason, "Skilled Support Within Intimate Relationships", *Journal of Family Theory and Review* 1 (2009): 20~37. 그들은 눈에 보이는 지원이 역효과를 일으킬 수 있는 무수히 많은 경우에 대해서도 자세히 다루었다. 그들이 지적했듯, 눈에 보이는 지원은 스트레스의 원인에 주목하고, 반려자에게 느끼는 고마움을 강조하며, 관계의 불평등을 부각하고, 그 지원이 좋은 의도로 행해지더라도 적대적으로 인식되고 비판이 가해진다.

23 Niall Bolger, Adam Zuckerman, and Ronald C. Kessler, "Invisible Support and Adjustment to Stress", *Journal of Personality and Social Psychology* 79 (2000): 953~961. 이 결과가 실험에서 되풀이된 경우에 대해서는 Niall Bolger and David Amarel, "Effects of Social Support Visibility on Adjustment to Stress: Experimental Evidence", *Journal of Personality and Social Psychology* 92 (2007): 458~475를 참조하기 바란다.

24 Yuthika U. Girme et al., "Does Support Need to Be Seen? Daily Invisible Support Promotes Next Relationship Well-Being", *Journal of Family*

Psychology 32 (2018): 882~893.

25 Yuthika U. Girme, Nickola C. Overall, and Jeffry A. Simpson, "When Visibility Matters: Short-Term Versus Long-Term Costs and Benefits of Visible and Invisible Support", *Personality and Social Psychology Bulletin* 39 (2013): 1441~1454.

26 Katherine S. Zee and Niall Bolger, "Visible and Invisible Social Support: How, Why, and When", *Current Directions in Psychological Science 28* (2019): 314~320. Katherine S. Zee et al., "Motivation Moderates the Effects of Social Support Visibility", *Journal of Personality and Social Psychology* 114 (2018): 735~765도 참조하기 바란다.

27 Brittany K. Jakubiak and Brooke C. Feeney, "Affectionate Touch to Promote Relational, Psychological, and Physical Well-Being in Adulthood: A Theoretical Model and Review of the Research", *Personality and Social Psychology Review* 21 (2016): 228~252.

28 Sander L. Koole, Mandy Tjew A. Sin, and Iris K. Schneider, "Embodied Terror Management: Interpersonal Touch Alleviates Existential Concerns Among Individuals with Low Self-Esteem", *Psychological Science* 25 (2014): 30~37.

29 앞의 책. 그 밖에도 Kenneth Tai, Xue Zheng, and Jayanth Narayanan, "Touching a Teddy Bear Mitigates Negative Effects of Social Exclusion to Increase Prosocial Behavior", *Social Psychological and Personality Science* 2 (2011): 618~626을 참조하기 바란다.

30 Francis McGlone, Johan Wessberg, and Hakan Olausson, "Discriminative and Affective Touch: Sensing and Feeling", *Neuron* 82 (2014): 737~751. C형 신경섬유C-fibers가 사회적 지원에서 행하는 역할에 대해서는 Jakubiak and Feeney, "Affectionate Touch to Promote Relational, Psychological, and Physical Well-Being in Adulthood."

31 India Morrison, Line S. Loken, and Hakan Olausson, "The Skin as a Social Organ", *Experimental Brain Research* 204 (2009): 305~314.

32 David S. Lee et al., "When Chatting About Negative Experiences Helps— and When It Hurts: Distinguishing Adaptive Versus Maladaptive Social Support in Computer-Mediated Communication", *Emotion* 20 (2020):

368~375. 사회적 공유 과정이 소셜 미디어에서의 상호작용으로 일반화 된다는 추가적 증거에 대해서는 Mina Choi and Catalina L. Toma, "Social Sharing Through Interpersonal Media"를 참조하기 바란다.

6장. 밖에서 안으로

1   Erik Gellman, Robert Taylor Homes, Chicago Historical Society, http:// www.encyclopedia.chicagohistory.org/pages/2478.html.

2   Aaron Modica, "Robert R. Taylor Homes, Chicago, Illinois (1959~2005)", BlackPast, 2009년 12월 19일, blackpast.org/aah/robert-taylor-homes-chicago-illinois-1959-2005; D. Bradford Hunt, "What Went Wrong with Public Housing in Chicago? A History of the Robert Taylor Homes", *Journal of the Illinois State Historical Society* 94 (2001): 96~123; Hodding Carter, *Crisis on Federal Street*, PBS (1987).

3   Frances E. Kuo, "Coping with Poverty: Impacts of Environment and Attention in the Inner City", *Environment and Behavior* 33 (2001): 5~34.

4   Roger S. Ulrich, "View Through a Window May Influence Recovery from Surgery", *Science* 224 (1984): 420~421.

5   자연과 건강의 관계를 추적한 최근의 연구로는 Gregory N. Bratman et al., "Nature and Mental Health: An Ecosystem Service Perspective", *Science Advances* 5 (2019): eaax0903; Roly Russell et al., "Humans and Nature: How Knowing and Experiencing Nature Affect Well-Being", *Annual Review of Environmental Resources* 38 (2013): 473~502; Ethan A. McMahan and David Estes, "The Effect of Contact with Natural Environments on Positive and Negative Affect: A Metaanalysis", *Journal of Positive Psychology* 10 (2015): 507~519; and Terry Hartig et al., "Nature and Health", *Annual Review of Public Health* 35 (2014): 207~228을 참조 하기 바란다.

6   Mathew P. White et al., "Would You Be Happier Living in a Greener Urban Area? A Fixed Effects Analysis of Panel Data", *Psychological Science* 24 (2013): 920~928.

7   Omid Kardan et al., "Neighborhood Greenspace and Health in a Large

Urban Center", *Scientific Reports* 5 (2015): 11610.

8 Richard Mitchell and Frank Popham, "Effect of Exposure to Natural Environment on Health Inequalities: An Observational Population Study", *Lancet* 372 (2008): 1655~1660. David Rojas-Rueda et al., "Green Spaces and Mortality: A Systematic Review and Meta-analysis of Cohort Studies", *Lancet Planet Health* 3 (2019): 469~477도 참조하기 바란다.

9 Rachel Kaplan and Stephen Kaplan, *The Experience of Nature: A Psychological Perspective* (New York: Cambridge University Press, 1989). 캐플런 부부의 이야기에 대해 쓸 때 다음의 논문도 많은 도움이 되었다. Rebecca A. Clay, "Green Is Good for You", *Monitor on Psychology* 32 (2001): 40.

10 William James, *Psychology: The Briefer Course* (New York: Holt, 1892).

11 자발적 의지력과 비자발적 의지력의 구분 및 자연과 주의력 회복의 상관관계에 대해서는 Stephen Kaplan and Marc G. Berman, "Directed Attention as a Common Resource for Executive Functioning and Self-Regulation", *Perspectives on Psychological Science* 5 (2010): 43~57을 참조하기 바란다. Timothy J. Buschman and Earl K. Miller, "Top-Down Versus Bottom-Up Control of Attention in the Prefrontal and Posterior Parietal Cortices", *Science* 315 (2007): 1860~1862도 참조하기 바란다.

12 Marc G. Berman, John Jonides, and Stephen Kaplan, "The Cognitive Benefits of Interacting with Nature", *Psychological Science* 19 (2008): 1207~1212. Terry Hartig et al., "Tracking Restoration in Natural and Urban Field Settings", *Journal of Environmental Psychology* 23 (2003): 109~123 도 참조하기 바란다.

13 Marc G. Berman et al., "Interacting with Nature Improves Cognition and Affect for Individuals with Depression", *Journal of Affective Disorders* 140 (2012): 300~305.

14 Kristine Engemann et al., "Residential Green Space in Childhood Is Associated with Lower Risk of Psychiatric Disorders from Adolescence into Adulthood", *Proceedings of the National Academy of Sciences of the United States of America* 116 (2019): 5188~5193. White et al., "Would You Be Happier Living in a Greener Urban Area?"도 참조하기 바란다.

15 Gregory N. Bratman et al., "Nature Experience Reduces Rumination and

Subgenual Prefrontal Cortex Activation", *Proceedings of the National Academy of Sciences of the United States of America* 112 (2015): 8567~8572. 이 가정이 사실로 확인된 사례에 대해서는 Gregory N. Bratman et al., "The Benefits of Nature Experience: Improved Affect and Cognition", *Landscape and Urban Planning* 138 (2015): 41~50을 참조하기 바란다. 이 논문에서는 도심을 벗어나 자연을 산책하면 반추와 불안감이 줄어들고, 작업 기억 기능에 긍정적 영향을 준다는 점이 확인되었다.

16 자연이 인지와 정서 회복에 영향을 미친다는 연구 결과에 많은 사람이 회의적인 반응을 보이는 것은 어느 정도 당연한 듯하다. 실제로 일련의 정교한 연구에서도 녹색 공간이 인간의 기분을 호전시키는 정도가 항상 과소평가된다는 사실이 확인되었다. Elizabeth K. Nisbet and John M. Zelenski, "Underestimating Nearby Nature: Affective Forecasting Errors Obscure the Happy Path to Sustainability", *Psychological Science* 22 (2011): 1101~1106.

17 United Nations, Department of Economic and Social Affairs, Population Division, *World Urbanization Prospects: The 2018 Revision* (New York: United Nations, 2019); and Hannah Ritchie and Max Roser, "Urbanization", *Our World in Data* (2018, updated 2019), https://ourworldindata.org/urbanization#migration-to-towns-and-cities-is-very-recent-mostly-limited-to-the-past-200-years.

18 Bin Jiang et al., "A Dose-Response Curve Describing the Relationship Between Urban Tree Cover Density and Self-Reported Stress Recovery", *Environment and Behavior* 48 (2016): 607~629. Daniel K. Brown, Jo L. Barton, and Valerie F. Gladwell, "Viewing Nature Scenes Positively Affects Recovery of Autonomic Function Following Acute-Mental Stress", *Environmental Science and Technology* 47 (2013): 5562~5569; Berman, Jonides, and Kaplan, "Cognitive Benefits of Interacting with Nature"; and McMahan and Estes, "Effect of Contact with Natural Environments on Positive and Negative Affect"도 참조하기 바란다.

19 Stephen C. Van Hedger et al., "Of Cricket Chirps and Car Horns: The Effect of Nature Sounds on Cognitive Performance", *Psychonomic Bulletin and Review* 26 (2019): 522~530.

20 Danielle F. Shanahan et al., "Health Benefits from Nature Experiences

Depend on Dose", *Scientific Reports* 6 (2016): 28551. Jiang et al., "Dose-Response Curve Describing the Relationship Between Urban Tree Cover Density and Self-Reported Stress Recovery"도 참조하기 바란다.

21 ReTUNE (Restoring Through Urban Nature Experience), The University of Chicago, https://appchallenge.uchicago.edu/retune/, 2020년 3월 4일 접속. ReTUNE app: https://retune-56d2e.firebaseapp.com/.

22 수잰 보트, 이선 크로스가 2008년 10월 1일에 진행한 인터뷰.

23 Mark Kukis, "The Most Dangerous Place in Iraq", *Time*, 2006년 12월 11일.

24 Craig L. Anderson, Maria Monroy, and Dacher Keltner, "Awe in Nature Heals: Evidence from Military Veterans, At-Risk Youth, and College Students", *Emotion* 18 (2018): 1195~1202.

25 Jennifer E. Stellar et al., "Self-Transcendent Emotions and Their Social Functions: Compassion, Gratitude, and Awe Bind Us to Others Through Prosociality", *Emotion Review* 9 (2017): 200~207; Paul K. Piff et al., "Awe, the Small Self, and Prosocial Behavior", *Journal of Personality and Social Psychology* 108 (2015): 883~899; and Michelle N. Shiota, Dacher Keltner, and Amanda Mossman, "The Nature of Awe: Elicitors, Appraisals, and Effects on Self-Concept", *Cognition and Emotion* 21 (2007): 944~963.

26 Michiel van Elk et al., "The Neural Correlates of the Awe Experience: Reduced Default Mode Network Activity During Feelings of Awe", *Human Brain Mapping* 40 (2019): 3561~3574.

27 Judson A. Brewer et al., "Meditation Experience Is Associated with Differences in Default Mode Network Activity and Connectivity", *Proceedings of the National Academy of Sciences of the United States of America* 108 (2011): 20254~20259. 뇌의 기능에서 경외감이 환각제와 어떤 관계가 있는지에 대해서는 van Elk et al., "The Neural Correlates of the Awe Experience: Reduced Default Mode Network Activity During Feelings of Awe"를 참조하기 바란다. Robin L. Carhart-Harris et al., "The Entropic Brain: A Theory of Conscious States Informed by Neuroimaging Research with Psychedelic Drugs", *Frontiers in Human Neuroscience* 3 (2014): 20도 읽을 만하다.

28 경외감과 생존 확률에 대해서는 Stellar et al., "Self-Transcendent Emotions and Their Social Functions"를 참조하기 바란다.

29 예컨대 Yang Bai et al. "Awe, the Diminished Self, and Collective Engagement: Universals and Cultural Variations in the Small Self", *Journal of Personality and Social Psychology* 113 (2017): 185~209"를 참조하기 바란다.

30 van Elk et al., "Neural Correlates of the Awe Experience."

31 유사한 논증에 대해서는 Phuong Q. Le et al., "When a Small Self Means Manageable Obstacles: Spontaneous Self-Distancing Predicts Divergent Effects of Awe During a Subsequent Performance Stressor", *Journal of Experimental Social Psychology* 80 (2019): 59~66을 참조하기 바란다. 이 논문에서는 흥미롭게도 부정적 경험을 되돌아볼 때 자연스레 거리를 두는 경향을 띠는 사람들은 부담스러운 연설을 하기 전에 경외감을 경험할 때, 심혈관계 스트레스 반응에서 가장 큰 효과를 얻는 것으로 드러난다.

32 Melanie Rudd, Kathleen D. Vohs, and Jennifer Aaker, "Awe Expands People's Perception of Time, Alters Decision Making, and Enhances Well-Being", *Psychological Science* 23 (2012): 1130~1136.

33 Jennifer E. Stellar et al., "Positive Affect and Markers of Inflammation: Discrete Positive Emotions Predict Lower Levels of Inflammatory Cytokines", *Emotion* 15 (2015): 129~133.

34 Jennifer E. Stellar et al., "Awe and Humility", *Journal of Personality and Social Psychology* 114 (2018): 258~269.

35 Grossmann and Kross, "Exploring Solomon's Paradox."

36 Amie Gordon et al., "The Dark Side of the Sublime: Distinguishing a Threat-Based Variant of Awe", *Journal of Personality and Social Psychology* 113 (2016): 310~328.

37 Rafael Nadal, *Rafa: My Story*, with John Carlin (New York: Hachette Books, 2013); Chris Chase, "The Definitive Guide to Rafael Nadal's 19 Bizarre Tennis Rituals", *USA Today*, 2019년 6월 5일.

38 Mark J. Landau, Aaron C. Kay, and Jennifer A. Whitson, "Compensatory Control and the Appeal of a Structured World", *Psychological Bulletin* 141 (2015): 694~722.

39 Nadal, Rafa.

40 Maria Kondo, *The Life Changing Magic of Tidying Up: The Japanese Art of Decluttering and Organizing* (Berkeley, CA: Ten Speed Press, 2014).

41 마크 랜도Mark Landau, 에런 케이Aaron Kay, 제니퍼 윗슨Jennifer Whitson이 공동으로 집필한 서평, "Compensatory Control and the Appeal of a Structured World"에 말했듯 이 문제는 지난 60년 동안 많은 연구자의 관심사여서 다양한 관점에서 연구되었다.

42 Albert Bandura, *Social Foundations of Thought and Action: A Social Cognitive Theory* (Englewood Cliffs, NJ: Prentice-Hall, 1986); and Bandura, *Self-Efficacy: The Exercise of Control* (New York: Freeman, 1997).

43 이와 관련된 서평으로는 Landau, Kay, and Whitson, "Compensatory Control and the Appeal of a Structured World"; D. H. Shapiro, Jr., C. E. Schwartz, and J. A. Astin, "Controlling Ourselves, Controlling Our World: Psychology's Role in Understanding Positive and Negative Consequences of Seeking and Gaining Control", *The American Psychologist* 51 (1996): 1213~1230; and Bandura, *Self-Efficacy: The Exercise of Control*을 참조하기 바란다. Richard M. Ryan and Edward L. Deci, "Self-Determination Theory and the Facilitation of Intrinsic Motivation, Social Development, and Well-Being", *American Psychologist* 55 (2000): 68~78도 참조할 만하다.

44 Michelle Richardson, Charles Abraham, and Rod Bond, "Psychological Correlates of University Students' Academic Performance: A Systematic Review and Meta-analysis", *Psychological Bulletin* 138 (2012): 353~387; Michael Schneider and Franzis Preckel, "Variables Associated with Achievement in Higher Education: A Systematic Review of Metaanalyses", *Psychological Bulletin* 143 (2017): 565~600; Alexander D. Stajkovic and Fred Luthans, "Self-Efficacy and Work-Related Performance: A Meta-analysis", *Psychological Bulletin* 124 (1998): 240~261.

45 Toni L. Bisconti and C. S. Bergeman, "Perceived Social Control as a Mediator of the Relationships Among Social Support, Psychological Well-Being, and Perceived Health", *Gerontologist* 39 (1999): 94~103; Tanya S. Martini, Joan E. Grusec, and Silvia C. Bernardini, "Effects of Interpersonal Control, Perspective Taking, and Attributions on Older Mothers' and Adult

Daughters' Satisfaction with Their Helping Relationships", *Journal of Family Psychology* 15 (2004): 688~705.

46 이와 관련된 전반적인 논의로는 Nolen-Hoeksema, Wisco, and Lyubomirsky, "Rethinking Rumination"을 참조하기 바란다.

47 우리가 통제감을 높이기 위해 흔히 사용하는 또 다른 자원은 종교다. 종교는 실질적이고 영적인 차원에서 질서와 조직과 구조에 대한 의식을 우리에게 제공해주기 때문이다. Aaron C. Kay et al., "God and the Government: Testing a Compensatory Control Mechanism for the Support of External Systems", *Journal of Personality and Social Psychology* 95 (2008): 18~35. 전반적인 논의로는 Landau, Kay, and Whitson, "Compensatory Control and the Appeal of a Structured World"를 참조하기 바란다.

48 Landau, Kay, and Whitson, "Compensatory Control and the Appeal of a Structured World."

49 Jennifer A. Whitson and Adam D. Galinsky, "Lacking Control Increases Illusory Pattern Perception", *Science* 322 (2008): 115~117.

50 Keisha M. Cutright, "The Beauty of Boundaries: When and Why We Seek Structure in Consumption", *Journal of Consumer Research* 38 (2012): 775~790. Samantha J. Heintzelman, Jason Trent, and Laura A. King, "Encounters with Objective Coherence and the Experience of Meaning in Life", *Psychological Science* 24 (2013): 991~998도 참조하기 바란다.

51 Alexa M. Tullett, Aaron C. Kay, and Michael Inzlicht, "Randomness Increases Self-Reported Anxiety and Neurophysiological Correlates of Performance Monitoring", *Social Cognitive and Affective Neuroscience* 10 (2015): 628~635.

52 Catherine E. Ross, "Neighborhood Disadvantage and Adult Depression", *Journal of Health and Social Behavior* 41 (2000): 177~187.

53 강박 장애를 진단받았다고 모두가 주변을 반듯하게 정돈하려고 하지는 않는다. Miguel Fullana, "Obsessions and Compulsions in the Community: Prevalence, Interference, Help-Seeking, Developmental Stability, and Co-occurring Psychiatric Conditions", *American Journal of Psychiatry* 166 (2009): 329~336.

54 전반적인 논의에 대해서는 Landau, Kay, and Whitson, "Compensatory

Control and the Appeal of a Structured World"를 참조하기 바란다.

7장. 마인드 매직

1 메스머에 관련해서는 다음의 자료들을 참조했다. George J. Makari, "Franz Anton Mesmer and the Case of the Blind Pianist", *Hospital and Community Psychiatry* 45 (1994): 106~110; Derek Forrest, "Mesmer", *International Journal of Clinical and Experimental Hypnosis* 50 (2001): 295~308; Douglas J. Lanska and Joseph T. Lanska, "Franz Anton Mesmer and the Rise and Fall of Animal Magnetism: Dramatic Cures, Controversy, and Ultimately a Triumph for the Scientific Method", in *Brain, Mind, and Medicine: Essays in Eighteenth-Century Neuroscience*, ed. Harry Whitaker (New York: Springer, 2007), 301~320; Sadie F. Dingfelder, "The First Modern Psychology Study: Or How Benjamin Franklin Unmasked a Fraud and Demonstrated the Power of the Mind", *Monitor on Psychology* 41 (2010), www.apa.org/monitor/2010/07-08/franklin; and David A. Gallo and Stanley Finger, "The Power of a Musical Instrument: Franklin, the Mozarts, Mesmer, and the Glass Armonica", *History of Psychology* 3 (2000): 326~343.

2 Benjamin Franklin, *Report of Dr. Benjamin Franklin, and Other Commissioners, Charged by the King of France, with the Examination of Animal Magnetism, as Now Practiced at Paris* (London: printed for J. Johnson, 1785).

3 이 극적인 도약은 헨리 비처Henry Beecher라는 마취과 의사가 1955년에 발표한 '강력한 플라세보The Powerful Placebo'라는 논문에서 시작되었다. Henry Beecher, "The Powerful Placebo", *Journal of the American Medical Association* 159 (1955): 1602~1606.

4 The Editors of Encyclopaedia Britannica, "Amulet(부적)", *Encyclopaedia Britannica*.

5 Joseph Jacobs and M. Seligsohn, "Solomon, Seal of", *Jewish Encyclopedia*, www.jewishencyclopedia.com/articles/13843-solomon-seal-of.

6 Mukti J. Campion, "How the World Loved the Swastika—Until Hitler Stole It", *BBC News*, 2014년 10월 23일, www.bbc.com/news/

magazine-29644591.

7 Charles E. Schaefer and Donna Cangelosi, *Essential Play Therapy Techniques: Time-Tested Approaches* (New York: The Guilford Press, 2016).

8 Dan Snierson, "Heidi Klum Reveals Victoria's Secret", *Entertainment Weekly*, 2003년 11월 21일.

9 NBA.com Staff, "Legends Profile: Michael Jordan", NBA, www.nba.com/history/legends/profiles/michael-jordan.

10 Rina Raphael, "Is There a Crystal Bubble? Inside the Billion-Dollar 'Healing' Gemstone Industry", *Fast Company*, 2017년 5월 5일.

11 미신적 신앙을 인정하는 게 심리학적으로 합리적일 수 있다고 설명하는 주장에 대해서는 Jane Risen, "Believing What We Do Not Believe: Acquiescence to Superstitious Beliefs and Other Powerful Intuitions", *Psychological Review* 123 (2016): 182~207을 참조하기 바란다.

12 Yoni K. Ashar, Luke J. Chang, and Tor D. Wager, "Brain Mechanisms of the Placebo Effect: An Affective Appraisal Account", *Annual Review of Clinical Psychology* 13 (2017): 73~98; Ted J. Kaptchuk and Franklin G. Miller, "Placebo Effects in Medicine", *New England Journal of Medicine* 373 (2015): 8~9; and Tor D. Wager and Lauren Y. Atlas, "The Neuroscience of Placebo Effects: Connecting Context, Learning and Health", *Nature Reviews Neuroscience* 16 (2015): 403~418.

13 Ted J. Kaptchuk et al., "Components of Placebo Effect: Randomized Controlled Trial in Patients with Irritable Bowel Syndrome", *British Medical Journal* 336 (2008): 999~1003.

14 Karin Meissner et al., "Differential Effectiveness of Placebo Treatments: A Systematic Review of Migraine Prophylaxis", *JAMA Internal Medicine* 173 (2013): 1941~1951.

15 Michael E. Wechsler et al., "Active Albuterol or Placebo, Sham Acupuncture, or No Intervention in Asthma", *New England Journal of Medicine* 365 (2011): 119~126.

16 대표적인 예로 Andrew L. Geers et al., "Dispositional Optimism Predicts Placebo Analgesia", *The Journal of Pain* 11 (2010): 1165~1171; Marta Pecina et al., "Personality Trait Predictors of Placebo Analgesia and

Neurobiological Correlates", *Neuropsychopharmacology* 38 (2013): 639~646을 참조하기 바란다.

17 C. Warren Olanow et al., "Gene Delivery of Neurturin to Putamen and Substantia Nigra in Parkinson Disease: A Double-Blind, Randomized, Controlled Trial", *Annals of Neurology* 78 (2015): 248~257. 플라세보가 파킨슨병에도 효과가 있다는 추가적 증거로는 Raul de la Fuente-Fernandez et al., "Expectation and Dopamine Release: Mechanism of the Placebo Effect in Parkinson's Disease", *Science* 293 (2001): 1164~1166; Christopher G. Goetz, "Placebo Response in Parkinson's Disease: Comparisons Among 11 Trials Covering Medical and Surgical Interventions", *Movement Disorders* 23 (2008): 690~699; American Parkinson Disease Association, "The Placebo Effect in Clinical Trials in Parkinson's Disease", 2017년 3월 6일, www.apdaparkinson.org/article/the-placebo-effect-in-clinical-trials-in-parkinsons-disease/를 참조하기 바란다.

18 Leonie Koban et al., "Frontal-Brainstem Pathways Mediating Placebo Effects on Social Rejection", *Journal of Neuroscience* 37 (2017): 3621~3631.

19 정서와의 관계에서 플라세보 효과의 이면도 똑같은 정도로 효과가 있다. '노세보nocebo' 효과라 일컬어지는 현상으로, 어떤 물질이 우리에게 해롭다고 믿으면 적지 않은 상황에서 그 효과가 실제로 발생한다는 것이 입증되었다. Paul Enck, Fabrizio Benedetti, and Manfred Schedlowski, "New Insights into the Placebo and Nocebo Responses", *Neuron* 59 (2008): 195~206.

20 전반적인 검토를 위해서는 Ashar, Chang, and Wager, "Brain Mechanisms of the Placebo Effect"를 참조하기 바란다.

21 Arif Khan, Nick Redding, and Walter A. Brown, "The Persistence of the Placebo Response in Antidepressant Clinical Trials", *Journal of Psychiatric Research* 42 (2008): 791~796.

22 Stuart Heritage, "Tig Notaro and Her Jaw-Dropping Cancer Standup Routine", *Guardian*, 2012년 10월 19일; Andrew Marantz, "Good Evening. Hello. I Have Cancer", *New Yorker*, 2012년 10월 5일; Vanessa Grigoriadis, "Survival of the Funniest", *Vanity Fair*, 2012년 12월 18일; and Tig Notaro, *Live*, 2012.

23 Andy Clark, "Whatever Next? Predictive Brains, Situated Agents, and the Future of Cognitive Science", *Behavioral and Brain Sciences* 36 (2013): 181~204.

24 Irving Kirsch, "Response Expectancy and the Placebo Effect", *International Review of Neurobiology* 138 (2018): 81~93; and Christian Büchel et al., "Placebo Analgesia: A Predictive Coding Perspective", *Neuron* 81 (2014): 1223~1239.

25 전의식적 과정과 숙의 과정이 플라세보 효과에서 취하는 역할에 대해서는 Ashar, Chang, and Wager, "Brain Mechanisms of the Placebo Effect"; Donald D. Price, Damien G. Finniss, and Fabrizio Benedetti, "A Comprehensive Review of the Placebo Effect: Recent Advances and Current Thought", *Annual Review of Psychology* 59 (2008): 565~590; and Karin Meissner and Klaus Linde, "Are Blue Pills Better Than Green? How Treatment Features Modulate Placebo Effects", *International Review of Neurobiology* 139 (2018): 357~378; John D. Jennings et al., "Physicians' Attire Influences Patients' Perceptions in the Urban Outpatient Surgery Setting", *Clinical Orthopaedics and Related Research* 474 (2016): 1908~1918을 참조하기 바란다.

26 Ashar, Chang, and Wager, "Brain Mechanisms of the Placebo Effect"에서 다루어진 서평을 참조하기 바란다. R. J. Herrnstein, "Placebo Effect in the Rat", *Science* 138 (1962): 677~678; and Jian-You Gou et al., "Placebo Analgesia Affects the Behavioral Despair Tests and Hormonal Secretions in Mice", *Psychopharmacology* 217 (2011): 83~90; and K. R. Munana, D. Zhang, and E. E. Patterson, "Placebo Effect in Canine Epilepsy Trials", *Journal of Veterinary Medicine* 24 (2010): 166~170도 참조하기 바란다.

27 Tor D. Wager and Lauren Y. Atlas, "The Neuroscience of Placebo Effects."

28 Hilke Plassmann et al., "Marketing Actions Can Modulate Neural Representations of Experienced Pleasantness", *Proceedings of the National Academy of Sciences* 105 (2008): 1050~1054.

29 Alia J. Crum et al., "Mind over Milkshakes: Mindsets, Not Just Nutrients, Determine Ghrelin Response", *Health Psychology* 30 (2011): 424~429.

30 Ashar, Chang, and Wager, "Brain Mechanisms of the Placebo Effect."

31 Slavenka Kam-Hansen et al., "Altered Placebo and Drug Labeling Changes the Outcome of Episodic Migraine Attacks", *Science Translational Medicine* 6 (2014): 218ra5.

32 이 가정에 대한 고전적인 자료는 Richard E. Petty and John T. Cacioppo, "The Elaboration Likelihood Model of Persuasion", *Advances in Experimental Social Psychology* 19 (1986): 123~205를 참조하기 바란다.

33 Ted J. Kaptchuk et al., "Placebos Without Deception: A Randomized Controlled Trial in Irritable Bowel Syndrome", *PLoS One* 5 (2010): e15591.

34 Darwin Guevarra et al., "Are They Real? Non-deceptive Placebos Lead to Robust Declines in a Neural Biomarker of Emotional Reactivity", *Nature Communications* (근간).

35 James E. G. Charlesworth et al., "Effects of Placebos Without Deception Compared with No Treatment: A Systematic Review and Meta-analysis", *Journal of Evidence-Based Medicine* 10 (2017): 97~107.

36 Raymond W. Firth, "Bronislaw Malinowski: Polish-Born British Anthropologist", Encyclopaedia Britannica, Feb. 2019; Katharine Fletcher, "Bronislaw Malinowski—LSE pioneer of Social Anthropology", 2017년 6월 13일, LSE History, https://blogs.lse.ac.uk/lsehistory/2017/06/13/bronislaw-malinowski-lse-pioneer-of-social-anthropology/; Michael W. Young and Bronislaw Malinowski, *Malinowski's Kiriwina: Fieldwork Photography*, 1915~1918 (Chicago: University of Chicago Press, 1998).

37 Cindy Sui and Anna Lacey, "Asia's Deadly Secret: The Scourge of the Betel Nut", *BBC News*, https://www.bbc.com/news/health-3192120; "Bronislaw Malinowski (1884~1942)", *Lapham's Quarterly*, www.laphamsquarterly.org/contributors/malinowski.

38 Bronislaw Malinowski, *Argonauts of the Western Pacific: An Account of Native Enterprise and Adventure in the Archipelagoes of Melanesian New Guinea* (Long Grove, IL: Waveland Press, 2010), loc. 5492~5493, Kindle; Bronislaw Malinowski, "Fishing in the Trobriand Islands", Man 18 (1918): 87~92; Bronislaw Malinowski, *Man, Science, Religion, and Other Essays* (Boston: Beacon Press, 1948).

39 여기에서 다룬 의식의 심리학에 대해서는 다음의 논문을 참조했다. Nicholas

M. Hobson et al., "The Psychology of Rituals: An Integrative Review and Process-Based Framework", *Personality and Social Psychology Review* 22 (2018): 260~284.

40 "10 Facts: The United States Military Academy at West Point", American Battlefield Trust, www.battlefields.org/learn/articles/10-facts-united-states-military-academy-west-point.

41 Samantha McLaren, "A 'No Shoes' Policy and 4 Other Unique Traditions That Make These Company Cultures Stand Out", Linkedin Talent Blog, 2018년 11월 12일, business.linkedin.com/talent-solutions/blog/company-culture/2018/unique-traditions-that-make-these-company-cultures-stand-out.

42 George Gmelch, "Baseball Magic", in *Ritual and Belief*, ed. David Hicks (Plymouth, UK: AltaMira Press, 2010): 253~262; Jay Brennan, "Major League Baseball's Top Superstitions and Rituals", Bleacher Report, 2017년 10월 3일, bleacherreport.com/articles/375113-top-mlb-superstitions-and-rituals; and Matthew Hutson, "The Power of Rituals", *Boston Globe*, 2016년 8월 18일.

43 Steve Jobs, Commencement Address, Stanford University, June 12, 2005, *Stanford News*, 2005년 6월 14일.

44 Michael I. Norton and Francesca Gino, "Rituals Alleviate Grieving for Loved Ones, Lovers, and Lotteries", *Journal of Experimental Psychology: General* 143 (2014): 266~272.

45 Martin Lang et al., "Effects of Anxiety on Spontaneous Ritualized Behavior", *Current Biology* 25 (2015): 1892~1897; Giora Keinan, "Effects of Stress and Tolerance of Ambiguity on Magical Thinking", *Journal of Personality and Social Psychology* 67 (1994): 48~55; and Stanley J. Rachman and Ray J. Hodgson, *Obsessions and Compulsions* (Upper Saddle River, NJ: Prentice-Hall, 1980).

46 Richard Sosis and W. Penn Handwerker, "Psalms and Coping with Uncertainty: Religious Israeli Women's Responses to the 2006 Lebanon War", *American Anthropologist* 113 (2011): 40~55.

47 Matthew W. Anastasi and Andrew B. Newberg, "A Preliminary Study of the

Acute Effects of Religious Ritual on Anxiety", *Journal of Alternative and Complementary Medicine* 14 (2008): 163~165.

48 Allen Ding Tian et al., "Enacting Rituals to Improve Self-Control", *Journal of Personality and Social Psychology* 114 (2018): 851~876.

49 Alison Wood Brooks et al., "Don't Stop Believing: Rituals Improve Performance by Decreasing Anxiety", *Organizational Behavior and Human Decision Processes* 13 (2016): 71~85. 의식을 행하면 뇌에서 불안을 담당하는 영역의 활성화가 줄어든다는 명백한 증거도 있다. Nicholas M. Hobson, Devin Bonk, and Michael Inzlicht, "Rituals Decrease the Neural Response to Performance Failure", *PeerJ* 5 (2017): e3363.

50 Hobson et al., "Psychology of Rituals."

51 Gary Morley, "Rice's Rituals: The Golden Girl of Australian Swimming", CNN, 2012년 6월 28일, www.cnn.com/2012/06/28/sport/olympics-2012-stephanie-rice-australia/index.html.

52 Lang et al., "Effects of Anxiety on Spontaneous Ritualized Behavior."

53 Rachel E. Watson-Jones, Harvey Whitehouse, and Cristine H. Legare, "In-Group Ostracism Increases High-Fidelity Imitation in Early Childhood", *Psychological Science* 27 (2016): 34~42.

54 E. Tory Higgins, "Self-Discrepancy: A Theory Relating Self and Affect", *Psychological Review* 94 (1987): 319~340; and Charles S. Carver and Michael F. Scheier, "Control Theory: A Useful Conceptual Framework for Personality-Social, Clinical, and Health Psychology", *Psychological Bulletin* 92 (1982): 111~135. Earl K. Miller and Jonathan D. Cohen, "An Integrative Theory of Prefrontal Cortex Function", *Annual Review of Neuroscience* 24 (2001): 167~202도 참조하기 바란다.

55 Brooks et al., "Don't Stop Believing."

결론

1 그렇다고 명상과 마음 챙김이 유용하지 않다는 뜻은 아니다. 이 장에서 검토한 다른 기법들과 마찬가지로, 명상과 마음 챙김은 적지 않은 맥락에서 유용한 도구다. 그러나 넓은 관점에서 보면, 현재에 지속적으로 집중하는 게 유

용하지도 않고 실현 가능하지도 않다. 현재에 올바로 집중하려면 미래와 과거를 살펴봐야 하기 때문이다.

2 Dacher Keltner and James J. Gross, "Functional Accounts of Emotions", *Cognition and Emotion* 13 (1999): 467~480; and Randolph M. Nesse, "Evolutionary Explanations of Emotions", *Human Nature* 1 (1989): 261~289.

3 U.S. National Library of Medicine, "Congenital Insensitivity to Pain", National Institutes of Health, 2019년 12월 10일, ghr.nlm.nih.gov/condition/congenital-insensitivity-to-pain#genes.

4 이 프로젝트를 위한 커리큘럼은 이 책에서 살펴본 몇몇 기법과 그 밖의 정서 조절에 도움이 된다는 기법을 사용해 학생들에게 정서를 조절하는 법을 가르치는 데 중점을 둔다.

5 이 예비 연구는 북동부에 위치한 한 고등학교에서 2019년 겨울 동안에 실시되었다. 툴박스 커리큘럼을 배우는 학생군과 일반 교과과정을 배우는 '대조' 학생군은 무작위로 결정되었다. 이때 사용한 툴박스 커리큘럼은 학자 앤절라 더크워스Angela Duckworth, 대니얼 윌링햄Daniel Willingham, 존 조니데스John Jonides, 아리아나 오벨Ariana Orvell, 벤저민 카츠Benjamin Katz, 이선 크로스Ethan Kross와 교사 리애넌 킬리언Rhiannon Killian, 키이스 데로지에Keith Desrosiers가 구성한 것이다.

6 다양한 정서 조절 전략을 융통성 있게 사용할 필요성에 대해서는 Cecilia Cheng, "Cognitive and Motivational Processes Underlying Coping Flexibility: A Dual-Process Model", *Journal of Personal and Social Psychology* 84 (2003): 425~438; and George A. Bonanno and Charles L. Burton, "Regulatory Flexibility: An Individual Differences Perspective on Coping and Emotion Regulation", *Perspectives on Psychological Science* 8 (2013): 591~612를 참조하기 바란다.

7 James J. Gross, "Emotion Regulation: Current Status and Future Prospects", *Psychological Inquiry* 26 (2015): 1~26; Ethan Kross, "Emotion Regulation Growth Points: Three More to Consider", *Psychological Inquiry* 26 (2015): 69~71

마음먹기에 달렸다

어려운 시험에 합격했다고 해보자. 그 반가운 소식을 가족에게 빨리 알리고 싶다. 전화보다 얼굴을 보며 알려, 가족 모두에게 진심 어린 축하를 받고 싶다. 그래서 집으로 돌아가는 길에 그 소식을 어떻게 전할까 궁리한다. 어떻게 생각하든 그 과정이 신나고 흐뭇하다.

반면 지금까지 잘 다니던 회사에서 내일이라도 사표를 쓰라는 권고사직을 받으면 어떨까? 회사에 대한 원망이 이어지고, 미래에 대한 불안감에 정신을 차릴 수 없을 것이다. 두 경우 모두 생각은 머릿속에서 진행되지만, 그 생각의 흐름은 우리가 자신과 나누는 대화라 할 수 있다. 이처럼 내적 대화, 즉 머릿속에서 들리는 내적 목소리는 극단적인 양면성을 띤다. 전자처럼 내적 목소리가 우호적일 경우 우리 삶에 문제가 되지 않지만, 부정적일 경우 몸과 마음 모두에 악영향을 미친다는 사실이 학문적으로 입증되었다.

하기야 혼자 생각에 잠길 때 끝없이 이어지는 부정적인 생각의 늪에 빠져본 적이 없는 사람은 거의 없을 것이다. 어떻게 하면 그런 부정적인 생각의 늪에서 빠져나올 수 있을까?

이 책은 이 질문에 대한 답을 찾기 위해 쓰였다. 결코 고담준론이 아니다. 대표적인 예를 들면 '거리 두기'와 '녹색 공간'이다. 문제는 어떻게 '거리 두기'를 할 수 있느냐이고, 눈코 뜰 사이 없는 바쁜 삶에 어떻게 '녹색 공간'을 찾아가느냐다. 이 문제를 쉽게 해결하는 방법을 제시한다는 것이 이 책의 장점이고, 여기에서 모든 것이 '마음먹기에 달렸다'라는 결론이 나온다. 물론 이 결론이 단순한 추측에 기반한 것은 아니다. 모든 것이 심리학적 실험과 신경과학적 관찰을 근거로 한다.

저자는 이렇게 얻은 결론, 즉 내적 목소리를 통제해 긍정적인 방향으로 활용하는 방법을 크게 세 방향으로 정리한다. 첫째는 혼자 해낼 수 있는 기법, 둘째는 다른 사람들과 도움을 주고받는 기법, 셋째는 주변 환경을 활용하는 기법이다. 그 기법을 자세히 설명했지만, 책 뒤에 깔끔하게 정리한 점도 눈에 띈다. 따라서 '도구들'이란 제목으로 정리된 부분을 앞에서 읽은 내용을 복습하는 기분으로 읽어도 좋겠지만, 이 부분을 먼저 읽고 책 내용을 대략 파악한 다음 앞으로 돌아가 자세히 읽는 것도 괜찮을 듯하다.

끝으로 이 책에서 쓴 심리학과 신경과학 관련 용어를 뒤에 정리해두었다. 책을 읽는 데 조금이나마 도움이 되길 바란다.

충주에서
강주헌

내성introspection: 자신의 마음속에서 일어나는 심리적 상태, 판단, 인식 등에 직접 접근하려는 과정. 자기 성찰.

내적 대화inner dialogue: 어떤 쟁점에 대해 머릿속에 벌어지는 논쟁.

마법의 수, 4magical number 4: 인간이 단기적으로 기억할 수 있는 항목의 개수가 4개 전후라는 뜻.

몰입자immerser: 일인칭 관점에서 사건을 보는 사람.

반복적 인지perseverative cognition: 과거나 미래의 부정적 사건에 대한 지속적인 생각을 가리키는 심리학 용어.

반추rumination: 다른 정신 활동을 방해할 정도로 어떤 생각이나 문제를 과도하게 반복해 떠올리는 강박적인 사고.

보이지 않는 지원invisible support: 수령자가 받는다는 걸 일반적으로 인식하지 못하는 상태로 상대에게 제공하는 온갖 종류의 지원. 심리학자 나이얼 볼저Niall Bolger가 처음 사용한 용어다.

사회과정social process: 개인이나 집단이 상호작용하며 관계를 조절하고 설정하는 방법.

사회 비교social comparison: 자신의 신념이나 능력, 태도 등을 다른 사람과 비교하며 자신을 평가하는 것.

사회적 고립social isolation: 의도적이든 않든 간에 타인과 접촉하지 않는 현상.

신경 경로neural pathway: 신경계에서 중추 신경섬유나 말초 신경섬유를 따라 신경 자극이 지나는 경로.

심리적 경험 보고psychological debriefing: 아무런 이득이 없다는 많은 증거에도 부정적 경험 직후 정서적 부담을 덜어주는 게 필요하다고 강조하는 기법.

언어적 사고verbal thought: 언어가 더해지는 추론 과정. 어린 시절에는 소리 내 말하며 생각을 정리하려고 언어를 사용하지만, 나중에는 실질적인 발성 없이 언어와 생각을 결합한다.

연상주의associationism: 생각, 학습, 기억 등과 같은 복잡한 정신 과정이 개념 사이에 형성된 관련 고리에 의해 전반적으로 설명된다는 이론.

위키피디아 토끼 굴 Wikipedia rabbit hole: 정보를 얻겠다는 욕심에 위키피디아를 뒤적거리며 얻는 학습 경로를 뜻하는 개념으로, 《이상한 나라의 앨리스》에서 앨리스가 하얀 토끼를 쫓아 들어간 토끼 굴을 빗댄 표현이다.

인지 행동 치료cognitive behavioral therapy: 인지와 학습에 관련된 여러 이론을 인지 치료와 행동 치료에서 파생된 처치 기법과 결합한 심리 치료법.

자기 초월self-transcendence: 개인이 자신을 넘어 다른 사람까지 배려하는 관점을 채택할 수 있는 상태. 일부 심리학자의 주장에 따르면, 자기 초월이 건강한 개인 및 개인적 성장을 촉진하는 주된 특징이다.

자기 효능감self-efficacy: 주어진 환경에서 무엇인가를 해내고, 원하는 결과를 성취하는 자신의 능력에 대한 주관적인 인식.

자기 초점적 주의self-focused attention: 외부 환경에 있는 대상이 아니라, 자신의 감정이나 생각 등에 주의를 집중하는 현상.

작업 기억working memory: 인지 심리학에서 감각기관을 통해 입력된 정보를 단기적으로 기억하며 능동적으로 이해하고 조작하는 과정을 일컫는 용어.

전의식preconscious: 프로이트 이론에서 현재는 의식되지 않지만 어렵지 않게 의식에 불러낼 수 있는 생각과 감정과 충동이 있는 정신의 범위. 친구 얼굴, 흔히 사용되는 상투적인 문구 등이 대표적인 예다.

집행 기능executive function: 행동을 인지적으로 통제하는 데 필요한 일련의 인지 과정. 예컨대 체계화하고, 계획을 짜고, 생각을 제어하는 기능을 가리킨다.

초연한 관찰자distancer: 정서적 거리와 초연함을 유지하는 경향이 있는 사람.

침투적 사고intrusive thinking: 과제와 관련된 생각의 흐름을 방해하며, 부지불식간에 머릿속에 떠올리는 생각. 순간적인 딴생각은 사소한 침투적 사고로 문제가 되지 않는다.

프레이밍framing: 어떤 문제나 사건과 관련된 상황을 어떻게 규정하느냐에 따라 그 문제나 사건에 대한 인식과 평가가 달라지는 현상.

활성화 확산spreading activation: 신경과학에서는 어떤 신경세포가 활성화되면 그에 연결된 신경세포들도 활성화된다는 가정적 과정을 가리킨다. 인지심리학에서는 기억에 저장된 어떤 개념이 활성화되면 연상이라는 연결 고리를 통해 다른 개념을 활성화하는 현상을 가리킨다.

히스테리hysteria: 지금은 크게 전환 장애로 분류되는 증상을 가리킬 때 사용하던 옛 용어.

찾아보기